AF747243

OUI,
LE CONGO
TERRE D'AVENIR
EST MENACÉ

Tshibasu Mfuadi

OUI LE CONGO TERRE D'AVENIR EST MENACÉ

L'Harmattan

Du même auteur chez L'Harmattan

Coutumes et Traditions baluba, 2004.

Le calvaire d'un diplomate du Congo-Zaïre, 2006.

© L'Harmattan, 2014
5-7, rue de l'Ecole-Polytechnique, 75005 Paris

http://www.harmattan.fr
diffusion.harmattan@wanadoo.fr

ISBN : 978-2-343-03452-2
EAN : 9782343034522

A Maman Tshibasu Mbombo Mfuamba, notre compagne de tous les jours, qui nous a entouré d'un grand soutien et de multiples conseils durant la rédaction du présent ouvrage.

A nos chers enfants et petits-enfants, à qui nous inculquons l'amour du travail bien fait et pour lesquels nous implorons la protection du Seigneur, notre Dieu Tout Puissant, dans toutes leurs entreprises.

A nos chers parents, dont nous avons hérité la peur et le respect des biens d'autrui.

A tous ceux qui, d'une manière ou d'une autre, œuvrent pour que la République Démocratique du Congo, notre cher et beau pays, ait un bel avenir.

Nous remercions très sincèrement Madame Laetitia Trigaux et Monsieur Anaclet Mwata Dienzela pour leurs pertinentes remarques qui ont largement contribué à l'amélioration de la qualité du présent ouvrage.

Nos remerciements les plus chaleureux s'adressent également à Mme Perrine Fourgeaud et à son équipe de l'Harmattan pour leurs conseils qui nous ont été d'une grande utilité ainsi qu'à tous ceux qui, de loin ou de près, ont contribué à la rédaction de notre ouvrage.

Avant-propos

Le présent ouvrage ne peut pas être perçu comme une manifestation d'un quelconque doute sur l'avenir du Congo, mais plutôt comme un appel au réveil de la conscience nationale qui doit s'exprimer et agir solidement, pour que notre pays ne tombe pas dans un ravin, vers lequel il se dirige, au risque d'être englouti à jamais.

Nous croyons toujours en ce que notre héros national, Patrice Emery Lumumba, avait écrit dans sa dernière lettre à son épouse, lettre qui peut être considérée aujourd'hui comme un véritable testament pour sa famille et pour son pays : *« l'avenir du Congo est beau »*.

Oui la République Démocratique du Congo a un bel avenir. Mais pour y parvenir, son peuple doit sérieusement travailler. C'est la raison pour laquelle Lumumba, reconnaissant la nécessité du travail bien fait, pour pouvoir jouir du bonheur tant attendu, ajouta dans cette lettre que l'avenir de notre pays *« attend de chaque Congolais d'accomplir la tâche sacrée de la reconstruction de notre indépendance et de notre souveraineté »*. Il s'agit là, pour tout citoyen congolais, de bien travailler pour l'intérêt supérieur de la nation.

De fait, la grandeur d'une nation se mesure non seulement en fonction de ses dimensions géographiques et de son importance démographique, ni uniquement à cause de ses ressources naturelles, mais aussi et surtout en tenant compte de ses capacités à se prendre en charge et à définir elle-même ses plans et programmes nécessaires pour le fonctionnement de ses institutions, plus particulièrement en matière de son développement et de sa protection en tant qu'entité souveraine et indépendante.

Cela dénote le niveau d'organisation de cette nation qui demeurera toujours ce qu'elle veut être, sans devenir en aucun moment ce que d'autres peuples voudraient qu'elle soit. Il s'agit là d'une réelle prise de conscience qui incombe à tous les ressortissants de cette nation, sans se limiter aux seuls dirigeants du pays, bien que ces derniers aient le devoir de conscientiser tout le peuple, pour que chaque citoyen comprenne qu'il a un rôle à jouer dans le programme de redressement national.

Cette prise de conscience est souvent le corollaire de la manière dont les citoyens se sentent traités dans leur propre pays. La répartition équitable de divers avantages au niveau national peut contribuer à renforcer leur détermination à œuvrer pour la cohésion de tous. Dans le cas contraire, c'est malheureusement le déchirement que l'on constate. C'est ce que l'on remarque dans des sociétés où règne la discrimination et où la justice s'applique à double vitesse.

Grâce à l'immensité de son territoire, à sa population nombreuse et à ses innombrables ressources naturelles, la RDC peut parvenir à jouer un grand rôle dans le concert des nations si son peuple, conscient de cette grandeur, travaille avec détermination, pour améliorer sa position dans le monde et renforcer ses capacités de conception de son action au niveau national et sur le plan international. Le Gouvernement congolais devra s'y mettre et adopter des plans d'urgence pour la protection du pays et de tout ce qui s'y trouve, ainsi que pour son développement.

Autrement dit, les Congolais devront être conscients et fiers de l'immensité de leur pays, de sa population et de ce qu'il possède comme ressources naturelles. Lesquelles ressources doivent être mises en valeur, par un travail acharné, en vue de donner au Congo les moyens pouvant lui permettre de faire face à ses problèmes de développement et de modernisation, et de faire entendre sa voix dans le monde. Ils devront par ailleurs savoir mesurer la profondeur de leurs responsabilités envers leur propre pays, ce bien précieux qu'ils doivent aimer et protéger contre toute menace née de l'envie d'autres peuples qui veulent lui arracher en tout ou en partie ce dont il a été doté par la nature.

Par ailleurs, les dirigeants congolais, à quelque niveau qu'ils se trouvent, devraient savoir qu'ils ont le devoir d'œuvrer pour assurer la grandeur de leur pays et d'écarter toutes les anomalies qui risqueraient de perturber son unité et de compromettre son avenir. Ils devraient, partout et en tout moment, adopter un langage rassembleur et combattre tout esprit de discrimination ainsi que le langage et le comportement de promotion d'identité culturelle. Ils devraient également prévenir et corriger toutes les erreurs, passées et présentes, pour faire sentir à tout le peuple congolais et à la communauté internationale leur détermination à présenter à la face du monde un pays prospère et sécurisé, dont le peuple vit dans la grande cohésion et loin de tout sentiment de frustration, dans l'espoir d'un avenir meilleur.

Pour être efficace, l'action du gouvernement devra bénéficier du soutien de la population elle-même, chaque citoyen congolais devant comprendre la nécessité d'être ensemble, dans l'unité et la solidarité, pour que le Congo soit à l'avenir un Etat prospère et fort. Chacun devra combattre tout ce qui tend vers la division du peuple congolais car, en luttant dans l'ordre dispersé, on ne peut jamais arriver au bon résultat. Tous les compatriotes doivent s'aimer comme des frères et sœurs, car ils sont tous ressortissants d'un seul et même pays, la République Démocratique du Congo.

L'Auteur

Introduction

Dans son livre intitulé "*Le Congo Terre d'avenir Est-il menacé*", rédigé à l'époque où le Congo était une colonie belge, mais publié après son atroce assassinat, Patrice Emery Lumumba, le premier Premier ministre du Congo, s'inquiète de l'avenir de son pays, compte tenu du comportement irresponsable de ses nombreux compatriotes et de l'agissement inconsidéré de certains ressortissants belges, administratifs, ceux de la profession libérale et hommes de la rue confondus, eux que les Congolais étaient en train de singer, à cause d'un complexe d'infériorité qui leur était savamment inculqué par les colonisateurs blancs, qu'ils considéraient comme un modèle à suivre dans leur vie.

Cette imitation servile aurait eu un impact considérable sur la mentalité de plusieurs compatriotes et de leurs progénitures. Après plus d'un demi-siècle de souveraineté nationale et internationale de notre pays, nombreux sont des Congolais qui voient encore dans la silhouette de l'ancien colonisateur la voie la mieux indiquée pour parvenir à leur bonheur et l'expertise nécessaire pour le développement de leur pays. Certains parmi eux ne se gênent pas d'exprimer publiquement leur souhait de le voir revenir aux affaires dans leur pays. On dirait qu'ils préfèrent le statut de colonisé à celui d'homme libre. C'est dommage.

Ce raisonnement rétrograde nous a cependant permis de comprendre le phénomène que l'on peut appeler « *partira ou ne partira pas* » que l'on observe dans quelques anciennes colonies, aujourd'hui devenues des parties intégrantes d'anciens pays colonisateurs.

Les partisans de cette thèse seraient rongés par la misère et, indignés de ne pas recevoir ce qu'ils espéraient obtenir de leur pays, songeraient à d'autres peuples en vue de trouver des solutions à leurs problèmes. Ils compteraient plus particulièrement sur l'assistance de l'ancien colonisateur pour restaurer leur situation sociale, ignorant qu'ils sont les seuls responsables de leur bonheur ou de leur malheur, car tout dépend du travail qu'ils peuvent faire pour améliorer leur situation, étant donné que rien n'est impossible à celui qui travaille.

La dépendance mentale, née de la colonisation, dont souffrent encore de nombreux compatriotes ne facilite pas la tâche du Gouvernement dans sa délicate mission de préparer le peuple congolais à la prise de conscience collective nécessaire pour défendre sa souveraineté et assurer le développement du pays en comptant sur soi-même.

D'où la nécessité, pour l'Etat congolais, de faire de son mieux, quelles que soient les difficultés rencontrées, afin de parvenir à la décolonisation mentale réelle et profonde de tout son peuple, en vue de mieux l'orienter vers la meilleure voie basée sur l'amour du travail pour assurer un avenir meilleur.

Tout Congolais devra savoir qu'il a les mêmes capacités humaines que son ancien colonisateur. C'est l'organisation interne à chaque groupe qui le différencie de l'autre. Le niveau du développement socio-économique de l'ancien maître est certes de loin supérieur à celui du Congolais. Ce dernier devra faire de son mieux pour ne pas croiser les bras et attendre que l'ancien colonisateur revienne le secourir. Il devra changer de mentalité et travailler avec détermination, conscient qu'il peut réussir, s'il a la volonté de le faire, comme disait Mr Barack Obama, candidat à la présidence des Etats-Unis d'Amérique en 2008 : *« Yes, we can »* (Oui, nous pouvons), qui a réussi à devenir le premier noir à être élu président de la première puissance du monde.

Cette élection est une leçon de démocratie pour d'autres pays du monde, le nôtre compris. Elle a été rendue possible par la confiance du candidat en lui-même, sa détermination pour réussir et sa brillante préparation avec de bonnes idées qui ont été appréciées par la majorité du peuple américain. Sa réélection en novembre 2012 a été saluée partout dans le monde comme la preuve de la clairvoyance de ce peuple.

Il est douloureux de constater que beaucoup de jeunes congolais semblent évoluer avec le complexe des colonisés, eux qui n'avaient pas connu la période coloniale. Ce qui retarde leur prise de conscience, en vue de contribuer aux programmes de développement de leur pays ; pourtant, l'essentiel en ce qui concerne tout plan de développement est l'organisation du travail et le changement de comportement de chacun.

Le livre de Patrice Emery Lumumba devra interpeller tout celui qui considère la République Démocratique du Congo comme son pays, son bien le plus précieux qu'il doit aimer et protéger à tout prix, ainsi que toute personne éprise de justice et de paix, toujours déterminée à se conduire dans le droit chemin, dans le respect des droits des autres, puissants ou pauvres, ceux du peuple congolais non exclus.

C'est cette interpellation que nous avons eue à l'Université Nationale du Zaïre (UNAZA) - Campus de Lubumbashi, où nous préparions (de 1971 à 1975) notre diplôme de licence en Relations Internationales, quand nous avons eu, pour la première fois, le privilège de lire ce livre à la Bibliothèque C.E.P.S.E. (Centre d'Etudes Politiques, Sociales et Economiques) de la Société minière GECAMINES (Générale des Carrières et des Mines), que nous fréquentions en compagnie d'autres étudiants.

Nous avons eu à relire le même livre en septembre 2005, à la Bibliothèque Royale de Bruxelles, pour nous décider d'ajouter notre modeste contribution à la lutte nécessaire que tout congolais doit mener, pour la prise de conscience nationale vis-à-vis du danger qui guette notre pays, danger qui a été décelé par notre Héros National, qui continuait à croire en l'avenir de notre pays jusqu'à sa mort, comme il l'a souligné dans sa dernière lettre à son épouse.

Dès l'accession du Congo à l'indépendance, l'inquiétude de Lumumba n'a pu que se justifier très rapidement. En effet, en moins de quatre jours de son existence en tant qu'Etat indépendant, le Congo a dû faire face à une mutinerie de ses forces armées, officiellement mécontentes de se retrouver aux mêmes grades qu'à l'époque coloniale, contrairement aux civils qui avaient connu une fulgurante ascension allant jusqu'au sommet de l'Etat.

Les officiers belges, considérés comme des remparts à leur promotion, ont été pris pour cibles par des militaires congolais qui gardaient encore frais en leur mémoire de mauvais souvenirs de leur comportement. Et la phrase « *Après l'indépendance = Avant l'indépendance* »[1] écrite au tableau le 5 juillet 1960, devant des cadres militaires congolais en colère, par le Général Janssens, reconduit à la tête de l'armée congolaise par les nouvelles autorités du pays, peut être considérée comme de l'huile jetée sur le feu.

Ce fut le moment choisi par certains fils du pays pour embraser le Congo, le rendant ingouvernable, ou faire sécession des régions acquises à leur machination. L'Etat du Katanga a vu le jour le 11 juillet 1960, soit le douzième jour de notre indépendance, suivi un mois plus tard, le 8 août 1960, de celui du Sud-Kasaï, deux régions minières sur lesquelles devrait se reposer l'économie du jeune Etat.

Après neuf semaines d'exercice du pouvoir, le gouvernement Lumumba, légalement constitué, a été paralysé et remplacé par un collège des Commissaires Généraux. Ce fut le premier coup d'Etat organisé par le Maréchal (alors Colonel) Mobutu avec la complicité des forces étrangères au Congo.

Quatre mois plus tard, soit le mardi 17 janvier 1961, Lumumba fut assassiné dans le plateau du Katanga, à une cinquantaine de kilomètres de Lubumbashi, où il a été transféré le même jour, après avoir passé plus d'un mois dans un cachot du camp militaire de Banza–Ngungu (alors Thysville). Son corps et ceux de ses deux compagnons de fortune, MM. Joseph Okito et Maurice Mpolo[2], ont été découpés et dilués dans l'acide.

Cette sale besogne a été confiée à deux Belges, Gérard Soete et son frère cadet dit Soete cadet[3], les Congolais ne pouvant pas se livrer à cette sadique opération.

Il a fallu attendre plus de quarante ans pour que le Parlement belge, qui serait réveillé par le livre que Ludo De

---

[1] GERARD-LIBOIS J. et VERHAEGEN B., Congo 1960, vol.1, CRISP, Bruxelles, 1961.

[2] Joseph Okito était le 2ème Vice-Président du Sénat et Maurice Mpolo était Ministre de la Jeunesse et des Sports du Gouvernement Lumumba.

[3] Brassinne J. et Kestergat J., Qui a tué Patrice Lumumba, pp 178-184, Ed. Duculot, Louvain-la Neuve, 1991.

Witte venait de publier en 1999[4], vote une loi présentant des excuses au peuple congolais, plus particulièrement à la famille propre de Patrice Emery Lumumba, suite au tort inqualifiable fait au Congo et à sa famille par la Belgique, qui en garde encore une lourde responsabilité.

Cette reconnaissance n'a malheureusement pas été suivie d'un dédommagement qui pourrait contribuer, non à compenser la perte subie, mais à soutenir une œuvre d'intérêt public qui, comme la Fondation Lumumba créée par sa famille biologique, pourrait assurer la pérennisation du nom de notre héros national, qui est déjà immortel, et la continuité de son œuvre de conscientisation du peuple congolais pour le redressement de son niveau socio-économique.

Nous espérons que l'aboutissement de la procédure judiciaire engagée à Bruxelles par la famille Lumumba contre tous ceux qui, de loin ou de près, vivants ou morts, seraient impliqués dans son assassinat, pourrait donner plus de lumière sur l'identité des conspirateurs et les circonstances qui ont entouré cette regrettable mort qui n'a pas encore cessé de chagriner l'âme africaine et tout cœur qui en ressent toujours une profonde plaie dont on a du mal à panser. Les peines qui y seront prononcées permettront de fixer l'opinion publique internationale sur la responsabilité de chacun, et surtout de rayer cet odieux assassinat de la douloureuse liste de crimes impunis.

Au moment de l'exécution du crime tant décrié, le Congo possédait déjà quatre entités territoriales distinctes :

- La République du Congo avec Kinshasa (alors Léopoldville) comme capitale, dirigée par Joseph Kasavubu ;
- La République du Congo basée à Kisangani (alors Stanleyville), dirigée par les partisans de Lumumba, dont Antoine Gizenga en tête ;
- L'Etat du Katanga (du 11 juillet 1960 – 15 janvier 1963) avec Lubumbashi (alors Elisabethville) comme capitale, dirigé par Moïse Tshiombe ; et

[4] Ludo De Witte, L'Assassinat de Lumumba, Karthala, Paris, 1999.

- Le Royaume du Sud–Kasaï (du 8 août 1960 – 2 octobre 1961) avec Mbuji Mayi (alors Bakwanga) comme capitale, dirigé par Albert Kalonji Ditunga Mulopwe.

Cette division avait donné l'occasion aux ennemis du Congo d'enrichir le dictionnaire français d'un nouveau mot (qui s'est heureusement vite étouffé) : la *congolisation* du pays, c'est-à-dire le morcellement de celui-ci en plusieurs entités indépendantes, comme cela s'est produit bien avant en Europe Centrale avec l'éclatement des Balkans en plusieurs Etats indépendants et souverains, offrant au monde le vocable « *balkanisation* ».

La mort du leader congolais amena ses partisans à organiser un large soulèvement populaire, connu sous le nom de "rébellion muleliste", du nom de l'ancien ministre de l'Education nationale (gouvernement Lumumba) qui tomba sous le charme de la réconciliation pour être atrocement assassiné en 1969 à Kinshasa. Toutes les provinces de la République Démocratique du Congo en étaient entièrement ou partiellement affectées.

Pour faire face à l'avancée des rebelles, le gouvernement de Léopoldville (Kinshasa) fit appel à Moïse Tshombe[5], qui était en exil en Europe, pour lui confier le poste de Premier ministre. En revanche, ce dernier devait faire revenir au Congo ses troupes (ex-gendarmes katangais) basées en Angola. Celles-ci ont dû réprimer la rébellion avec le soutien et l'assistance des forces étrangères.

---

[5] L'âme de la sécession katangaise, Tshiombe Moïse est le Président de l'Etat du Katanga, de sa proclamation unilatérale le 11 juillet 1960 à sa chute le 15 janvier 1963. Pendant son exil en Europe, le gouvernement central fait appel à lui en 1964, pour devenir Premier Ministre. Il fait venir au Congo ses hommes de troupe, les ex-gendarmes katangais, exilés en Angola, alors sous la domination portugaise, pour mater la rébellion muleliste. A la suite du deuxième coup d'Etat du Général Mobutu en novembre 1965, il se réfugie une seconde fois en Espagne. Pendant qu'il préparait une action militaire contre Kinshasa, il tombe dans un traquenard lui tendu en 1967 par le français Francis Bodenan qui le livre à Alger, où on l'en voulait pour son implication dans l'assassinat de Lumumba. Il y est emprisonné et y meurt en 1969 de suite d'une crise cardiaque. Son corps a été remis à sa famille qui l'a enterré en Belgique.

A la pacification du pays, le Président Joseph Kasavubu écarta le leader katangais du pouvoir, pour le placer par un autre ressortissant de sa province, M. Evariste Kimba. Ce qui engendra une confusion que le Colonel Mobutu, récemment élevé au rang de Lieutenant Général, saisit pour faire son deuxième coup d'Etat le 24 novembre 1965 et instaurer un régime politique totalitaire qui évolua vers un parti unique, le Mouvement Populaire de la Révolution (MPR).

Tous les citoyens congolais (puis zaïrois) en étaient membres, du berceau à la tombe. Les noms chrétiens des personnes furent abandonnés au profit des noms zaïrois et les noms étrangers des villes ont été changés contre leurs anciennes appellations du pays. Ce fut la période du « recours à l'authenticité », dont les effets se font encore sentir dans certains milieux.

Après quelques mois d'existence du régime Mobutu, M. Kimba fut condamné à mort et pendu dans une place publique de Kinshasa, dénommée Pont Kasavubu, en compagnie de trois autres politiciens congolais, suite à la découverte, par le régime militaire qui venait de prendre le pouvoir, d'un complot dans lequel ils seraient impliqués.

Ce complot a été perçu plus tard comme une œuvre manipulatrice des proches du régime de la Deuxième République congolaise, destinée à intimider les politiciens congolais. Ce qui ne serait pas loin de la réalité, étant donné la longévité du régime qui n'a été chassé du pouvoir, 32 ans après, que par des forces organisées en dehors du pays.

S'estimant lésés et menacés, surtout après l'arrestation et l'exécution de leur commandant, le Lieutenant-colonel Tshimpola[6], qu'ils avaient délégué à Kinshasa pour réclamer

---

[6] Le Lieutenant-colonel Ferdinand Tshimpola était le Commandant des Forces Katangaises à Kisangani, forces que Moïse Tshiombe avait fait venir d'Angola, pour combattre la rébellion muleliste. Après avoir abattu dans son bureau le Commandant de la 3ème Région militaire, le Colonel Tshatshi (dont le nom a été donné plus tard à un camp militaire de Kinshasa) qui venait lui demander en juillet 1966 de dire à ses troupes de déposer des armes pour qu'elles soient intégrées au sein des l'ANC – Armée Nationale Congolaise-, il accepta en mars 1967 de se rendre à Kinshasa, pour obtenir des soldes de ses hommes. Il est immédiatement arrêté et jugé pour l'exécution susmentionnée

leurs soldes, les ex-gendarmes katangais, aussi appelés "Diabos", regagnèrent l'Angola, leur pays d'asile.

Ne s'avouant pas vaincus, ils firent deux incursions au Congo, d'abord en 1977 puis en 1978. Chaque fois, ils se sont montrés très mordants. Et chaque fois, il a fallu l'intervention des troupes étrangères pour les déloger et les contraindre à rentrer en Angola. La première fois, les troupes marocaines sont venues à la rescousse du Président Mobutu ; la seconde fois était le tour des troupes françaises.

Ces secours ne faisaient que traduire l'état des relations que le régime de Kinshasa entretenait avec les dirigeants de quelques pays du monde, qui étaient toujours prêts à apporter leur soutien militaire, en vue de sauvegarder le pouvoir de Mobutu. Mais cela n'a pas suffi pour résister à l'avancée de l'Alliance des Forces Démocratiques pour la Libération du Congo (AFDL) conduite par un ancien lumumbiste, M. Laurent Désiré Kabila qui, bénéficiant du soutien populaire, est venue jusque dans la capitale congolaise chasser le régime de la Deuxième République et prendre le pouvoir.

A la différence des Diabos qui chercheraient à libérer une région du pays, celle pour laquelle leurs forces auraient d'ailleurs été constituées, l'AFDL luttait pour la libération de tout le territoire national du joug de la dictature.

La tentative de la communauté internationale demandant à M'Zee Laurent Désiré Kabila, au lendemain de la prise de Kisangani, de stopper ses troupes et de ne plus avancer vers d'autres régions du Congo devrait intriguer les cadres congolais.

On peut se demander si cela les a effleurés ou s'ils étaient toujours dans la distraction ? Ont-ils essayé de comprendre l'objectif poursuivi par les initiateurs de cette tentative ? Combien se sont-ils imaginé le spectre de la division de leur pays, que légitimerait cette communauté internationale, division qui a été évitée grâce au comportement de l'un des fils du Congo, mais qui continue encore à guetter des moments favorables, pour s'imposer à ce géant, aujourd'hui amoindri ?

---

ainsi que pour une mutinerie contre le pouvoir central. Il est condamné a mort et exécuté.

La division d'un pays, en deux ou plusieurs entités indépendantes, est une chose redoutable, surtout quand celle-ci est soutenue par la communauté internationale. De fait, il est toujours difficile de briser cet état de choses, pour permettre au pays de recouvrer son unité nationale. Le cas des Etats qui ont connu cette regrettable expérience devrait nous édifier et réveiller notre conscience, pour que notre Congo reste toujours uni. Un objectif qui n'est pas impossible si chaque Congolais y met toute sa volonté.

Il y a lieu de savoir que si M'Zee L.D. Kabila avait accepté d'arrêter ses troupes au lendemain de la prise de la ville de Kisangani, il allait bénéficier d'un soutien conséquent pour consolider les frontières de son nouveau territoire, quand, au même moment, la même communauté internationale allait soutenir Kinshasa pour lui permettre de contrôler le reste du Congo. Les Congolais allaient voir apparaître sur leur territoire deux ou plusieurs Etats souverains, dont la naissance serait favorisée par la communauté internationale, laquelle communauté resterait sourde aux lamentations des familles séparées, tout en encourageant des divisions nouvelles.

Pour libérer le Congo de la dictature mobutiste, L.D. Kabila a bénéficié du soutien des troupes étrangères. Cette participation des étrangers ne devait qu'avoir des conséquences imprévisibles.

En effet, si quelques troupes se sont retirées sans problème, le retrait de certaines autres a suscité une grande animosité, lourde des conséquences pour la République Démocratique du Congo. Tel est le cas du retrait, fin juillet 1998, des troupes rwandaises qui a été suivi, le 02 août 1998, du déclenchement d'une longue guerre, qualifiée de "guerre mondiale africaine", compte tenu du nombre de pays qui s'y sont affrontés, en faveur de l'un ou de l'autre des belligérants, entraînant la mort de plus de six millions de Congolais, hommes, femmes et enfants, décédés directement ou indirectement de ses effets dévastateurs.

Le Congo s'était de nouveau retrouvé avec plus de trois entités territoriales distinctes commandées à partir de Kinshasa, Goma, Gbadolite ou d'ailleurs. Une bonne partie du territoire national, échappant à l'autorité centrale, fut l'objet de multiples pillages touchant non seulement aux minerais, mais aussi aux espèces animales rares et à la flore. Rien n'a été épargné. Cette situation regrettable continue encore à être enregistrée dans la partie orientale de notre pays. Elle pourrait se poursuivre pendant plusieurs années si les Congolais continuent à composer avec les ennemis de leur pays qui leur font miroiter le bonheur, tout en faisant semblant de compatir à leurs malheurs.

Le Chef de l'Etat Congolais, le regretté Laurent Désiré Kabila, a été lâchement assassiné le 16 janvier 2001, soit 40 ans après l'élimination de P.E. Lumumba, au moment où il réfléchissait, dans son bureau, sur les voies et moyens d'améliorer des conditions sociales et de santé du peuple congolais. Il est mort avant l'aboutissement de ses tentatives de réunir tous les Congolais autour d'une même table, pour résoudre pacifiquement la crise et sauvegarder l'unité du pays. La consultation nationale organisée à Kinshasa en mars 2000 et les accords de Lusaka n'ont pas suffi pour atteindre cet objectif. Son fils, Joseph Kabila Kabange, a été choisi par son entourage pour lui succéder à la Présidence de la République. Ce qui aurait épargné le pays, qui était déjà déchiré, de s'embraser davantage.

Le dialogue inter-congolais de Sun City en Afrique du Sud a conduit aux accords de Pretoria qui ont permis le déclenchement d'un long processus de réunification du pays, avec une formule expérimentale de transition, non encore connue ailleurs, de 1+4, soit un Chef de l'Etat, Joseph Kabila Kabange, et quatre Vice-présidents de la République, Jean-Pierre Bemba, Abdoulaye Yerodia Ndombasi, Arthur Zahidi Goma et Azarias Ruberwa.

De fait, pour l'intérêt de la paix et de l'unité nationale, le Président Joseph Kabila a accepté de partager son pouvoir avec les quatre Vice-présidents de la République et de préparer le processus des élections libres et démocratiques dans le pays.

Les élections générales de 2006 et la mise en place des institutions conformes à la nouvelle Constitution n'ont pas suffi à assurer la pacification de la partie orientale du pays. Le Rassemblement Congolais pour la Démocratie (RCD) s'étant impliqué dans le processus de la lutte politique, un autre mouvement politico-militaire, le Congrès National pour la

Défense du Peuple (CNDP), soutenu de l'extérieur, a vu le jour dans l'Est du Congo, avec à sa tête le Général Nkunda Batware.

Il a fallu attendre, fin 2008 - début 2009, pour que l'Est de la République Démocratique du Congo retrouve momentanément la paix. Cela après la normalisation des relations du pays avec ses voisins, le Rwanda et l'Ouganda, qui engagèrent leurs troupes dans des opérations conjointes visant à anéantir l'action de leurs ressortissants rebelles réfugiés sur notre territoire. Kinshasa a dû, pendant un temps, réinstaurer son autorité sur cette partie du territoire congolais, tout en poursuivant des opérations de ratissage avec ou sans le concours de la Mission des Nations Unies au Congo (MONUC), débaptisée Mission des Nations Unies pour la Stabilisation du Congo (MONUSCO).

Les efforts de Kinshasa, d'instaurer une paix durable dans la partie Est de son territoire, n'ont pas rencontré la contribution nécessaire de ses partenaires. La révélation par les Nations Unies et les services spéciaux congolais du soutien de Kigali et son implication dans la dernière mutinerie appelée mouvement « M23 »[7], lancée en avril 2012 par le général Bosco Ntaganda[8] et ses lieutenants, ne peut que convaincre les septiques sur des visées que d'autres peuples peuvent avoir sur le Congo. Il s'avère donc nécessaire que les Congolais se comportent

[7] M23 : une rébellion issue de l'ancien Congrès National pour la Défense du Peuple (CNDP), un groupe rebelle qui a été intégré aux Forces Armées de la RDC (FARDC) suite aux accords du 23 mars 2009. Ne voulant pas être mutés vers d'autres régions du pays, ces anciens rebelles tenaient à s'établir uniquement au Kivu (Nord et Sud) à l'Est du Congo. L'insistance du gouvernement pour leur déploiement dans d'autres provinces du pays leur a donné le prétexte de violation par Kinshasa des accords du 23 mars 2009. D'où le déclenchement d'une nouvelle rébellion par le général Bosco Ntaganda, en avril 2012, avec la dénomination « Mouvement du 23 Mars ou M23 ».

[8] Quelque temps après son lancement, le M23 se scinda en deux groupes opposés, respectivement dirigés par Ntaganda et son colonel Sultani Makenga, autoproclamé général. L'aile Makenga prit le dessus et contraignit Ntaganda à se réfugier à l'Ambassade des USA à Kigali, dans des conditions non encore élucidées, avant de se livrer à la Cour Pénale Internationale de la Haye qui le recherchait depuis 2003, suite à son implication dans des crimes de guerre commis dans l'Ituri par le mouvement UPC (Union des Patriotes Congolais) de Thomas Lubanga (aujourd'hui condamné à la Haye), auquel il appartenait.

autrement et poursuivent ensemble, dans l'unité et avec amour et détermination, la lutte pour avoir une véritable paix à l'Est du pays.

L'action de la MONUC, dans cette partie du Congo, est diversement appréciée : grande déception pour certains et une nécessité pour les autres.

La déception est ressentie par ceux qui croient dans le rôle protecteur des forces des Nations Unies, mais qui n'ont jamais compris pourquoi les troupes de la Monuc n'ont pas pu empêcher les massacres de la population civile, plus particulièrement ceux des femmes, enfants et vieillards, parfois décimés sous leur nez, à proximité de leurs camps, où ces derniers se rendaient pour se réfugier, quand les troupes onusiennes refusaient de leur ouvrir des portes.

C'est ce qui a profondément choqué M. Bernard Kouchner, alors ministre des Affaires étrangères de France qui, voyant la réalité des faits sur le terrain au cours d'une visite à l'Est du Congo, s'est exclamé en disant : "*A quoi ça sert cette MONUC ?*" Le Chef de l'Etat français, M. François Hollande n'a pas aussi compris comment, avec 17 000 hommes de troupe, la mission des Nations Unies au Congo n'a pas réussi à imposer rapidement la paix à l'Est de la RDC.

Parlant à l'occasion de la remise du prix de la Fondation Chirac à un médecin congolais, Dr Mukwege, il a bien martelé cette observation qui ne cessera jamais d'interpeller tous ceux qui, à travers le monde, sont épris de paix et de justice.

Sidérés par l'attitude de cette institution, les Congolais eux-mêmes, de Kinshasa à Bukavu et à travers le monde, ont tenu à exprimer à l'opinion publique internationale, par des pétitions et des manifestations, leur mécontentement à l'égard de la mission des Nations Unies au Congo qu'ils accusaient, à tort ou à raison, de connivence avec leurs bourreaux.

Cette conviction a été lourdement corroborée par les propos d'un commandant des troupes indiennes de la MONUC qui n'a pas eu froid aux yeux pour afficher publiquement en mars 2008 son soutien à M. Nkunda Batware, le qualifiant de "*frère qui combat pour une cause noble*". Il s'agit là d'une déclaration surprenante pour quelqu'un censé combattre ce rebelle et ses hommes.

Reconnaissant tacitement ses difficultés à atteindre ses objectifs au Congo, l'Organisation mondiale trouve un alibi dans l'étendue de ce pays, pour dire que les dix-sept mille hommes de troupe ne suffisent pas pour défendre un territoire aussi vaste que la moitié de l'Europe. Pourtant, la partie du territoire congolais directement affectée par des troubles et agressions récurrentes ne représente même pas le dixième du pays.

Autrement dit, si l'ONU était déterminée à restaurer rapidement la paix au Congo, elle concentrerait ses forces dans la partie concernée, en donnant mandat à ses hommes de faire usage de l'armement qu'il faut, conformément aux dispositions du Chapitre VII de sa Charte, au lieu de laisser sa crédibilité s'effriter aux yeux des Congolais et de tout homme épris de paix et de justice.

Il est certes vrai que la MONUC, avec dix-sept mille Casques bleus en RDC depuis 1999, est la plus importante mission de paix des Nations Unies actuellement déployée dans le monde. La décision de son renforcement par l'envoi de 3.000 hommes de troupes supplémentaires prise le 28 novembre 2008 par le Conseil de Sécurité de l'ONU[9] a réconforté ceux qui croient en la nécessité de cette mission et qui demeurent convaincus que sans sa présence à l'Est du Congo, le pays aurait mis plus de temps pour recouvrer cette partie de son territoire.

La transformation de la MONUC en MONUSCO pourrait être interprétée comme une manière, pour les dirigeants de l'organisation mondiale, de reconnaître les faiblesses de leur mission en RDC et de manifester leur volonté d'agir pour parvenir à la consolidation de la paix dans ce pays, membre de l'Organisation des Nations Unies.

Mais en dehors du changement d'appellation de cette mission, on a eu du mal à remarquer le changement dans son

---

[9] Nous n'avons pas eu d'information sur l'envoi de ces hommes jusqu'au jour où les pays de la SADEC ont décidé d'envoyer en RDC trois mille hommes de troupe, pour aider notre pays à réinstaurer la paix dans sa partie orientale. Cette opération, qui s'est déroulée sous la houlette de la MONUSCO, conformément à la résolution 2098 du Conseil des Sécurité, a abouti aux résultats très satisfaisants pour le peuple congolais, qui continue à saluer la victoire de son armée sur le groupe armé M23.

comportement. En effet, la manière dont la ville de Goma est tombée le 20 novembre 2012 entre les mains des forces du M23 ne semblait pas différente de la précédente chute de la capitale de la Province du Nord-Kivu.

Il est toujours difficile de comprendre pourquoi, jusqu'à ce jour, les Nations Unies ne parviennent pas à modifier le mandat de leur mission au Congo, en vue de stabiliser rapidement la situation dans la région et de sauvegarder plus de vies humaines, comme on le fait dans beaucoup de pays. Les patriotes congolais devraient chercher à comprendre les intentions réelles de ceux qui contrôlent cette institution internationale, pour avoir une idée exacte sur les hésitations de l'ONU de changer le mandat de ses forces chez nous et sur les objectifs réels poursuivis par les agresseurs du Congo, et à prendre des options nécessaires pour sauvegarder l'intégrité de notre pays.

Quelques changements constatés récemment dans le comportement de la MONUSCO méritent cependant d'être pris en considération. On notera par exemple que, contrairement à ses habitudes, l'organisation mondiale a dénoncé pour la première fois, en mai - juin 2012, le soutien du Rwanda à la mutinerie du mouvement « M23 ». L'appui de la mission des Nations Unies aux FARDC, pour neutraliser l'action de ce mouvement rebelle, a été largement apprécié. On a eu à déplorer la mort de deux de ses hommes de troupe, tombés au même moment que des militaires congolais.

Après la nouvelle chute de Goma en novembre 2012, des voix se sont levées pour critiquer les limites de la résolution des Nations Unies autorisant l'envoi des troupes au Congo. Certains se sont demandé s'ils pouvaient continuer à croire dans la continuité de ce changement ou dans son relâchement ? La résolution 2098/2013 prise par le Conseil de Sécurité en date du 5 mars 2013, créant une Brigade Spéciale d'intervention de 3.000 hommes, pour neutraliser et désarmer des groupes armés, nationaux et étrangers, qui menacent l'autorité de l'Etat et la sécurité de la population dans l'Est de la RDC, a donné plus d'apaisement aux Congolais.

L'attitude de la MONUSCO n'a jamais cessé d'intriguer la population congolaise et beaucoup d'observateurs de la situation du Congo. L'actuel chef de la mission, Mr Martin Kobler, arrivé en RDC au cours du second semestre 2013, l'a aussi stigmatisée, reconnaissant le 28 octobre 2013, en visitant les localités de l'Est du Congo que les FARDC venaient de reprendre des mains du M23, qu'il y avait dans cette partie du pays des Casques bleus qui avaient une certaine cohabitation avec le M23. Avec lui, « C'est la fin de la cohabitation (...) avec les rebelles », a-t-il martelé.

Le changement de comportement dans le chef de nos propres forces armées, jusqu'à leur victoire totale sur les forces ennemies, a été congratulé par tous les citoyens congolais qui voient dans leurs troupes l'assurance pour leur sécurité et l'intégrité de leur territoire.

Nos compatriotes ont vite oublié tous les déboires enregistrés par nos troupes dans le passé, les attribuant à l'existence dans leur sein des traîtres qui, poursuivant des objectifs inavoués, poussaient nos vaillants soldats à abandonner leurs positions avant les attaques des forces ennemies, ou les décourageaient en perturbant leur paie et leurs réserves alimentaires. Ce qui a été corrigé lors de la dernière épopée des FARDC.

Le souhait le plus ardent de la population congolaise est de voir cette correction s'éterniser à jamais, en vue de permettre à nos forces armées d'accomplir dignement leur devoir de servir et de protéger la nation.

Ce travail ne pourra pas se limiter aux avantages matériels. Il devra s'étendre également à la mise à l'égard des traîtres qui truffent les rangs des FARDC, non pour la défense de la nation congolaise, mais pour s'imaginer des stratagèmes au profit de l'ennemi ou de leur réjouissance personnelle.

Plus de cinquante ans après la regrettable disparition de P.E Lumumba, la menace qui pèse sur la souveraineté et l'intégrité de la République Démocratique du Congo est toujours présente et se consolide davantage en s'élargissant de jour en jour.

Les Congolais doivent le savoir et en être consciencieusement vigilants. Leur organisation dans l'unité est très précieuse pour mieux résister à toute tentative, d'où qu'elle vienne, qui chercherait à envahir leur pays ou à lui arracher une partie de son patrimoine. Chaque fois que c'est possible, chacun d'eux devra apporter sans condition son soutien aux Forces Armées de la RDC, dans le combat qu'elles mènent pour repousser à jamais toutes les menaces dirigées contre notre pays.

Oui, le Congo terre d'avenir est menacé. Les guerres meurtrières lui imposées de l'extérieur ont endeuillé son peuple, lui arrachant plus de six millions de ses fils et filles, contraignant tant d'autres à l'interminable errance à travers le monde ou à devenir des réfugiés dans leur propre pays, leurs biens emportés ou calcinés ; bref submergés dans une désolation la plus dégradante.

Ces actes, d'une extrême cruauté, ont laissé des traces tellement profondes qu'on aura du mal à effacer de si tôt, plus particulièrement dans l'esprit de ceux qui, malgré eux, ont assisté à l'élimination physique des êtres qui leur étaient chers, traversés par des morceaux de cuivre, de fer ou d'autres métaux dont certains proviendraient des entrailles du Congo, encore moins de la mémoire de ceux qui, après le passage des bourreaux, ont récupéré les corps sans vie de leurs proches parents, enterrés vifs dans le sous-sol du territoire de leurs ancêtres.

Des cas de mauvais souvenir sont innombrables : ces filles qui, sans le vouloir, sont devenues mères à la suite des viols dont elles ont été victimes, jusqu'à faire traiter la RDC de capitale mondiale du viol par de mauvaises langues enclines à se moquer du peuple congolais ; des enfants dont les pères, certes inconnus, ont été des tortionnaires de leurs mères ; des femmes dont les vagins ont dû recevoir des points de suture pour retrouver leur forme après le passage dans leur corps de plusieurs hommes inconnus et indésirables ; celles qui ont perdu à jamais la possibilité d'avoir des enfants à cause des partenaires improvisés et forcés qui ont détruit leurs matrices ; ces fillettes dont la virginité a été emportée dans des conditions atroces ; ces garçons qui ont perdu à jamais leur sexualité, leur verge étant brutalement sectionnée par des gens déterminés à faire du mal aux Congolais ; des filles dont les lèvres ont été sauvagement coupées ; des jeunes gens qui ont été froidement torturés à mort, dans des cachots sordides, leurs corps tuméfiés et ensanglantés, à la suite de multiples coups crapuleusement donnés par leurs geôliers avec du bois ou d'autres objets durs, et jetés dans des fosses communes creusées dans le sol à jamais témoin des actes d'une barbarie extrême, que seule la haine rageuse peut justifier, etc.

Ces guerres inutiles ont profondément perturbé le programme du développement de la RDC. Il demeure cependant étonnant de constater que des institutions internationales de maintien de la paix dans le monde minimisent la menace qui pèse sur l'intégrité territoriale d'un Etat souverain, membre de l'Organisation des Nations Unies, et surtout sur la vie de ses citoyens.

CHAPITRE I

CONGO TERRE D'AVENIR

De prime abord, on peut se poser la question de savoir si le Congo est réellement une terre d'avenir comme le considérait P.E. Lumumba. L'analyse de ses nombreuses potentialités conduit à une réponse affirmative : « Oui le Congo a de l'avenir ». De fait, il renferme à lui seul de multiples faits qui présagent sa situation future meilleure, par rapport à celle dans laquelle il patauge aujourd'hui. De nombreux observateurs indépendants sont de cet avis. Mais personne ne comprend pourquoi, malgré son étendue, sa grande population et ses multiples ressources naturelles, ce pays tarde à émerger.

La réponse à cette question pourrait être trouvée dans l'analyse du comportement de la communauté internationale à l'égard de ce pays sous-équipé ainsi qu'à travers l'étude de l'attitude des ressortissants congolais vis-à-vis d'eux-mêmes et vis-à-vis de leur pays. C'est ce travail que nous allons essayer de réaliser au cours des chapitres II et III du présent ouvrage.

Nous croyons qu'il n'est pas nécessaire pour notre pays de nous contenter toujours de la litanie de ses ressources naturelles. Il importe par contre de réfléchir sur les voies et moyens de transformer ces ressources en véritables richesses dont le pays a besoin pour son développement et pour répondre aux attentes sociales de sa population. De fait, c'est en mettant ces richesses en valeur que la grandeur du pays peut apparaître aux yeux des observateurs, au lieu de passer pour un champ de divers produits que l'on peut cueillir à volonté.

Occupant une position stratégique au centre de l'Afrique, le continent qui a la forme d'un révolver, pour paraphraser Frantz

Fanon[10] qui, de surcroît, voyait la gâchette de ce révolver placée au Congo de Lumumba.

Le militant de la lutte pour l'indépendance voulait souligner la nécessité pour l'Afrique d'engager une lutte dans l'unité pour libérer les pays qui, à l'époque, étaient encore sous le joug colonial, tout en indiquant le rôle que le Congo, pays de la ligne de front à cause de sa proximité avec l'Angola, alors colonie portugaise et tête de fiche des pays d'Afrique Australe qui croupissaient encore sous la domination étrangère, devait jouer pour assurer le déclenchement de la guerre en vue de la libération de cette la partie de notre continent.

Après la libération de l'Afrique australe, la République Démocratique du Congo (RDC) a encore un grand rôle à jouer dans la lutte que le continent doit mener pour son développement socio-économique et la consolidation des relations d'affaires entre ses différentes sous-régions.

Cette lutte exige la détermination des pays africains dans leurs différentes activités, en vue d'améliorer leurs productions et transformer celles-ci en produits finis, avant leur écoulement sur des marchés du continent et du monde.

C'est un fait réel que la R.D.C. peut rapidement améliorer son état futur si ses différentes potentialités parvenaient à être exploitées rationnellement. Cette exploitation devra être la principale préoccupation des Congolais. Chacun d'eux devant chercher à apporter sa contribution avec l'amour et la détermination de développer son pays. Personne ne peut y apercevoir une occasion d'un enrichissement personnel.

Par ailleurs, chaque compatriote devra se mettre à combattre toute tendance, d'où qu'elle vienne, de soutirer malhonnêtement quelque chose du patrimoine national, qui est notre bien commun, ou d'être aveuglé par l'arrogance inutile qu'engendre l'enrichissement insolent que produisent des vols, des pillages

---

[10] Franz Fanon : médecin psychiatre martiniquais né le 20 juillet 1925 à Fort-de-France et mort à Washington le 6 décembre 1961 à l'âge de 36 ans. Combattant anticolonialiste, il militait pour l'indépendance des pays africains. Il a participé à la lutte pour l'indépendance de l'Algérie aux côtés du Front National pour la Libération. Ecrivain et révolutionnaire tiers-mondiste, il a légué à l'humanité huit ouvrages, dont les plus célèbres sont : Peau noire, masques blancs (1952) et Les Damnés de la Terre (1961).

des biens du pays et d'autres antivaleurs, sans perdre de vue qu'agir pour ses propres intérêts équivaudrait à se moquer du peuple pour lequel on prétend travailler.

La mise en marche, par le gouvernement congolais, du programme de "Cinq Chantiers", prôné par le Président Joseph Kabila, donne raison d'espérer le changement du pays vers des lendemains meilleurs, surtout quand on sait que ce programme touche aux différents secteurs de la vie nationale, notamment celui de l'éducation pour la formation des jeunes et le perfectionnement des adultes, celui des infrastructures routières et ferroviaires pour faciliter le déplacement des personnes et des biens, et assurer le rapprochement de la population, celui de l'agriculture pour donner suffisamment à manger au peuple congolais, celui de l'habitat, l'électricité et l'eau pour assurer à tout Congolais un logement convenable, digne d'un être humain, celui de la santé pour amélioration de la qualité des soins à administrer à l'ensemble de la population, celui de l'emploi pour donner du travail à tous les citoyens, leur offrant ainsi la possibilité de subvenir à leurs besoins.

Dans ce cadre, l'Etat devra consolider sa mainmise sur tous les programmes de formation des enfants, dans le secteur public ou privé, en vue de mieux contrôler la forme de l'éducation qui leur est donnée et de les orienter suivant ses besoins, tout en veillant au brassage des jeunes issus de différentes régions du pays, en vue de combattre des clivages tribaux et régionaux qui existeraient entre eux et qui pourraient à la longue anéantir la cohésion nationale de manière à compromettre l'avenir de notre pays.

Le peuple congolais devra savoir que son ambition légitime d'avoir un avenir reluisant dépend de sa volonté et de son comportement vis-à-vis d'autres peuples et à l'égard de lui-même. Sa prise de conscience en rapport avec des convoitises étrangères et sa détermination à écarter tout ce qui peut entraver la bonne marche de son pays sont des éléments importants pour l'amélioration de l'image du Congo. Son avenir en dépend.

1. Vaste pays au cœur de l'Afrique

Immense territoire d'Afrique Centrale, la RDC s'étend autour de l'Equateur sur une superficie de 2.345.410 km². Ce qui la place au 11e rang des pays les plus étendus dans le monde, et au 2e rang en Afrique, derrière l'Algérie. Elle se distingue cependant de ce pays, dont une grande portion du territoire est désertique, quand son sol, s'il n'est pas irrigué par de nombreux cours d'eau qui le traversent, est couvert des herbes et des feuilles qui cachent également les arbres qui les portent, dont certains, avec une circonférence à la base de plus de 10 mètres, s'élèvent à plus de 50 mètres du sol.

La RDC partage des frontières avec neuf pays : la République Centrafricaine et le Soudan du Sud au Nord, l'Ouganda, le Rwanda, le Burundi et la Tanzanie à l'Est, la Zambie et l'Angola au Sud, et la République du Congo à l'Ouest. Par son étendue et sa position géographique, elle appartient à plusieurs ensembles ou regroupements sous-régionaux qui œuvrent, chacun en ce qui le concerne, pour le renforcement des liens d'amitié et de coopération entre les Etats membres ainsi que pour l'amélioration du niveau de vie des populations locales, le tout convergeant vers le développement de l'Afrique.

Cet environnement fait que la RDC soit à la fois membre de la Communauté Economique des Etats d'Afrique Centrale (CEEAC), de la Communauté pour le Développement de l'Afrique Australe (SADC), du Marché Commun de l'Afrique Orientale et Australe (COMESA), de la Communauté Economique des Pays de Grands Lacs (CEPGL), de l'Initiative du Bassin du Nil (IBN), du Centre Régional de Recherche et de Documentation sur les Femmes, le Genre et la Construction de la Paix dans la Région des Grands Lacs (CRFP-GL), de la Conférence Internationale pour la Région de Grands Lacs (CIRGL), etc.

La position géographique de la RDC peut lui permettre de jouer le rôle de point de passage de nombreuses voies de communication aériennes, fluviales, terrestres, reliant de différentes régions de l'Afrique. Les citoyens congolais devront être conscients de ce rôle de carrefour d'Afrique qui revient naturellement à leur pays, intérioriser cet avantage, s'organiser et travailler en conséquence pour que le Congo le joue effectivement.

L'Etat devra également accélérer l'exécution de son programme de *cinq chantiers* et celui de *révolution de la modernité*, plus particulièrement dans leurs volets *infrastructures routières et ferroviaires*, ainsi qu'en ce qui concerne la transformation des villages, par la construction des maisons en matériaux durables, suivant des normes de construction moderne. Ce qui pourrait attirer plusieurs voyageurs et touristes, nationaux et étrangers, qui seront heureux de séjourner dans notre pays ou de le traverser pour rejoindre d'autres coins du Continent.

Comme pour d'autres pays du monde, l'avenir de la RDC se joue dans le développement de ses infrastructures routières et ferroviaires qui, ajoutées à d'autres voies de communication, favoriseront le rapprochement et l'intégration de sa population repartie dans de différentes régions du pays.

Il revient donc au Congo d'améliorer ses structures d'accueil, d'augmenter le nombre de ses auberges et hôtels, de construire des routes et surtout des chemins de fer pouvant relier entre elles ses différentes provinces et faciliter sa jonction avec ses voisins, tout en renforçant sur son territoire la sécurité des personnes et des biens.

Cela pourrait offrir une grande facilité de logement et de circulation à ceux qui veulent venir au Congo et y circuler pour découvrir ses différentes parties.

Il y a lieu de saluer la restauration d'anciennes voies de communication et surtout le programme du gouvernement visant la réunification du Congo par des routes, qui prévoit la construction de 4.200 kilomètres de voies routières à travers le pays.

Bien qu'en terre battue dans le premier temps, ces routes seront ressenties par la population congolaise et des hôtes du Congo comme le début d'une nouvelle ère du programme de développement du pays. Ce qui pourrait encourager le peuple congolais dans son espoir de voir de nouvelles routes et voies ferrées se construire dans tout le pays, pour le redressement socio-économique de différentes provinces de la RDC et la mobilité de sa population.

Les efforts qui ont été faits par le gouvernement congolais pour reconstruire et moderniser quelques routes du pays sont encourageants. C'est le cas notamment de la reconstruction du tronçon Boma – Matadi – Kinshasa - Kikwit de la Route nationale n° 1. Le peuple congolais se réjouit du projet d'asphaltage du tronçon Kikwit – Tshikapa – Kananga - Mbuji-Mayi, avec l'espoir de voir ces efforts se poursuivre sur le tronçon Muena-Ditu – Kanyama – Kamina – Kolwezi, pour que le pays ait, pour la première fois, une route entièrement goudronnée reliant d'un bout à l'autre l'Ouest et le Sud de la RDC. D'autres routes devront suivre prochainement.

Le travail de la construction et de la modernisation des routes et des voies ferrées devra tenir compte de la jonction de certaines d'entre elles avec celles des pays voisins, en vue de permettre à leurs ressortissants et aux étrangers qui y sont de passage d'emprunter des voies congolaises, pour des convois de leurs marchandises vers et en provenance d'autres pays, à travers le territoire de la RDC. Cela pourrait naturellement entraîner la création, le long des voies de communication nouvelles ou réhabilitées, de multiples services et plusieurs emplois, allant de l'accueil ou de l'assistance des voyageurs, à leur restauration et hébergement, contribuant ainsi au développement du tourisme dans le pays.

Il ne sera pas superflu de rappeler aux hommes d'affaires congolais la nécessité de saisir de l'opportunité qu'offrent de nouvelles infrastructures du pays, en cours de réalisation, pour initier des services divers, en vue de rendre agréables des voyages et des séjours le long de ces voies de communication. Il serait utopique d'attendre que d'autres peuples viennent le faire à notre place.

Certes il n'est pas aisé de construire ni de moderniser des routes en RDC. Cela non à cause de l'immensité de son territoire, mais à cause d'innombrables obstacles, tels que les cours d'eau, dont la traversée exige la construction des ouvrages appropriés, retardant l'avancée des travaux. Mais il est toujours nécessaire d'avoir la volonté et la détermination de le faire, pour parvenir à améliorer cet environnement.

C'est en voulant permettre au pays de mieux jouer son rôle de carrefour d'Afrique, que M'Zee Laurent Désiré Kabila avait programmé l'amélioration de la qualité de nombreux aéroports congolais et la construction de tant d'autres. N'ayant pas eu le temps matériel de réaliser son rêve, il revient au peuple congolais et à ses dirigeants de s'investir pour la réalisation de ce louable projet.

La réhabilitation de certains aéroports est un acte encourageant. On dirait qu'elle s'inscrit dans le cadre de ce projet. Il serait souhaitable de voir ces efforts se poursuivre dans tout le pays.

L'amélioration déjà faite sur quelques sites constitue un véritable tonus qui fait la fierté du peuple congolais. En effet, personne n'ignore que le souhait de chaque citoyen est de voir le visage de son pays, plus particulièrement de sa capitale, s'améliorer davantage, en vue d'avoir le courage d'en faire dignement la présentation au monde entier.

La tenue du XIVe Sommet de la Francophonie à Kinshasa, en octobre 2012, a été une bonne occasion offerte aux délégués de soixante-quinze pays membres de cette organisation d'apprécier le travail abattu par le peuple congolais. Nous croyons que cela ne manquerait pas d'encourager nos compatriotes à apporter leur contribution aux travaux de transformation de certains secteurs de la vie nationale.

Un vaste territoire comme la RDC devra disposer d'une grande compagnie des transports aériens, qui porterait le nom de « Air Congo » ou « LAC » (Lignes Aériennes Congolaises), pour non seulement marquer notre réveil économique mais aussi faire sentir à tous ceux qui s'intéressent au Congo notre détermination à faire changer la physionomie de notre pays. La compagnie aérienne devra assurer la liaison entre les différentes villes de l'intérieur et avec d'autres pays du monde.

Il y a lieu de saluer la promesse du Gouvernement congolais de constituer dans les meilleurs délais une nouvelle compagnie nationale des transports aériens. Cette réalisation permettra au pays de mieux contrôler ce secteur stratégique, aujourd'hui dominé par des opérateurs économiques étrangers, et de créer de nombreux emplois.

La reconnaissance de cette réalité des faits ne peut pas être interprétée comme un rejet des sociétés privées dans le domaine des transports aériens de notre pays. Le Congo a besoin de la contribution de tous pour renforcer la mobilité aérienne des personnes et des biens à travers son territoire. Cette contribution devra être comme un supplément à l'effort de l'Etat qui ne peut être aperçu qu'à travers ses propres activités.

Pour avoir de nouveaux appareils d'avions, le Gouvernement devrait prendre des contacts directs avec des compagnies productrices de ces appareils. Nous songeons à la compagnie américaine Boeing et à la géante européenne Airbus qui pourraient devenir des clientes de notre pays. Il suffira de négocier avec elles, de donner à chacune un acompte possible et de s'engager à payer le reste avec les produits de l'exploitation de ces importantes acquisitions, tout en ayant chaque fois à l'esprit qu'il est peu recommandable, pour ce genre de transactions, de passer par des concessionnaires qui, logiquement, travaillent pour leurs propres intérêts en cherchant des bénéfices parfois exorbitants.

Vaste pays au centre de l'Afrique, la RDC devrait améliorer sa physionomie et avoir des structures modernes. Il est douloureux de constater qu'après plus de cinquante ans de son accession à la souveraineté nationale et internationale, et en dépit de multiples contacts de son peuple avec d'autres nations du monde, l'habitat de sa population reste identique au modèle traditionnel. Des changements significatifs n'y sont pas assez perceptibles.

Dans des villages, les murs de la maison sont généralement faits de bois, coupé dans un bosquet ou une forêt environnante, et recouverts de la terre tirée d'un puits creusé non loin de la case, avec une toiture dont l'ossature est entièrement cachée par un chaume ou des feuilles, également cueillies en brousse. La construction de cette maison (à la campagne) ne nécessite pas une spécialité quelconque. Tout le monde peut construire sa maison comme à l'époque de nos Ancêtres, suivant un croquis chiffonné au sol avec un morceau de bois ou à l'aide de son pied.

Dans des villes, on trouve aussi des maisons construites de la même manière. On y remarque difficilement le souci d'esthétique ou la volonté d'y donner un aspect d'habitation moderne, malgré l'apparition dans certaines d'entre elles de différentes pièces telles qu'un salon, une salle à manger, des chambres à coucher, une cuisine, des toilettes.

La principale différence entre ces deux types de maisons se trouve néanmoins dans des matériaux utilisés pour leur construction, durables en ville et périssables au village. Il est indispensable que l'Etat mette en place un programme visant l'amélioration de cet état de choses.

Nous croyons que dans le cadre de la révolution de la modernité prônée par le gouvernement, nos villages devront être modernisés, c'est-à-dire qu'ils devront avoir des écoles, des centres de santé modernes, des maisons construites autrement et possédant l'électricité et l'eau courante.

Par ailleurs, il serait souhaitable que l'Etat congolais fasse de son mieux, pour interdire toute construction des maisons dans nos villes par des particuliers eux-mêmes. Cette tâche devrait être confiée à des sociétés spécialisées dans le domaine.

Celles-ci devraient aménager des lieux choisis pour la construction des maisons et tenir compte des éléments indispensables à toute ville moderne, y compris le respect de l'environnement. Ce qui pourrait éviter au pays des problèmes des érosions, garantir la construction des avenues et des rues entièrement ouvertes à la circulation des véhicules, faire apparaître des espaces verts dans de différents quartiers de nos villes.

Ces mesures pourraient être étendues à nos villages, en vue de donner une nouvelle physionomie au pays (avec des villes et villages modernes). La réalisation de ce genre serait comme un tonus administré à la dignité du peuple congolais qui, de ce fait, sera traité avec plus de considération par les autres.

Encouragé par la gigantesque lumière répandue sur ce vaste territoire par les effets de la modernisation du pays, des gens, nationaux comme étrangers, seront heureux de traverser la RDC dans tous les sens, pour admirer sa beauté retrouvée et de se détendre dans ses sites touristiques.

Cela va de pair avec la construction et la modernisation des infrastructures routières et ferroviaires car, les difficultés de communication et de transport n'encouragent pas les trafiquants et d'autres voyageurs à faire des déplacements vers des régions lointaines de l'intérieur du Congo, ni à connaître ses divers coins, que l'on doit pourtant connaître et aimer.

La RDC est certes un grand pays. Le monde entier le reconnaît. Les Congolais devront néanmoins savoir que la grandeur d'un peuple ne se mesure pas seulement en fonction des dimensions géographiques de son pays, mais aussi compte tenu de la qualité de son travail et de la manière dont il sauvegarde son unité.

Le peuple congolais doit travailler durement, dans la dignité, pour améliorer ses conditions de vie, en produisant lui-même ce dont il a besoin pour sa propre consommation. Autrement dit, c'est par ses propres moyens qu'il peut parvenir à revaloriser sa grandeur. Sans une prise de conscience conséquente, le peuple congolais risque d'être toujours minoré par les autres.

Les activités économiques de la RDC sont essentiellement concentrées dans sa partie périphérique. Des agglomérations entières du pays, du fait qu'elles ne sont pas éloignées de nos frontières, orientent leurs échanges commerciaux avec les pays voisins qui sont facilement accessibles à leurs trafiquants, quand l'immense territoire national ne leur offre pas un attrait convaincant pour leurs activités commerciales. Ce qui constitue un danger pour l'unité nationale.

L'Etat congolais devrait faire le nécessaire, pour encourager des échanges commerciaux entre de différentes régions du pays. La voie la mieux indiquée pour y parvenir se trouve dans la reconstruction et la modernisation des infrastructures routières et ferroviaires.

De leur part, nos compatriotes, aujourd'hui concernés par les activités commerciales orientées vers l'extérieur, devraient aussi comprendre qu'il va de leur intérêt et de celui de la nation tout entière d'agir autrement. Tout en respectant le chemin tracé par l'Etat, ils feraient de leur mieux, pour s'intéresser aux échanges internes avec d'autres centres à l'intérieur du pays, tout en gardant leurs liens avec le marché extérieur.

2. Pays avec d'énormes ressources minérales

Surnommée « scandale géologique » à cause de l'existence dans son sous-sol de nombreux gisements de minerais, notamment le diamant, l'or, le cuivre, le fer, le cobalt, l'uranium, l'étain, la bauxite, le colombo-tantalite (coltan), le manganèse ... ainsi que le pétrole, le gaz méthane et les schistes bitumeux, la RDC peut avoir la possibilité de mettre rapidement en exécution ses différents projets de développement (comme le programme de *Cinq Chantiers* et celui de la *Révolution de la Modernité*) si ses potentialités parvenaient à être rationnellement exploitées et bien gérées.

La liste de minerais dont regorge le sous-sol du Congo n'est pas exhaustive. On dirait que tous les minerais connus dans le monde s'y trouvent. De nouveaux travaux d'exploration minière faits dans ce pays aboutissent souvent à la découverte de nouveaux minerais. C'est le cas par exemple du nickel et du chrome, découverts dernièrement dans des endroits insoupçonnés, et des ressources sous-marines de l'espace maritime national dont l'étendue est estimée à 86.400 Km2.

Mais toutes ces richesses naturelles de la RDC n'assurent pas encore le bonheur du peuple congolais qui croupit toujours dans la misère. L'Etat semble déterminé à améliorer la situation. C'est ainsi que les 30 et 31 janvier 2013, le gouvernement congolais a organisé à Lubumbashi la première conférence sur « *la bonne gouvernance et la transparence dans le secteur minier de la République Démocratique du Congo* ».

Lubumbashi, qui a été choisie pour abriter ces travaux, est la deuxième ville du Congo après Kinshasa, la capitale du pays. Aussi connue sous le nom de capitale économique ou capitale du cuivre (une ressource minérale représentant la 2e réserve du monde), elle abrite le siège de la GECAMINES, la plus grande société minière du pays (celle qui intervenait à la hauteur de 70 % au budget national au cours de la Deuxième République), et des bureaux d'administration de plusieurs sociétés minières qui opèrent dans le Sud de la RDC.

Dans son discours d'ouverture de ces assises, le Chef de l'Etat congolais a préconisé « *la lutte contre la fraude et la corruption dans le secteur minier pour combattre le paradoxe que représente d'une part, un énorme potentiel minier et une activité minière de plus en plus intense, et d'autre part, la modicité des bénéfices que l'Etat en tire avec une conséquence négative sur l'amélioration des conditions de vie de nos populations* ».

L'Etat congolais est donc à la recherche de la bonne gouvernance et de la transparence dans la gestion de ce secteur que l'on peut estimer en croissance, compte tenu de la quantité d'investissements et de l'importance de la production, mais qui apporte au pays ce qui est en dessous de la réalité.

En prônant la bonne gouvernance, le Chef de l'Etat congolais voudrait « *promouvoir des comportements et de meilleures pratiques pour que l'exploitation minière réponde aux attentes non seulement de l'Etat, mais aussi des entreprises, des collectivités et des communautés* ».

La transparence permet d'apprécier toute forme de gestion. Dans le rapport final des travaux de la conférence de Lubumbashi, il est indiqué que pour le Gouvernement congolais, « *la transparence dans la gestion du secteur minier implique le respect d'une éthique, non seulement pour les pouvoirs publics, mais aussi pour les opérateurs économiques et la société civile* ». L'Etat vise ainsi l'amélioration de la gestion des revenus récoltés dans ce secteur.

De fait, la fraude et la prédation de toutes sortes affectent profondément ce secteur et perturbent le programme de l'Etat congolais visant le développement du pays. Ce dernier continue malheureusement à tenir la queue dans l'indice de développement humain (suivant les statistiques de la Banque Mondiale), malgré ses innombrables ressources minières.

Il s'avère indispensable que la Justice soit beaucoup plus sévère dans tous les domaines de vie nationale, en vue de mettre fin à l'hémorragie qui prive l'Etat d'une grande partie de ses ressources financières.

Dans une société où les gens ignorent que leurs droits ont des limites à respecter et ne savent pas faire le discernement entre des biens privés et des biens communs, nous croyons que des sanctions sévères et bien suivies restent la voie la mieux indiquée pour l'Etat congolais de parvenir à mieux protéger et faire respecter des biens relevant du domaine public. Nous savons que sa tâche est encore grande. Mais il ferait mieux d'amener les gens à réfléchir avant de s'engager ou de faire quelque chose.

La Conférence de Lubumbashi a donné l'espoir au peuple congolais de voir la gestion rigoureuse des ressources naturelles se généraliser dans tout le pays, quant à leur exploitation et leur commercialisation, pour que les bénéfices tirés contribuent effectivement à la réalisation du programme national de redressement socio-économique, profitable à tous.

L'espoir de la population congolaise de voir sur le terrain l'impact de l'exploitation minière, se traduisant notamment par la construction des routes et d'autres infrastructures d'intérêt commun, ainsi que par l'installation de la distribution d'eau potable et d'électricité pour tous, a été encore perçu en marge de la tenue à Goma (Nord-Kivu), du 24 au 25 mars 2014, de la 2e Conférence nationale sur les mines en RDC.

Se déroulant sous le thème « Gestion durable et transparente des ressources naturelles de la RDC post conflit », la conférence de Goma peut être considérée comme l'expression de la volonté de l'Etat congolais d'assurer une bonne gestion du secteur minier qui ne profite pas encore à la population. Celle-ci attend toujours de bénéficier des retombées de son exploitation.

La décision du Gouvernement de procéder à la révision du Code minier mérite le soutien de tous les Congolais qui espèrent qu'à cette occasion, il sera envisagé d'extirper des dispositions qui désavantagent le pays, tout en conservant celles qui présentent des aspects positifs, et d'y ajouter celles qui pourraient protéger l'environnement et le peuple congolais.

Nous espérons que la révision du Code minier sera aussi l'occasion d'envisager la disparition du système des primes de contentieux et de l'existence de multiples intervenants, bref un moyen de mettre fin à ce que la Fédération des entreprises du Congo (FEC) considère comme un « *harcèlement fiscal* ». Ce qui permettra au pays de parvenir à « *une exploitation minière plus importante, propre, équilibrée et transparente (pouvant amener l'accroissement des) revenus de l'Etat (à travers) une taxation claire* » comme le souligne Mr Martin Kobler, Représentant Spécial du Secrétaire Général de l'ONU en RDC, dans son discours à la conférence de Goma.

Il serait souhaitable que cette révision intervienne avant l'octroi de prochaines autorisations d'implantation de nouvelles sociétés minières dans notre pays, c'est-à-dire qu'il faudrait d'abord aménager des garde-fous qui garantiraient un environnement sécurisé et assaini pour tous les intervenants dans le secteur, à savoir, l'Etat, les opérateurs miniers et la population congolaise dans son ensemble.

Nos compatriotes devront cesser d'assister aux activités des sociétés minières comme des spectateurs, laissant cet important domaine entre les mains de seuls hommes d'affaires étrangers, ignorant que cette attitude fragilise l'Etat congolais et l'expose aux chantages de ceux qui viennent de loin, pour mettre en valeur nos ressources naturelles.

Il est temps pour les citoyens congolais de s'intéresser et de participer activement au secteur minier du pays, en payant leurs parts dans toutes les sociétés à naître et en devenant actionnaires dans celles qui existent déjà.

Nous suggérons à ce sujet que lors de la révision du Code minier, qu'il soit souligné l'obligation de voir des Congolais figurer sur la liste des actionnaires de toute société à créer chez nous. La proportion de leur participation devra être fixée par une loi. Le non-respect de cette disposition devrait rendre caducs les papiers autorisant la société de fonctionner au Congo et entraîner le retrait de toute licence de son existence dans le pays.

Sans attendre une quelconque initiative des investisseurs étrangers dans ce domaine, nos compatriotes devront prendre l'initiative de s'impliquer directement dans l'exploitation de nos mines, en se regroupant pour constituer de grands ensembles à même d'entreprendre des activités profitables au pays et au peuple congolais dans sa globalité.

Nous sommes persuadé que cela n'est pas impossible étant donné que les entreprises existantes et celles à venir dans notre pays utilisent essentiellement la main-d'œuvre congolaise, et que l'on rencontre dans toutes les provinces du Congo de nombreux creuseurs qui se livreraient à cette activité par manque d'emploi pouvant leur garantir un revenu régulier.

Il y a lieu de reconnaître que cette activité de creuseurs est porteuse d'énormes difficultés : la perte des produits due à l'amateurisme de la plupart d'entre eux, les risques pour leur santé, la dégradation du sol et des conséquences imprévisibles pour le pays, notamment la multiplication des érosions, l'impraticabilité de l'agriculture après leur passage.

De fait, la principale préoccupation des creuseurs est de recueillir une grande quantité de matières à vendre à leurs clients, en vue d'avoir une bonne somme d'argent. Les conséquences de ce qu'ils font ne les effleurent pas. D'ailleurs, d'une manière générale, ils ignorent des précautions à prendre pour préserver l'état du sol, éviter de polluer des cours d'eau environnants et préserver l'atmosphère.

Le parcours suivi par des produits des creuseurs donne une idée générale sur des pertes subies par l'Etat congolais. De fait, ces produits n'aboutissent pas entièrement aux comptoirs reconnus par l'Etat. La quantité qui sort en fraude est énorme, malgré l'interpellation de quelques trafiquants à des postes frontaliers du pays.

Des procès en flagrant délit de ceux qui, à l'Aéroport international de N'Djili ou ailleurs, sont attrapés avec des matières précieuses du Congo, qu'ils tentent de faire sortir frauduleusement, nous enlèvent souvent le sommeil, non parce qu'ils ont eu lieu, mais compte tenu de la gravité des blessures et des douleurs que nous ressentons en voyant des charognards sucer le sang minier de la RDC, notre cher pays.

Le nombre de creuseurs ne cesse d'accroître au Congo. Certaines estimations le situent à plus de deux millions dans tout le pays. Ce qui est énorme et porteur de danger pour l'avenir de la nation.

Nombreux d'entre eux sont des mineurs qui ont déserté l'école, en en vue d'avoir de l'argent et d'autres avantages liés à ce travail pénible pour leur âge, se privant ainsi d'un minimum d'instruction indispensable à tout être humain.

L'Etat congolais devrait faire de son mieux pour atténuer pacifiquement l'ardeur des jeunes dans le domaine minier, en leur proposant d'autres alternatives.

Cela contribuerait à diminuer l'étendue des terrains délivrés aux activités des creuseurs et à pousser la plupart de ces derniers à retourner à l'école, où ils peuvent apprendre des métiers beaucoup plus profitables à la nation.

En réfléchissant sur le phénomène *creuseurs,* notamment en ce qui concerne son apparition et son évolution, quelques conclusions ci-après nous viennent à l'esprit :

- la pauvreté des parents pousse certains jeunes à abandonner l'école, pour embrasser la voie de l'exploitation des matières précieuses dont la vente leur apporte le bonheur ;
- la pénurie d'emploi amène quelques jeunes diplômés et chômeurs à s'adonner à une activité supplétive qui peut leur permettre de satisfaire à leurs besoins ;
- l'insécurité dans certaines régions du pays pousse des jeunes gens à se réfugier derrière des leaders qui peuvent leur assurer la protection, moyennant des services comme creuseurs pour leur compte ;
- la multiplication des groupes armés qui trouvent dans cette activité un moyen facile d'assurer leur existence, de s'approvisionner en tout ce dont ils ont besoin, de garnir leurs bourses.

La situation pourrait changer si la tendance parvenait à être renversée. Cette tâche incombe en premier lieu à l'Etat. Mais tout Congolais devra savoir qu'il en est concerné et que, de ce fait, il devra chercher à apporter sa contribution pour améliorer l'état des choses et trouver les voies et moyens de mettre fin à cette activité incontrôlée, qui ronge le domaine minier du pays et mine la sécurité nationale.

L'Etat congolais devrait réorganiser le secteur minier et éviter de laisser des portions de son territoire entre les mains des amateurs qui agissent, souvent sans le savoir, pour servir les intérêts des ennemis du pays. Il ferait mieux de renforcer des lois et le contrôle dans ce domaine, tout en suscitant la création des sociétés spécialisées dans l'exploitation des minerais partout où leur concentration serait importante, c'est-à-dire confier le domaine concerné à ceux qui peuvent l'exploiter correctement, en protégeant l'environnement et en s'intéressant aux aspects sociaux de la population environnante.

Les creuseurs pourraient devenir les premiers employés des entreprises ainsi créées, d'autres pourraient aller à l'école.

Le secteur minier réorganisé deviendra beaucoup plus utile au pays : en limitant sensiblement l'action des prédateurs, l'Etat pourrait créer de nombreux emplois pour la population congolaise et accélérer son programme de développement.

On notera à titre d'exemple des accords de coopération signés entre le gouvernement congolais et des sociétés chinoises, pour que ces dernières l'assistent dans son programme de reconstruction, moyennant une concession des minerais pour une durée et un montant bien déterminés. Les effets déjà enregistrés ont donné l'espoir au peuple congolais, le rassurant d'être à même de se prendre en charge, grâce à son sous-sol, sans tendre la main à travers le monde, comme des mendiants qui recourent à la charité des passants, leur quémandant des aumônes.

La création des usines sur des terrains où les creuseurs se donnent à l'exploitation illicite pourrait permettre à l'Etat de connaître la quantité de minerais que l'on produit, d'augmenter ses recettes du domaine minier et d'évaluer l'incidence de celles-ci sur la population environnante et sur tout le pays. Cela diminuerait par ailleurs l'action de ceux qui alimentent des guerres chez nous, en donnant des armes à quelques individus ou en leur fournissant des moyens de s'en procurer ailleurs, pour s'approprier à de vils prix des produits pillés au Congo.

L'implantation au Congo de ces usines renforcerait la capacité de celles qui y existent déjà, augmentant ainsi le nombre d'emplois pour la jeunesse et limitant la sortie frauduleuse des minerais du pays.

La volonté du gouvernement d'avoir sur place des usines de traitement des minerais congolais avant leur exportation est louable et très encourageante pour tous les compatriotes qui souhaitent voir des changements socio-économiques de la situation de toute la population.

Il serait souhaitable que cette volonté se concrétise le plus rapidement possible. De fait, il est inconcevable, à l'heure actuelle, de voir un pays se plaire à exporter ses terres, les minerais compris, sans connaître exactement ce qui sort de son territoire. Ce que l'on peut considérer comme une exportation aveugle des matières premières du pays.

Nous croyons que la création de ce genre d'usines va nous épargner des scènes comme celle à laquelle nous avons un jour assisté à la télévision nationale de voir une grande quantité de matières tirées de notre sol, présentées au public avant leur expédition à l'étranger où, parait-il, elles devraient être analysées dans des laboratoires appropriés, pour connaître la teneur du minerai recherché.

Un événement devant la presse signifie « *au vu et au su* » de tous : l'Etat, le peuple congolais, les représentants des pays amis. Tout le monde a vu ; tout le monde a trouvé normal de voir une partie de la richesse du pays sortir de notre territoire, pour être analysée ailleurs, loin de nous, avec comme garantie, la *confiance*, celle que nous trimballons toujours entre nos mains, cherchant à qui l'attribuer, la déception que nous rencontrons parfois ne nous aidant pas à ouvrir notre œil.

Autrement dit, les besoins d'emplois sont énormes pour la population congolaise. Mais cela ne peut pas occulter les dangers réels que présenteraient certains engins et machines pour la jeunesse et l'avenir de notre pays.

Pour l'implantation de chaque usine, l'Etat congolais devra être très attentif aux questions d'environnement. Il ne doit pas se laisser séduire par la nécessité de donner du travail aux Congolais, sans chercher à connaître au préalable les conséquences réelles des activités de l'usine sur le paysage du pays et surtout sur la santé de la population. Le travail est certes bon ; mais on ne peut pas le faire si on n'est pas en bonne santé.

A quoi servirait une usine qui apporterait des maladies et la mort aux citoyens d'un pays ? N'est-il pas indiqué d'exiger à tout celui qui veut implanter une usine au Congo d'exprimer par écrit des dispositions qu'il prendra pour la protection de l'environnement et le traitement des déchets qui proviendraient de cette usine. Tout celui qui opterait pour le versement direct des déchets dans un cours d'eau devra être écarté.

La pollution du lac Tshangalele[11], dans la province du Katanga, par une société d'extradition minière récemment

---

[11] Le lac Tshiangalele est un lac artificiel de la RDC, situé dans la province du Katanga entre les villes de Lubumbashi et de Likasi (à 20 km de celle-ci). Il est alimenté par la rivière Lufira.

Aussi connu sous le nom de lac Fufira ou réservoir de Mwadingusha, ses eaux alimentent la centrale électrique de Mwadingusha qui dessert Likasi.

Riche en poissons, dont les tilapias, le lac est fréquenté par de nombreux pêcheurs. Sa pollution perturbe l'activité principale de ces concitoyens qui y installée chez nous, devra réveiller la conscience des Congolais. Nos compatriotes devraient être vigilants à l'égard de différentes initiatives d'investissement dans notre pays, en vue d'écarter celles qui présenteraient des dangers pour la RDC.

Cette nécessité de vigilance a été corroborée par la découverte à Kinshasa en mars 2013, respectivement par le ministre de l'Industrie et son collègue de la Santé Publique, de deux usines qu'on a pu qualifier « *d'usines de la mort* », la première conditionnant de l'eau dite *potable* dans des sachets tirés des ordures, la seconde fabriquant des produits pharmaceutiques dans des conditions non respectueuses des règles de l'hygiène.

La fermeture des deux usines a été chaleureusement saluée par le peuple congolais. Nous espérons que des mesures de ce genre seront également prises à l'encontre de toute usine qui serait tentée de travailler dans des conditions analogues.

Le comportement de ces investisseurs nous rappelle l'image de la pollution qui a constitué un calvaire pour un peuple d'Asie du Sud Est, pollution due à une usine implantée dans ce pays, pour raffiner des minerais venant d'un autre continent, sous prétexte de donner du travail aux nationaux, aujourd'hui victimes de la naïveté de leur Etat.

Dans l'intérêt de sa population, la RDC devra agir en personne avertie avant d'accorder toute autorisation d'investissement dans notre pays. De fait, chaque candidat investisseur devrait faire preuve des dispositions nécessaires, pour la protection de la nature, en indiquant notamment des appareils de purification des eaux usées avant leur versement dans un cours d'eau.

Les citoyens congolais sont toujours fiers de l'abondance de ressources naturelles de leur pays. Mais ils doivent savoir qu'ils ont le devoir de protéger ces richesses et de les exploiter rationnellement, en vue de développer leur pays et de donner la garantie à leur progéniture. Ils doivent aussi savoir qu'ils sont

---

pratiquent la pêche pour la survie de leurs familles. Les oiseaux migrateurs qui y sont régulièrement accueillis risquent de déserter des lieux empoisonnés par des usines peu préoccupantes de notre environnement, privant ainsi au pays d'un domaine touristique non encore exploité.

les seuls responsables de leur avenir, c'est-à-dire qu'ils ne doivent jamais voir leur bonheur à travers l'action d'autres peuples. Ils doivent travailler.

C'est par une prise de conscience du peuple congolais, se traduisant par un sentiment des responsabilités et une ferme volonté de protéger ces richesses naturelles, que l'on peut avoir la paix sur toute l'étendue du territoire national et mettre fin aux guerres à répétition qui gangrènent la partie orientale de notre pays.

Certaines ressources naturelles du Congo traversent ses frontières et sont partagées avec les pays voisins. C'est le cas notamment du gaz méthane dans le lac Kivu, à sa frontière avec le Rwanda, du diamant à sa frontière avec l'Angola, du pétrole à sa frontière avec l'Angola, l'Ouganda, la Tanzanie. Il y en a même celles qui sont déjà mises en exploitation dans les pays voisins, quand en RDC ces travaux n'ont pas encore démarré.

On notera par exemple le cas du gaz méthane que le Rwanda exploite dans le Lac Kivu et celui du pétrole du Lac Albert qui profite déjà à l'Ouganda.

Kinshasa devra faire de son mieux, pour la mise en exploitation rapide de ces ressources, malgré des pressions internationales qui tendent d'étouffer nos efforts, tout en fermant les yeux sur le même travail fait par les autres. Pourtant, le peuple congolais est pressé d'en tirer aussi profit.

La production du gaz naturel du lac Kivu ou de celui dérivé du pétrole dans d'autres coins du pays pourrait permettre à l'Etat congolais d'avoir une nouvelle source d'entrée des devises et de satisfaire les besoins de son peuple en matière de chauffage et de feu de cuisine. Ce qui contribuerait énormément à atténuer le déboisement des forêts du Congo et à améliorer les conditions sociales de sa population.

L'utilisation de cette source d'énergie dans nos cuisines et pour réchauffer nos foyers nécessitera la sensibilisation et l'initiation de la population congolaise à l'usage du gaz méthane, en vue d'éviter d'éventuels cas d'accident qui pourraient amener des conséquences désastreuses non seulement pour les utilisateurs eux-mêmes, mais aussi pour leur entourage.

3. Deuxième poumon du monde

La République Démocratique du Congo est dotée d'un immense trésor, la forêt qui couvre plus de 100 millions d'hectares, soit plus de 55% du territoire national, et représente plus de la moitié des ressources forestières de l'Afrique et 8% des forêts tropicales du monde. Une étude du Programme des Nations Unies pour l'Environnement (PNUE) reconnaît que la forêt tropicale de la RDC est *une source potentielle de revenu* (l'estimant) *à 900 millions de dollars d'ici à 2030.*

Cette estimation ne donne pas suffisamment de détails pour éclairer le lecteur sur les possibilités que la forêt offre à l'Etat congolais. La durée et la périodicité de l'évaluation ne sont pas clairement indiquées. Il reste cependant certain que le Congo peut être compté parmi les plus gros producteurs de bois du monde. Ce domaine deviendrait très profitable au pays s'il parvenait à être rationnellement exploité.

De fait, la forêt du Congo est pleine de richesses, non encore exploitées, liées à sa biodiversité et à sa flore, qui ont besoin d'une bonne gestion, pour devenir l'une de principales sources de revenus du pays.

La politique du gouvernement en matière de l'environnement démontre sa préoccupation pour la protection des espèces évoluant dans l'espace territorial national.

Outre le Ministère de l'Environnement, Conservation de la Nature et Tourisme, la RDC entretient sur son territoire de vastes réserves naturelles comme le Parc national de Garamba, le parc national de l'Upemba, le Parc national de Kundelungu, le Parc national de Virunga, le Parc national de Kahuzi-biega, la réserve de faune à Okapi, le Parc national de Salonga.

Large de plus de 3.600.000 hectares, ce dernier est le plus grand parc forestier du monde.

Dans le cadre de sa lutte contre le braconnage, l'Etat congolais a mis en place des brigades de garde qu'elle gère à travers l'Institut Congolais pour la Conservation de la Nature (ICCN). Le travail de ces gardiens des parcs nationaux est dur et nécessite d'énormes efforts face à l'endurance des braconniers toujours déterminés, non seulement à participer au commerce illicite de l'ivoire et des espèces animales rares, mais aussi à se maintenir à tout prix, même si cela doit blesser le cœur des Congolais et de tous ceux qui aiment la nature. Tel fut le cas du massacre des okapis, espèce rare que le monde entier veut sauvegarder, qui ont été inutilement zigouillés et abandonnés au sol en 2012.

La forêt de la RDC abrite une grande diversité d'espèces animales et végétales du monde. On y dénombre notamment plus de 415 espèces de mammifères dont les singes rares (chimpanzé, bonobo, gorille) et 30 variétés d'antilopes, 1086 espèces d'oiseaux, 352 espèces de reptiles, 80 espèces d'amphibiens, 1.300 espèces de papillons et plus de 11.000 espèces de plantes.

Elle est naturellement la première source de bonheur de la population congolaise qui en tire ce dont elle a besoin pour sa survie, notamment la nourriture, des médicaments pour combattre diverses infections et apaiser plusieurs maux, des matériaux de construction de son habitat, le bois pour le feu en vue de préparer sa nourriture, chasser le froid, fumer le poisson et la viande à conserver pour les repas ultérieurs ou la vente.

Depuis leurs ancêtres, les Congolais, comme de nombreux Africains, construisent leurs maisons avec des tiges d'arbre, des rotins et des feuilles tirés de la forêt ainsi que le chaume des plateaux ou des plaines. La colonisation du pays a donné naissance aux villes, où l'on rencontre des maisons en matériaux durables, sans pour autant mettre fin au système traditionnel d'habitat qui est encore florissant dans des villages et petites villes.

Nombreux sont des Congolais qui vivent encore de la forêt. Des peuplades en errance y trouvent de la nourriture grâce à la pratique de la cueillette des fruits, des chenilles, des champignons, et de la chasse au gibier. Même la population sédentaire continue à y pratiquer la cueillette et la chasse en dehors de ses activités de champs.

Les besoins de la cuisine sont toujours permanents et croissants. Outre des ingrédients et d'autres éléments dont la ménagère congolaise a besoin pour préparer à manger, le feu reste d'une grande utilité dans la cuisine. Le bois mort continue son cours à la campagne et dans certaines maisons de la ville, en vue de préparer la nourriture et de réchauffer des lieux d'habitation ou de séjour.

De même, le manque de gaz méthane et la perturbation de la fourniture de l'électricité dans des villes congolaises ont accru le commerce du charbon de bois dans des villes. La production de ce combustible a conduit à la disparition des ceintures forestières proches d'importantes agglomérations urbaines. Il est important pour l'Etat congolais d'envisager, dans le cadre de sa politique de reboisement, de reconstituer cette couverture verte nécessaire à chaque concentration des hommes.

Dans le cadre de la protection de la forêt du Congo, il importe d'amener les Congolais, où qu'ils se trouvent sur le territoire national, à adopter un autre type d'habitat, en l'occurrence des maisons en matériaux durables, faites plus particulièrement des briques cuites et couvertes des tuiles. Il convient également de les initier (les Congolais) à un élevage moderne, pour les détourner de la chasse, et d'œuvrer pour l'installation de l'électricité et la distribution du gaz méthane dans leurs maisons, en vue de limiter la recherche du bois mort.

Grâce à ces dispositions, nous croyons que pour satisfaire leurs besoins, nos compatriotes n'iront plus en forêt chercher des matériaux de construction, ni faire la chasse au gibier, ni ramasser du bois, encore moins se livrer à la cueillette.

Le retour et la consolidation de la paix à l'Est de la RDC pourrait permettre à l'Etat congolais d'envisager la possibilité de produire et de distribuer le gaz méthane du lac Kivu, pour alimenter des foyers des Congolais et de ceux qui habitent notre pays. L'utilisation de cette matière, parallèlement à l'électricité, contribuera énormément à la protection de la forêt du Congo que nos compatriotes exploitent en vue de trouver des combustibles nécessaires pour leurs cuisines.

La grande partie de cette forêt se trouve dans la cuvette centrale, une zone qui s'étend de part et d'autre de l'Equateur et qui, de ce fait, reçoit régulièrement des eaux abondantes non seulement de multiples cours d'eau qui la traversent, mais aussi des pluies diluviennes presque quotidiennes. Ce qui fait de cette zone, le Bassin du Congo, *le deuxième poumon du monde* après l'Amazonie.

De fait, le Bassin du Congo capture et emmagasine plus de 40 gigatonnes de dioxyde de carbone (C02). Il contribue énormément à la purification de l'air dont le monde a besoin pour sa survie. On peut s'imaginer combien des catastrophes naturelles pourraient se produire s'il parvenait à être détruit.

Consciente de cet important rôle que joue le Bassin du Congo dans la régularisation du climat, la communauté internationale le considère aujourd'hui comme un patrimoine mondial commun dont il faut contrôler l'exploitation et empêcher la destruction.

Cette considération aurait suscité beaucoup d'espoir dans le cœur des Congolais, comme chez d'autres peuples à couverture forestière, de voir la Communauté internationale, plus particulièrement les pollueurs, payer des primes compensatoires aux populations dépendantes, pour leur survie, de la forêt des pays qui, comme la RDC, assurent l'équilibre atmosphérique du monde.

Mais rien n'indique que des dispositions sont prises par une institution quelconque à titre d'avantages compensatoires, en faveur des pays à réserve forestière, pour leur contribution à la purification ou à l'oxygénation de l'atmosphère. A la place de ce stimulant, on assiste à l'apparition des crédits carbone, mis en place à partir de 2005 dans le cadre du Protocole de Kyoto.

Un crédit carbone est une réduction d'émissions de gaz à effet de serre (GES) dans le but de compenser une émission de gaz venant d'ailleurs. Il équivaut à la réduction d'une tonne métrique de CO_2.

Mesuré en tonnes métriques, le crédit carbone concerne six catégories de GES : le CO_2, le méthane (CH_4), l'oxyde nitreux (N_2O), le SF_6, le FPC et le HFC. Les trois derniers GES sont émis par des industries.

Les crédits carbone sont attribués aux Etats, entreprises et particuliers qui participent à la réduction des émissions des GES. Leur obtention est conditionnée au financement d'un projet de réduction de GES dans des pays en voie de développement. Les acteurs du marché (Etats, entreprises et particuliers) peuvent acheter des crédits carbone et les revendre quand ils veulent.

Contrôlé par les pays du Nord, qui ne possèdent plus de forêts primaires, le marché des crédits carbone échappe aux pays du Sud, pourtant détenteurs des massifs forestiers nécessaires pour la régularisation du climat en ces jours où l'action de l'homme, surtout au Nord, ne cesse de polluer l'atmosphère. On ne voit pas de place de primes de compensation tant espérées par les pays de couverture forestière.

Nous croyons qu'il est temps pour la RDC et d'autres pays de la zone forestière de se mettre ensemble, de former un front commun et de réfléchir sur les voies et moyens d'obtenir, de la part de la communauté internationale, des avantages compensatoires pour leur contribution à la purification de l'air atmosphérique, grâce aux étendues des forêts qu'ils ont conservées.

Nous croyons aussi que chercher à acquérir des crédits carbone dans des conditions que l'on ne maîtrise pas, ou qui sont imposées par les autres, revient pour tous ces pays à renoncer à leurs droits, c'est-à-dire à tourner le dos à des centaines de milliards de dollars américains qui circulent dans le monde dans le cadre de la lutte contre le changement climatique.

Dans son étude sur les marchés du carbone, Yves-Marie Gardette, de l'Office National français des Forêts (ONF) et du Centre de coopération Internationale en Recherche Agronomique pour le Développement (CIRAD) reconnaît en mai 2007 que *« ces marchés recouvrent des réalités différentes, parfois difficiles à déchiffrer »*.

Certes, le marché des crédits carbone est juteux. La RDC doit en être consciente et se préparer à le confronter. Elle doit se battre et tenir bon, car personne (ni un Etat, ni une entreprise, encore moins un particulier) ne peut voir d'un bon œil son accession à ce marché dans lequel tout le monde cherche à arracher sa part, parfois avec le concours des propres filles et fils d'un autre pays à réserve forestière, inconscients du rôle qu'ils devraient jouer pour la protection des intérêts nationaux.

De toutes les façons, cette lutte exige la participation de tous les enfants du pays, qui doivent placer les intérêts de la nation au-dessus de leurs propres, sans se laisser distraire par une tentative quelconque de se satisfaire personnellement.

C'est cette précaution qui devrait guider tout Congolais, partout où il se trouve, pour défendre son pays face à d'autres peuples.

L'immensité du territoire congolais ne doit pas donner l'occasion aux forces ennemies de diviser ses fils et filles. Ces derniers sont tenus de parler le même langage partout et en tout moment. Autrement dit, la question du carbone congolais doit être traitée d'une manière globale pour tout le pays. Elle ne peut jamais être morcelée en plusieurs parties, reflétant les différentes provinces.

Outre le gibier et le bois, la forêt congolaise produit de nombreuses matières, parmi lesquelles des fruits comestibles qui sont consommés par la population locale et différents êtres de la région. Mais ces produits restent scientifiquement inconnus. Nous croyons qu'il est temps de les faire connaître, non seulement à tous les Congolais, mais aussi au monde entier. Pour ce faire, l'Etat devra créer un centre de recherche chargé de les recenser et d'en déterminer leur mode de reproduction, pour pouvoir, dans la mesure du possible, en organiser la culture.

4. Pays avec d'énormes potentialités touristiques

On trouve en RDC plusieurs sites très agréables à voir, à même de satisfaire la curiosité d'innombrables admirateurs de la nature, nationaux et étrangers, tels que des rivières avec des rapides et des chutes, parmi lesquelles la chute de la *Lofoï* sur la rivière *Lufira* dans le sud du pays qui, mesurant 384 mètres, est la plus haute chute d'Afrique, des plateaux, des forêts abritant des flores et des faunes d'une variété très grande et fortement diversifiée, des volcans dont certains comme le Nyiragongo sont encore vifs, des parcs nationaux et jardins zoologiques et botaniques, des montagnes qui, comme le Ruwenzori, ont des sommets perpétuellement couverts des glaces.

Des chutes d'eau, ces obstacles naturels à la navigation, perturbent cette activité dans certaines portions du fleuve

Congo et de quelques rivières du pays. Elles sont à même cependant de captiver la curiosité des visiteurs, notamment en ce qui concerne leurs bruits et le mouvement de l'eau qui tombe d'une certaine hauteur, permettant aux poissons de sautiller comme des criquets de nos plateaux.

La pêche spectaculaire des Wagenia dans le fleuve Congo, au niveau de la ville de Kisangani, est une activité merveilleuse qui peut, à elle seule, mobiliser de nombreux spectateurs, nationaux et étrangers, si on parvenait à faire vulgariser ses images. Il revient à l'Office national du tourisme de faire connaître, partout dans le monde, cette activité hautement touristique, en vue d'attirer un grand nombre de curieux vers cette ville du centre de la RDC, qui vaut la peine d'être visitée.

Outre ces lieux d'une grande valeur naturelle, il existe au Congo des endroits qui, dans le passé, ont emmagasiné des prestigieux et douloureux événements liés à son histoire. Leur grand nombre ne permettra malheureusement pas de les reprendre tous dans le présent ouvrage. On notera néanmoins quelques-uns d'entre eux, tels que des coins marqués par le commerce des esclaves et la lutte pour la libération de notre pays du joug colonial ou de la dictature ainsi que tant d'autres vestiges qui servent encore à vivifier l'histoire de ce pays. Ses fils et filles ont le devoir de les faire connaître à eux-mêmes et à d'autres peuples dans le monde.

La traite négrière, cette crapuleuse entreprise, a laissé de profondes traces qui gardent encore des souvenirs de la manière dont des êtres humains étaient entassés, comme des marchandises, dans l'attente d'un voyage sans retour, à travers un immense océan, vers les Amériques, ce nouveau monde pour lequel ils ont grandement contribué à la mise en valeur, sans pour autant recevoir en retour une reconnaissance quelconque de leur mérite.

De ces traces, on peut encore visiter la gigantesque casserole en bronze, qui servait à cuisiner des repas pour des hommes et des femmes, objets du commerce abominable, que l'on trouve aujourd'hui non loin de la côte atlantique, et des puits, qui servaient de cachots ou plutôt de dépôts des marchandises humaines, par où transitaient de jeunes hommes et femmes recueillis à travers la contrée congolaise, on ne sait pas dans quelles conditions, avant de perdre à jamais des traces de leurs Ancêtres.

Le baobab qui a accueilli dans ses entrailles M. Henry Morton Stanley, l'envoyé spécial du Roi Léopold II de Belgique, est l'un de ces vestiges qui conservent à jamais des traces vivantes de l'histoire de la colonisation de ce vaste pays d'Afrique Centrale. Il est toujours là, débout et témoin de l'histoire et de l'évolution du Congo, allant de la période précoloniale à un Etat indépendant et souverain, en passant par le joug colonial qui a duré plus d'un demi-siècle.

La lutte pour l'indépendance du Congo et de différentes guerres qui continuent à endeuiller le pays ont laissé de multiples vestiges qui risquent de tomber dans l'oubli si l'Etat et le peuple congolais ne songent pas à les revaloriser. La mise en valeur de ces lieux est une façon de rendre hommage aux martyrs de notre pays, notamment à P.E. Lumumba qui, dans sa dernière lettre à son épouse, disait : *« L'Afrique écrira sa propre histoire »*. Et l'Afrique, c'est chacun de nous.

Ces lieux sont innombrables. La maison où a vécu Lumumba en tant que Premier ministre, les cachots où il fut brutalement jeté à Kisangani, à Buluwo et surtout à Banza-Ngungu (ex-Thysville), d'où il a été tiré pour être acheminé au petit aérodrome de la cité de Lukala, à 40 km de là, en vue d'être embarqué dans un petit avion en partance pour la ville de Moanda, sur la côte atlantique, où il a été jeté dans un DC4 affrété par la Sécurité Nationale congolaise, pour l'amener en dernier voyage à Lubumbashi (alors Elisabethville).

La maison Brouwez[12], dans la brousse environnante de l'aéroport de cette ville, qui l'a gardé pendant quelques heures, avant d'être conduit à une cinquantaine de kilomètres, sur la route de Likasi (alors Jadotville), où il a été sommairement exécuté. Ses deux compagnons de fortune, MM. Joseph Okito

[12] Maison Brouwez : du nom d'un fermier belge, Mr Lucien Brouwez, installé aux environs de l'aéroport de Luano à Lubumbashi. Cette maison, dont la construction venait d'être achevée, a été réquisitionnée par le gouvernement katangais, moyennant des indemnités (dont on ignore le montant), pour accueillir les prisonniers, à l'abri de toute curiosité. Voir Brassinne J. et Kestergat J, op. cit., pp 148-150.

et Maurice Mpolo, *ont connu le même sort quelques secondes avant lui*[13].

Cette maison que nous sommes allés voir en 1973, au moment où nous étions étudiant à l'Université Nationale du Zaïre (UNAZA) -Campus de Lubumbashi, portait sur sa façade principale un géant portrait de P. Lumumba, avec à sa base l'inscription de l'une de dernières paroles du héros : « *Si le Congo a besoin des martyrs pour son unité, je m'offre* » !

A cette occasion, nous avons constaté que le cercle hippique et la ferme avicole des environs avaient déjà disparu. Mais la maison était intacte, du moins de l'extérieur. Aucune présence des services de sécurité n'a été néanmoins observée.

J. Brassinne, co-auteur de « *Qui a tué Patrice Lumumba* », qui avait visité les lieux en 1988, note que de cette maison qui était *« en parfait état à l'époque, il n'en reste que les murs en 1988, bien que le président Mobutu ait annoncé le 30 juin 1966 son intention d'en faire un monument public après avoir décidé de réhabiliter Lumumba et de le consacrer héros national.*

« On verra encore en 1988 une peinture naïve sur les débris de murailles, représentant l'ancien premier ministre... »[14]

Nous ignorons l'état actuel de la maison. De toutes les façons, même si elle est déjà détruite, son emplacement reste toujours un endroit très important appelé à jouer un grand rôle dans le rétablissement de l'histoire douloureuse de notre pays.

Il en est de même pour l'arbre du supplice de Lumumba et ses compagnons de fortune qui garde encore des traces d'innombrables balles qui ont traversé leur corps. Son importance pour l'histoire de notre pays est indéniable. S'il est déjà coupé et entièrement détruit pour cacher des scènes macabres qui y ont été produites, le lieu demeure toujours témoin chargé de l'histoire malheureuse du Congo. Cette triste célébrité est toujours vivante.

Il demeure néanmoins nécessaire de songer à réhabiliter ce site, non pour rappeler le crime odieux que l'on ne pourra

---

[13] J. Okito et M. Mpolo étaient internés à la prison de Luzumu, aux environs de Kinshasa. Ils auraient été pris la veille par le Chef de la Sécurité Nationale, pour subir le même sort que P.E. Lumumba.

[14] Brassinne J. et Kestergat J., op cit, p 149

jamais réparer, mais plutôt pour enrichir l'histoire du Congo et de l'Afrique, et permettre aux écrivains, touristes et à tous ceux qui s'intéressent à l'histoire de ce pays de s'y rendre, pour rafraîchir leur mémoire.

L'autre héros national, L.D. Kabila, a sacrifié sa vie pour que le peuple congolais recouvre sa liberté et vive dignement. Après l'assassinat de Lumumba, il opte pour le maquis et poursuit la lutte jusqu'à la libération du peuple congolais de la dictature mobutiste qui l'avait chosifié pendant plus de 30 ans (du 24 novembre 1965 au 17 mai 1997) avec la complicité des forces extérieures.

Pendant cette noble lutte, il reçoit la visite de Mr Ernest Che Guevara, un révolutionnaire internationaliste latino-américain, venu le soutenir dans son combat pour la libération de son peuple. Le lieu de cette rencontre et d'autres endroits qui ont servi à la formation des maquisards ou de leurs cachettes peuvent satisfaire la curiosité de nos compatriotes et des amis du Congo qui chercheraient à comprendre des sacrifices consentis par celui qu'on appelle *le soldat du peuple*.

C'est avec un double sentiment de douleur et de fierté que l'on peut visiter aujourd'hui le lieu de son assassinat : la douleur de se rappeler qu'en ce lieu, *le Palais de marbre*, une belle et immense villa érigée sur une colline de Binza, l'un de meilleurs quartiers de Kinshasa, s'est produit le 16 janvier 2001 un crime crapuleux qui a brutalement arraché à l'affection de son peuple celui qu'on appelle affectueusement M'Zee (Vieux), pendant qu'il était en train d'examiner les voies et moyens de résoudre des problèmes de santé des Congolais ; la fierté quand on songe à l'immense travail qu'il avait déjà commencé pour initier le peuple congolais à se prendre en charge, ce que nos compatriotes ne cessent de répéter quand ils se rappellent de lui, ainsi qu'à ses convictions de fidélité au peuple congolais qu'il avait juré *de ne jamais trahir.*

Le Palais de marbre où M'Zee L.D. Kabila a été assassiné, le mausolée où repose son corps, dans l'enceinte du Plais de la Nation dans la Commune de la Gombe à Kinshasa, et les monuments qui ont été érigés en sa mémoire, à Kinshasa, à Lubumbashi ou ailleurs, font partie intégrante des éléments constitutifs de l'histoire de notre pays.

Nous croyons que des touristes qui fréquentent ces sites ainsi que tant d'autres (lieux) éparpillés dans le pays ont l'occasion de mesurer l'ampleur de la perte subie par le peuple congolais et la souffrance qu'il en ressent encore au jour le jour.

Bien avant Lumumba, le prophète Simon Kimbangu a vécu dans l'humiliation, pour avoir tenté de défendre les droits légitimes des Congolais. Ses lieux de détention valent la peine d'être réhabilités, pour être visités par nos compatriotes et des amis du Congo vivant dans le monde qui voudraient un jour approfondir la connaissance de son histoire.

La localité de sa naissance et le siège de sa gigantesque œuvre spirituelle qu'il a léguée à la postérité devraient faire partie des sites touristiques du pays. Les responsables de l'Eglise Kimbanguiste feraient mieux de prendre des dispositions nécessaires, en collaboration avec les autorités administratives nationales compétentes, pour permettre à ces sites de jouer leur rôle touristique.

D'autres localités historiques devraient être répertoriées et mises à la disposition des visiteurs.

La RDC est une puissance musicale. Elle est réputée pour sa belle musique qui fait la fierté de son peuple, de toute l'Afrique et du nègre en général. Dans son livre, *Peau noire Masques blancs*, Frantz Fanon vante la musique congolaise, soulignant que *« Les Occidentaux peuvent tout faire, mais ils ne peuvent pas égaler la musique comme celle du Congo »*.

L'appréciation de notre musique faite par Dr Frantz Fanon est très belle. Les Congolais devront en être fiers. Mais combien y a-t-il de compatriotes, s'intéressant à la musique de notre pays, qui se seraient donné la peine d'entretenir cette réputation de la belle mélodie qui sort des eaux du fleuve Congo et de l'immense forêt d'Afrique Centrale, pour se répandre pendant les décennies sur le Continent noir et à travers le monde, portant en triomphe l'âme noire ?

L'initiative du Gouvernement de revaloriser la mémoire de *Luambo Makiadi Franco* et de décorer Pascal *Tabu Ley dit*

Rochereau[15] mérite le soutien de tout le peuple congolais comme une manifestation de la volonté politique de revitaliser la mémoire impérissable de ses musiciens déjà morts et de glorifier ceux qui évoluent maintenant et dans les jours à venir. L'espoir demeure que des efforts seront également faits en faveur de tant d'autres musiciens.

C'est dans ce cadre qu'il y a lieu de saluer l'accueil fait au cours de l'année 2013, par le ministre de la Culture, des survivants du Groupe African Jazz qui, en février 1960 à Bruxelles, a chanté avec Joseph Kabasele, dit Grand Kalé, la célèbre chanson « *Indépendance cha cha* », pour saluer l'accord conclu entre le Royaume de Belgique et les leaders congolais à la *Table ronde* sur l'avenir de notre pays.

L'érection d'un monument en la mémoire de cet orchestre ou de ses animateurs, dont les chansons continuent de raviver l'âme révolutionnaire africaine, ne sera pas superflue.

L'organisation d'un symposium à l'intention des artistes congolais est nécessaire, pour qu'ensemble ils optent des mesures en vue d'assurer une bonne harmonie entre eux, en tant qu'enfants d'une même nation, tout en tenant compte de l'influence que leur comportement peut exercer sur leurs admirateurs, notamment en ce qui concerne leur manière de se coiffer, de s'habiller, d'adresser la parole aux autres.

Le symposium pourrait être également l'occasion, pour ceux qui aiment la culture congolaise, de réfléchir sur les voies et moyens d'amener des mélomanes et divers fanatiques à plus de tolérance des uns envers les autres, chacun devant savoir se distinguer de ces derniers uniquement en fonction de l'impact que des chansons ou d'autres objets d'art peuvent avoir sur lui, et non en tenant compte de l'identité de leurs auteurs. Des discussions qui pourraient se dégager entre eux autour de ces œuvres devraient être de simples sujets d'entretien, nécessaires pour passer le temps, et non des occasions de s'insulter, ni d'engager des bagarres généralisées qui ne font que déshonorer notre culture.

---

[15] Tabu Ley est mort, le 31 novembre 2013, dans un hôpital de Bruxelles où il était admis à la suite d'un accident cérébral. Son corps, amené à Kinshasa, a été enterré avec honneur.

De fait, l'art est une manifestation de joie, un élément rassembleur. Il ne peut pas jouer à la division d'un peuple. La musique par exemple, chaque fois qu'elle est jouée quelque part, de nombreux êtres humains se mettent en réjouissance et, avec le sourire aux lèvres, accourent pour voir de plus près des artistes musiciens dans leur exhibition et leur trémoussement des hanches.

Un musée de la culture congolaise mérite d'être érigé à Kinshasa, avec des ramifications dans d'autres villes du pays. Toutes les activités culturelles devraient y être représentées. Chaque place pourrait servir de cadre adéquat à l'exposition des photos, des bustes et des films de ceux qui ont marqué la vie culturelle nationale par leur travail.

La musique qui reste l'un des principaux secteurs de la culture congolaise devra y occuper une place importante.

De fait, pour tous les musiciens congolais, il serait important de récupérer leurs anciens disques et cassettes de chansons, ainsi que leurs anciens instruments musicaux, voire ceux que leurs héritiers seraient prêts à jeter à la poubelle, à cause de leur vétusté ou pour d'autres raisons, en vue de les exposer au musée.

Des échantillons des instruments musicaux hérités de nos ancêtres ainsi que tous les objets d'art disponibles, anciens et nouveaux, devraient également s'y trouver, même si leurs échantillons seraient déjà exposés au musée national.

Pour que ce travail soit couronné de succès éclatant et apparaisse appréciable aux yeux de tous, il serait nécessaire de le faire en toute objectivité, c'est-à-dire qu'il faudrait chaque fois tenir compte de la valeur ou de la qualité de ce que l'on voudrait représenter ; sans jamais se laisser emporter par des considérations sentimentales.

Nous croyons que des efforts du Gouvernement congolais d'immortaliser ceux qui, par la musique, ont fait la fierté de notre pays, vont s'étendre à d'autres domaines de la vie culturelle de la nation, en vue de débusquer ces fils et filles du Congo qui, par leur travail ou action, ont marqué l'histoire du pays d'une empreinte durable.

Tel est notamment le cas d'Ambroise Boïmbo qui, le mercredi 29 juin 1960, extirpa courageusement à Kinshasa, sur le boulevard du 30 juin (alors boulevard Albert 1er), l'épée du Roi Beaudouin de Belgique, venu signer l'acte de notre indépendance, lors de son cortège en compagnie du Président Kasavubu, malgré la présence de nombreux militaires belges et congolais chargés d'assurer la sécurité de ces deux dignitaires.

Expliquant lui-même le sens de son audacieux geste, il souligna que c'était pour faire comprendre au Roi qu'il n'avait plus de pouvoir politique au Congo, celui-ci ayant été récupéré par le peuple congolais qui était redevenu maître de lui-même, de sa politique culturelle et de son histoire.

Le sabre du Roi lui a été retiré et remis à la délégation belge ; lui-même fut jeté en prison à Luzumu où il a dû passer plus de deux ans. A sa libération, personne ne s'occupait de lui. Il était devenu malheureux et sans ressource. Ce qui aurait profondément affecté sa santé. Un compatriote, qui l'a alors remarqué, l'a fait engager à l'Institut Makanda Kabobi, école du MPR[16], Parti-Etat de la Deuxième République, où il a travaillé durant six mois avant sa mort survenue en 1989.

Le geste d'Ambroise Boimbo est retenu par le Royaume de Belgique parmi les événements qui ont marqué la fin de son règne sur le Congo, quand nous-mêmes, nous n'y prêtons pas attention.

En avril 2010, à l'occasion du cinquantenaire de l'indépendance de notre pays, une équipe de journalistes belges s'est rendue en République Démocratique du Congo, pour retrouver les traces de ce vaillant fils du Congo. Il était déjà mort. Pour retrouver sa tombe en pleine brousse du cimetière de Kitambo (nom d'une commune de Kinshasa), il a fallu faire une cérémonie ancestrale, implorant le défunt de montrer sa tombe, une simple demeure, reconnaissable par une croix en ciment, badigeonnée en blanc, qui portait son nom. Cette découverte a été rapidement suivie d'une pluie diluvienne. Il nous est difficile d'en trouver une explication.

Il conviendrait que l'Etat congolais envisage la possibilité de réhabiliter ce digne fils du pays, qui a posé un acte de bravoure qui devrait être inséré sur la liste des actions menées

---

[16] MPR : Mouvement Populaire de la Révolution, parti unique mis en place au Congo-Zaïre par le Président Mobutu Sese Seko.

par des patriotes congolais pour la libération de notre pays de la domination coloniale.

Il serait souhaitable que sa tombe soit reconstruite en matériaux pouvant la rendre facilement visible à tous ceux qui voudraient voir là où repose à jamais l'homme qui a osé défier le Roi des Belges, avec la conviction de mettre fin à la domination du Royaume de Belgique sur son pays, et de reprendre son histoire dans des manuels scolaires, en vue de la porter à la connaissance des jeunes Congolais et de la faire connaître à la population de notre pays.

Il conviendrait également d'envisager la possibilité de l'immortaliser par une statue érigée en sa mémoire le long du boulevard du 30 juin, témoin de son courage exceptionnel, même si le journaliste belge Robert Lebeck l'a déjà fait par des photos prises lors de l'événement.

Ne serait-il pas en outre important de fouiller dans l'histoire du Congo, pour découvrir tous les événements qui ont marqué notre histoire, en vue de les faire connaître à nos compatriotes et, au besoin, en implanter des empreintes sur le sol congolais ?

C'est le cas notamment de l'histoire des Congolais de triste mémoire qui, à l'époque coloniale, avaient été amenés en Belgique, où ils ont été exposés comme des objets vivants à l'exposition universelle internationale de 1897 à Bruxelles, au musée de Tervuren. Sept d'entre eux y sont morts dans des conditions non encore élucidées. Leur enterrement a eu lieu en deux temps : comme on ne pouvait pas les enterrer dans des cimetières belges, leurs corps ont été mis dans une fosse commune, dans les bois de Tervuren ; une dizaine d'années plus tard, les prêtres de l'église Saint Jean Evangéliste de Tervuren les ont fait déterrer, pour les enterrer dans la cour de leur paroisse, derrière l'église qui porte le même nom. Il serait indiqué d'entreprendre les démarches nécessaires, pour que les restes de leurs corps soient rapatriés et enterrés sur le territoire de leurs ancêtres.

Bien que le pays soit traversé par l'Equateur, il dispose d'un climat tempéré dans sa région montagneuse, permettant d'y organiser, à n'importe quelle période de l'année, des randonnées à l'intention des touristes, nationaux et étrangers.

Ces visiteurs pourraient également y profiter de l'air ou du gaz naturel qui, renfermant des vertus curatives, agissent comme un médicament, en apportant un soulagement aux personnes ayant des problèmes de respiration qui y résident pendant un temps. Ce qui pourrait permettre au pays d'accueillir, dans la partie concernée, plusieurs individus ayant des difficultés respiratoires, qui pourraient y accourir pour obtenir une solution à leurs problèmes.

Il s'avère donc impérieux, après la restauration de la paix à l'Est du pays, d'y ériger des infrastructures d'accueil nécessaires et d'y attirer de nombreux investisseurs, plus particulièrement en ce qui concerne le développement du tourisme dans notre pays.

Les conditions climatiques et géographiques de la RDC, doublées de la politique gouvernementale de la conservation de l'environnement, peuvent intéresser de nombreux visiteurs, curieux de pénétrer le cœur de la plus grande biodiversité du monde, pour y découvrir plusieurs espèces de plantes, d'animaux, d'oiseaux, de poissons, de reptiles. C'est le moment pour le pays de capitaliser ces opportunités.

A cette merveilleuse biodiversité du pays s'ajoutent des oiseaux migrateurs qui, fuyant chaque année le froid du Nord, viennent goûter de l'air chaud et tempéré du Congo, notamment dans sa partie orientale où ils se reposent tranquillement dans des parcs nationaux parmi lesquels le Parc de Garamba qui, créé en 1925, est le premier parc national d'Afrique.

Les efforts de l'Etat congolais de débarrasser des parcs et réserves naturels du pays des réfugiés et groupes armés qui s'y étaient installés méritent le soutien de nos compatriotes et de la communauté internationale. De fait, il est nécessaire de sécuriser les lieux et de sauvegarder des espèces naturelles qui s'y trouvent, en vue de permettre aux visiteurs, nationaux et étrangers, d'être à l'aise dans ces endroits, où ils peuvent voir des espèces naturelles rares qu'on ne peut trouver nulle part ailleurs qu'en RDC.

Eu égard à cette volonté du gouvernement congolais de préserver des aires protégées du pays, il conviendrait d'envisager le plus rapidement possible l'évacuation de tous les envahisseurs du Jardin zoologique de Kinshasa (en faire autant ailleurs, partout où il se serait produit des agissements analogues), pour récupérer toutes les portions de terre qui ont été arrachées à l'Etat par des particuliers, soucieux de construire des maisons d'habitation, des comptoirs commerciaux ou des débits de boissons.

Ce qui donnerait l'occasion à ceux qui le souhaitent de bien pouvoir observer des animaux tirés des forêts congolaises et de jouir correctement de ces espaces de détente.

Avec huit parcs nationaux, plus de 63 réserves et domaines dont cinq inscrits au patrimoine mondial, et tous les sites susmentionnés, on peut confirmer que la RDC est un pays hautement touristique. Mais quelle est la part du tourisme congolais dans l'économie nationale ? Une part minime.

Le pays a certes de nombreux sites touristiques, témoins de son histoire ou reflets de son attrayante nature. Mais il a un grand travail à faire, pour aménager ces sites et créer tant d'autres, à travers son immense territoire, en vue d'attirer de nombreux touristes, nationaux et étrangers.

Autrement dit, pour permettre à la RDC de tirer profit du tourisme, nous devons travailler et préparer le terrain, sans perdre de vue que, pour être attractif, tout site touristique a besoin des travaux d'aménagement.

Ces travaux, s'ils sont bien faits, permettront de faire ressortir la beauté du site, d'augmenter son attrait sur des visiteurs, de le faire mieux connaître dans le pays et à travers le monde, et de mieux jouer le rôle qui lui revient normalement dans ce domaine.

Cette réalité devra éclairer ceux qui sont chargés du tourisme en RDC pour que, par leur imagination et leur travail, ce domaine d'activité devienne l'une de principales sources de revenues nationales.

En faisant ce travail, l'attention devrait être également portée sur des bordures de multiples cours d'eau du pays, en vue de les rendre plus agréables à voir et en faire des endroits de détente pour de nombreux visiteurs. Cela pourrait donner au Congo un éclat lumineux qui ne manquera pas de faire rayonner son image dans le monde et de contribuer à augmenter le nombre de touristes soucieux de voir ce beau pays.

Bien que petite (45 km), la côte maritime congolaise offre de belles plages qui n'attendent que des infrastructures adéquates pour jouer un grand rôle dans le domaine touristique et devenir l'une de principales sources d'entrée des devises dans le pays.

Pour ce faire, l'aménagement de cette côte est indispensable, tout comme il devra être envisagé la possibilité de lutter contre sa pollution, en interdisant par exemple toute forme d'exploitation du pétrole peu respectueuse des normes environnementales.

L'Etat devra œuvrer pour y faire jaillir des villages touristiques ou des stations balnéaires, en vue de mieux accueillir de nombreux touristes, nationaux et étrangers, qui seront à la recherche d'un lieu de repos, de détente ou de paix.

Des efforts devraient être faits pour la construction, le long de la côte, des quais à même d'accueillir des bateaux des touristes qui voudraient y amener leurs propres moyens d'amusement. Si ces quais sont bien construits, des bateaux de croisière qui passent dans l'Atlantique pourraient être tentés d'accoster dans ces nouvelles agglomérations, pour découvrir la côte congolaise et y respirer de l'air frais.

L'aéroport de Moanda et celui de Boma, aujourd'hui en construction, devraient être bien aménagés et intégrés dans ce prestigieux programme de développement du tourisme dans notre pays, plus particulièrement en accompagnant chacun d'eux d'une magnifique aérogare, construite suivant des normes internationales, et de magnifiques routes devant assurer leur jonction à des hôtels et d'autres localités de la région.

Des investisseurs nationaux et étrangers devront être intéressés à ce programme de la construction des hôtels et restaurants pouvant dignement donner l'hospitalité à ceux qui veulent se détendre sur nos plages. Celles-ci devraient être bien entretenues et en toute propreté, en vue de mettre à l'aise des hôtes, partout où ils peuvent se coucher ou se rouler dans le sable congolais.

Ces différents sites touristiques, hôtels, auberges, aéroports, restaurants, routes et autres infrastructures, devraient être aménagés de manière à leur permettre d'arracher aux visiteurs des sourires et de les amener à éprouver toujours du plaisir à y revenir.

L'Etat devra chaque fois veiller à préserver la qualité de toutes les installations mises en place dans le cadre du tourisme. On notera par exemple l'interdiction de toute construction des maisons et autres, dans l'espace environnant des sites touristiques, par des particuliers eux-mêmes, ce travail devant être confié à des sociétés spécialisées dans le domaine.

Des dispositions analogues devraient être envisagées autour d'autres sites de l'intérieur du pays et près des lacs du centre et de l'Est du Congo, plus particulièrement pour ceux qui, apparaissant comme des mers internes, disposent de merveilleuses plages, présageant d'un avenir touristique radieux pour le pays.

Si le site à aménager est déjà occupé par des compatriotes, l'Etat ferait mieux de chercher à les loger ailleurs, avant d'entreprendre le programme de mise en valeur du site choisi.

Nous croyons que des négociations avec ces compatriotes ne seront pas faciles. Mais, pour l'intérêt national, chacun devra comprendre la nécessité de ce déplacement qui vise l'amélioration des conditions d'accueil de ceux qui veulent voyager en RDC.

Il est également important que les hommes d'affaires congolais comprennent la nécessité de contribuer directement à ce secteur juteux, à même de faire rayonner l'image de leur pays à travers le monde. C'est à eux que revient en premier lieu la tâche de transformer ces lieux par la construction des hôtels et restaurants qui pourraient accueillir et nourrir de nombreux touristes, curieux de connaître leur pays. Ils ne devront pas croiser les bras ni attendre que l'Etat le fasse à leur place, encore moins laisser cette charge aux étrangers. Ils devront tout faire, pour avoir l'initiative et le contrôle des activités touristiques de leur pays, comme ils doivent le faire dans d'autres domaines de la vie nationale.

Des lacs et cours d'eau du Congo constituent de véritables voies de liaison entre les riverains congolais et ceux des pays voisins, ainsi que pour leurs hôtes qui les empruntent, en pirogues ou par bateaux, en vue de passer d'un coin à un autre.

La RDC a intérêt à présenter une belle image au monde, pour être visitée par un grand nombre de touristes étrangers. Ces derniers sont souvent sensibles à l'ambiance qu'ils rencontrent à chacun de leurs voyages ou déplacements dans un pays donné. Leur décision d'y revenir est souvent liée à l'image qu'ils amènent au moment de leur départ ainsi qu'aux échos qui leur parviennent sur le territoire donné.

De fait, la réputation d'un pays dans le domaine touristique, celle qui peut exercer un attrait considérable sur des visiteurs étrangers et même nationaux, est souvent tributaire du niveau de la sécurité des personnes et de leurs biens en général, ainsi que de celle que l'on rencontre dans le logement et les transports fluviaux, lacustres et autres.

Les guerres récurrentes à l'Est du Congo ont retardé l'explosion du tourisme au Congo. Il y a lieu de saluer la victoire des FARDC sur le M23 qui a abouti à la pacification de cette région du pays. Le souhait du peuple congolais est de voir son armée mettre définitivement fin à d'autres groupes armés qui sévissent dans cette partie du territoire national, en vue de favoriser la reprise du tourisme dans le pays.

L'action de l'ADF-NALU dans des localités du Nord-Kivu, qui a provoqué la perte de nombreuses vies humaines vers la fin de l'année 2013, donne raison à ceux qui demandent aux compatriotes d'être toujours vigilants et conscients du danger qui pèsent sur l'avenir de notre pays, à cause de sa nature. Autrement dit, tous les Congolais ont le devoir de défendre leur pays à tout prix, d'être attentifs à tout ce qui le concerne. Personne n'a le droit de se laisser distraire par qui que ce soit, ni pour n'importe quoi.

Les efforts de l'Etat de réhabiliter des voies fluviales, des bateaux, des chemins de fer ainsi que des routes nationales et locales, pour la réunification de différentes régions du pays, devraient être salués et encouragés par tous les compatriotes, comme une œuvre tendant à renforcer l'unité du Congo, à augmenter la mobilité des personnes et des biens sur tout le territoire national et à pousser ceux qui nous observent de loin de venir nombreux visiter et découvrir notre pays.

Il est aussi important d'assurer la sécurité des gens, nationaux et étrangers, dans de différents endroits du pays, en vue d'encourager ceux qui veulent y circuler. C'est dans ce cadre qu'il y a lieu de suggérer la création de la Police de Navigation qui sera chargée d'assurer la sécurité des espaces maritime, fluvial, lacustre et autres du Congo et d'assister ceux qui se baignent dans ses divers cours d'eau, parfois au risque de leur vie.

5. Pays à vocation agricole

La RDC est un pays qui a de nombreuses potentialités agricoles. Son sol, très fertile et propice à l'agriculture, reçoit abondamment de l'eau des pluies, en dehors de ses nombreux cours d'eau. C'est ce qui ne pousserait pas les paysans congolais à pratiquer l'irrigation, pour arroser leurs champs, comme on le fait ailleurs.

D'une manière générale, les cultivateurs tiennent compte des variations climatiques qui, dans la grande partie du territoire national, s'alternent en quatre saisons (deux de pluies et deux sèches), de durées différentes (une longue et une autre courte), quand la zone équatoriale ne connaît que la saison des pluies.

Dans des régions à alternance climatique, les champs sont généralement défrichés pendant la grande saison sèche, pour que des branches d'arbre et des herbes coupées deviennent suffisamment sèches en vue de leur brûlage. C'est au début de la grande saison des pluies que des semences sont mises dans le sol.

La récolte de certains produits se fait pendant la petite saison sèche. Les produits récoltés sont souvent conservés au grenier des maisons, toujours réchauffées par le feu du bois mort ramassé en brousse, avant leur consommation par la famille productrice et éventuellement leur vente sur le marché local ou dans des villes environnantes.

Les observateurs ne comprennent pas comment le Congo, pays nanti d'importantes terres arables, a une population dont la majorité ne mange pas à sa faim et qu'il doit recourir à l'étranger pour lui trouver une partie de ses produits alimentaires, se mettant ainsi dans une situation peu confortable, tributaire des diverses taxes et fluctuations monétaires internationales. Ces produits importés sont toujours chers et hors de la portée des plus démunis.

Ce qui corrobore l'adage des Ancêtres qui dit : « *L'eau demandée n'altère jamais la soif* ». Autrement dit, on aura toujours soif tant que l'on ne dispose pas soi-même d'une source d'eau ni d'une quantité suffisante de cette denrée indispensable.

Les Congolais devraient se mettre en tête que les produits alimentaires qui viennent de l'extérieur ne peuvent jamais parvenir à satisfaire entièrement leurs besoins s'ils ne produisent pas eux-mêmes ce qu'ils peuvent consommer.

Le Congo peut facilement passer du statut d'importateur à celui d'exportateur des produits agricoles. Cette fierté, il ne peut la retrouver que s'il travaille, dans le domaine agricole, avec détermination et en toute conscience. Ces efforts sont nécessaires non seulement pour la survie de ses ressortissants et l'amélioration de leurs conditions sociales, mais aussi pour renflouer ses caisses et créer de nouveaux emplois.

D'une manière générale, on cultive au Congo des produits alimentaires traditionnellement consommés par de différentes tribus qui le composent, tels que le maïs, le manioc, le haricot, le riz, le palmier à huile, la banane, l'ananas, l'arachide, l'igname, ainsi que des produits comme le café, le thé, l'orange, la mandarine, le citron, l'avocat, autrefois ignorés des Ancêtres qui, introduits par le colonisateur, ont connu une grande floraison dans le pays et ne cessent de jouer un grand rôle dans le circuit des échanges commerciaux entre les habitants du Congo et d'autres peuples du monde.

Mais suite à des difficultés de tout genre et des guerres à répétition qu'a connues le pays, la production de ces denrées a désagréablement chuté. Il revient aux Congolais de travailler durement, pour redresser la situation.

Grâce à son relief et à sa diversité climatique, le Congo a un sol très favorable aux diverses cultures. De différentes graines peuvent y pousser, même si elles y tombent au hasard. Des fruits, des légumes et d'autres plantes cultivés dans des pays à climat tempéré s'y adaptent facilement à côté des produits traditionnellement connus.

Les Congolais peuvent donc produire chez eux tout ce qui peut être consommé localement ainsi que ce qui peut être exporté vers d'autres pays du monde, augmentant considérablement la quantité des devises entrant chez eux.

Il a été aussi constaté que des régions, autrefois réputées dépourvues de vocation agricole, sont aujourd'hui couvertes de vastes étendues de terrains cultivés, présageant de grands changements du système d'approvisionnement alimentaire de la population qui trouve sur place ce qui est nécessaire à sa propre consommation. Ce qui démontre à suffisance que l'ancienne réputation d'inadaptation à l'agriculture n'était qu'un simple préjugé. Tel est le cas de la Province du Katanga dans le Sud du pays qui dépendait autrefois des produits alimentaires venus d'ailleurs, sous prétexte que l'agriculture ne pouvait pas y être développée. Mais aujourd'hui, la province produit une grande de maïs, entraînant ainsi la réduction de l'importation de cette matière (graines et farine) des pays voisins du Congo.

Des efforts enregistrés dans d'autres régions du pays sont aussi encourageants, eu égard à l'augmentation de la récolte des produits agricoles dans ce pays dont la majorité de la population (environ 80%) vit dans le milieu rural, avec comme activité principale l'agriculture (l'activité commerciale n'y étant pas associée).

Cette principale activité de la population rurale est encore pratiquée d'une manière archaïque, marquée essentiellement par l'existence de champs aux dimensions réduites, destinés à satisfaire les besoins alimentaires d'un petit groupe de gens ou d'une famille, et par la pratique de la jachère. Celle-ci, qui est une vieille méthode agricole, consiste à laisser temporairement reposer les champs, chaque fois que l'on constate que leur rendement a diminué, en vue de faire régénérer le sol, sans chercher à l'enrichir avec des engrais.

Cette pratique traditionnelle est identique à celle du temps des aïeux. Elle convient à l'agriculture de subsistance qui n'est plus adaptée à la période actuelle au cours de laquelle l'agriculture joue un grand rôle dans la vie d'un pays qui doit œuvrer pour équilibrer sa balance commerciale et faciliter l'acquisition de la nourriture à des concentrations humaines dans ses différentes villes.

C'est ce qui expliquerait le constat amer de l'insuffisance des produits alimentaires de base, pour une population qui ne cesse d'augmenter, fait dans de grands centres urbains du pays. Pour y faire face et trouver à l'étranger des produits alimentaires pour cette population, l'Etat recourt à ses maigres moyens financiers. Ce qui ne fait que réduire son énergie qui devrait être entièrement consacrée au développement de la nation.

La RDC peut s'en sortir si elle abandonne la pratique archaïque de l'agriculture de subsistance et développe l'agriculture à la fois extensive et intensive, pouvant permettre au peuple congolais de produire suffisamment ce dont il a besoin pour vivre heureux, c'est-à-dire manger à sa faim, et vendre le surplus à d'autres peuples, se mettant ainsi à l'abri des fluctuations du marché international.

La mécanisation de l'agriculture qui a déjà commencé au Congo et qui tend à s'intensifier dans toutes les provinces du pays pourrait permettre à la RDC de résoudre des problèmes alimentaires de sa propre population et de devenir un *grenier d'Afrique,* au grand enchantement de son peuple. Cette nouvelle option du gouvernement congolais de faire bénéficier l'agriculture d'une attention particulière devra être saluée.

Nous croyons que des efforts de sensibilisation faits par l'Etat sur la nécessité et l'importance de l'agriculture dans la vie de la nation ne vont pas manquer de transformer l'individu congolais et de l'amener, non seulement à considérer le travail agricole comme une grande source de revenus, mais aussi à y travailler avec amour et détermination pour assurer sa sécurité alimentaire.

En se donnant activement au travail agricole, les Congolais pourront parvenir à faire des champs étendus, qui leur permettront d'augmenter la production et de supprimer la faim dans le pays, tout en contribuant à la création de nombreuses usines et de plusieurs emplois. C'est alors que l'on pourrait affirmer que ce travail, fait avec acharnement, leur a permis de découvrir *le trésor caché dans le sol* de leur pays, comme le décrivit un laboureur à travers le génie de l'écrivain français du XVIIe siècle, Jean de la Fontaine, pour apprendre à ses enfants que « *le travail est un trésor* ».

Ceux qui n'ont pas encore compris l'importance de l'agriculture dans la vie d'une nation devront savoir que ce sont des activités agricoles qui sont à la base des usines qui produisent des boîtes de conserve de différents produits alimentaires vendues ailleurs ou importées en RDC. Ces biens n'ont pas été créés par Dieu. C'est le fruit du travail de l'homme, animé par la volonté de mieux faire.

Cela réjouit aujourd'hui un grand nombre de personnes à travers le monde. Le Congolais peut aussi le faire s'il se décide avec détermination à y parvenir. Ne dit-on pas : « *Ce qui est possible aux uns, est aussi possible aux autres* » ? Certes, tout le monde peut le faire ; à condition d'avoir toujours à l'esprit l'adage qui dit : « *Qui ne risque rien n'a rien* ». A quand ce risque pour l'homme congolais ? Allons-nous toujours quémander l'assistance des autres ? Nous devons montrer au monde ce dont *nous sommes capables de faire* comme disait Lumumba dans son discours du 30 juin 1960 devant les parlementaires congolais.

Il est vrai que le développement de l'agriculture va de pair avec l'amélioration de l'état des voies de communication. Notre souhait le plus ardent est de voir le programme du gouvernement pour la réunification des provinces du pays par des routes se consolider davantage. Des routes et des ponts qui seront construits ou réfectionnés dans ce cadre, conformément aux programmes de « *cinq chantiers* » et de « *révolution de la modernité* », ne vont pas manquer de stimuler l'agriculture au sein de la population paysanne, en facilitant la circulation des produits agricoles locaux, et de contribuer à améliorer la physionomie socio-économique du pays.

La précarité, visible dans le domaine agricole congolais, est aussi déplorable dans le secteur de l'élevage. Le petit élevage domestique que l'on rencontre dans plusieurs coins du Congo est largement dépassé. Les gens s'y donnent pour avoir quelques poules, chèvres ou porcs, en vue de résoudre certains problèmes sociaux nés à l'occasion d'un mariage, de la naissance d'un enfant, de la mort d'un individu, de l'accueil des visiteurs de marque. Ce qui ne peut pas permettre au pays de répondre positivement aux besoins en viande des centres urbains et d'autres concentrations de la population.

On se réjouit aujourd'hui de diverses initiatives prises par l'Etat et quelques compatriotes de développer des activités de l'élevage, notamment des poules, des porcs et des bovins. Cela permet déjà au peuple congolais et aux étrangers qui ont choisi d'habiter le Congo de trouver sur le marché interne des produits de l'élevage national, aux côtés des produits importés. Ces derniers pourraient complètement cesser d'apparaître si le travail en cours se poursuit avec acharnement.

Le lancement le 15 juillet 2014 par le Président Joseph Kabila de la construction du parc pilote agro-industriel de Bukanga-Lonzo, à 220 km de Kinshasa, marque la volonté du gouvernement congolais d'assurer la relance du secteur agricole national, dans le cadre du Plan National d'Investissement Agricole (PNIA), et de combattre la faim en RDC.

Comme un adage dit que *le travail assure l'indépendance*, les Congolais devraient savoir que par leur travail, ils peuvent produire suffisamment ce qu'ils peuvent consommer, sans dépendre des autres. Cela ne fera que réaffirmer leur dignité. Si leur travail se poursuit avec détermination, ce secteur pourra devenir un grand pourvoyeur d'emplois et créateur de richesses en RDC.

Si des investisseurs étrangers s'intéressent à l'agriculture chez nous, ils seront certes les bienvenus. Mais il serait souhaitable de leur demander d'avoir impérativement des partenaires congolais. Cela présente plusieurs avantages, notamment l'initiation des Congolais à ces activités agricoles modernes, indispensables pour l'économie et la souveraineté nationales ainsi que la participation des compatriotes au sommet des entreprises qui travaillent chez nous.

6. Pays aux eaux abondantes

Outre des pluies qui arrosent régulièrement tout son territoire, la RDC possède d'innombrables cours d'eau qui, pour la plupart, déversent leurs eaux dans un fleuve géant, dont le nom a été donné à deux pays d'Afrique Centrale, la République Démocratique du Congo, avec Kinshasa comme capitale, et la République du Congo, dont la capitale est Brazzaville.

Ce fleuve, dont la largeur dépasse 25 à 30 km dans certaines parties de son bief, comme au niveau de *Makanza* dans la province de l'Equateur, déverse dans l'Océan Atlantique d'énormes quantités d'eaux qu'il reçoit de ses nombreux affluents. Son lit, avec plus de 25 mètres de profondeur à quelques endroits, est l'un des plus profonds fleuves de la planète.

Compte tenu de l'abondance de ses eaux, le fleuve Congo, avec un débit de 750.000 m^3/s, est le deuxième fleuve du monde après l'Amazonie. Il est le deuxième fleuve d'Afrique, du point de vue de sa longueur, après le Nil.

Considérées dans leur ensemble, les eaux du fleuve et d'autres cours d'eau du pays, font du Congo un véritable château d'eau douce du monde. C'est ce qui fait qu'avec des moyens adéquats, l'Etat congolais peut parvenir facilement à mettre à la disposition de chacun de ses ressortissants suffisamment d'eau potable, pouvant lui permettre de répondre rapidement à ses besoins les plus élémentaires.

On espère que la réalisation du programme de *Cinq Chantiers* initié par le Gouvernement, dont l'un des volets prévoit *de l'eau potable pour tous,* permettra aux habitants du Congo de sentir réellement l'existence en abondance de cette importante denrée dans leur pays. Ce qui ne pourrait que les réjouir, étant donné que chacun d'eux n'ignore pas le rôle que l'eau joue dans la vie de tout individu. Celle-ci est impossible là où l'eau n'existe pas.

Les efforts que l'Etat devra faire pour améliorer les conditions de distribution de l'eau potable sur toute l'étendue du territoire national ne dispensent pas les citoyens congolais de veiller à la propreté de tous les cours d'eau de notre pays et de leurs bordures, plus particulièrement ceux de grandes villes.

En effet, nous devons éviter de transformer des bordures de nos cours d'eau en dépotoirs, où l'on déverse des ordures qui sont en partie emportées par les eaux de pluie jusque dans notre fleuve, que nous sommes en train de polluer sans le savoir. Une prise de conscience de ce danger peut nous déterminer à participer efficacement à l'indispensable lutte, pour la sauvegarde de notre environnement.

D'ailleurs, des bordures des cours d'eau, bien aménagées, pourraient devenir des lieux de détente et de distraction, pour ceux qui sont lassés par la monotonie des murs des maisons ou des appartements.

Ces résultats pourraient être réalisés avec plus de facilité si on parvenait, comme il sera évoqué plus tard, à mettre en place des institutions chargées de la gestion des déchets récoltés dans de différents quartiers des villes de notre pays.

Il convient aussi de rappeler que lors de leur installation dans cette région d'Afrique Centrale, qui est devenue aujourd'hui la RDC, les colonisateurs ont trouvé le long du fleuve Congo et de ses affluents de meilleurs cadres pour la construction des villes telles que Kinshasa, Kisangani, Mbandaka, Matadi, Kindu, Ilebu, Lusambo, sans pour autant prendre des dispositions en vue d'éviter la pollution des cours d'eau qui regorgent d'importantes quantités de poissons nécessaires pour l'alimentation non seulement des riverains, mais aussi de nombreux autres Congolais.

En effet, les eaux usées en provenance des domiciles et des usines concentrées dans des villes du bassin du fleuve Congo, en RDC et dans des pays voisins comme la République du Congo (Brazzaville) et la République Centrafricaine, sont directement déversées dans le fleuve, sans qu'elles ne soient au préalable traitées dans des sites appropriés, en vue de leur épuration.

Il est important que l'Etat congolais prenne des dispositions nécessaires quand il est encore temps, pour que des mesures adéquates soient adoptées, en vue de prévenir ce danger qui risque à la longue de constituer une fatalité pour les poissons et les riverains du fleuve Congo. Les pays voisins, dont la population serait concernée par cette inconsciente pollution, devraient être sensibilisés, pour qu'ils prennent des dispositions analogues, en vue d'écarter à jamais ce danger.

L'apparence actuelle du fleuve qui, grâce à l'abondance de ses eaux, n'accuse pas une quelconque pollution, ne peut pas nous détourner du chemin de la recherche des voies et moyens d'assurer sa protection.

De nombreux cours d'eau dont dispose le pays peuvent lui permettre d'acquérir une puissance énergétique nécessaire pour son développement. Des chutes et rapides, éparpillés à travers son territoire, peuvent constituer des formidables sources d'énergie si on les met en valeur. La construction en cours des barrages hydroélectriques à *Zongo,* dans la province du Bas Congo, à *Kakobola,* dans la province de *Bandundu,et* à *Katende,* au *Kasaï* Occidental, encourage énormément ceux qui espèrent que ces travaux apporteront à leur terme un bonus considérable à la puissance énergétique du Congo, en vue de l'accélération de son programme de reconstruction et de modernisation de différentes régions du pays.

Ces réalisations pourraient permettre l'amélioration des conditions de vie de la population et la création de nombreux emplois, auxquels devraient s'ajouter plusieurs activités nées de l'imagination et de la détermination de tous.

De fait, pour le progrès du pays, il serait irresponsable d'attendre tout du gouvernement, sans aucune initiative individuelle.

La construction de nouveaux barrages ne semble pas occulter le projet de construction du barrage d'Inga III, appelé *Grand Inga*, pour lequel le gouvernement congolais continue à sensibiliser des investisseurs, en vue de réunir des fonds nécessaires.

Nous croyons qu'à son terme, la distribution actuelle d'électricité produite par les barrages d'Inga I et II, se limitant à une partie du territoire national, sera étendue à d'autres parties du Congo, tout en élargissant, dans la grande diversité, le cercle des pays africains à servir avec le courant électrique produit à partir du fleuve Congo.

La vente de ce courant, non seulement à l'Afrique, mais aussi à d'autres pays du monde qui le voudront, pourrait constituer une grande source de revenus pour le pays. Il demeure néanmoins important de soumettre ces ressources à une bonne gestion, pour leur permettre de jouer un grand rôle dans le programme de développement national.

On compte plus de mille espèces de poissons dans les eaux territoriales de la RDC. Leur quantité, évaluée à plus de sept cent mille tonnes par an, peut permettre au pays de nourrir sa population, qui n'a besoin que de quatre cent cinquante mille tonnes, et de vendre le surplus à l'extérieur. Ce qui augmenterait encore ses recettes en devises.

Cette réalité accrédite la thèse de ceux qui croient que le Congo n'a pas raison d'importer chaque année plus de cent cinquante mille tonnes des produits halieutiques, dont le fameux chinchard, connu au Congo d'abord sous le nom de « *la mer* », puis sous celui de « *mpiodi* ». Les Congolais l'adorent comme s'il provenait de leurs eaux nationales ou encore, comme si les cours d'eau de leur pays étaient dépourvus de poissons.

Il s'avère donc indispensable que l'Etat congolais encourage l'intensification de la pêche dans plusieurs cours d'eau de son territoire et qu'il envisage l'industrialisation de cette activité, non seulement dans des eaux douces, mais aussi au niveau de l'Océan Atlantique qui borde le pays dans sa partie occidentale.

La pisciculture devra aussi être développée. Tous ces efforts devraient permettre à la RDC de nourrir sa population avec des poissons locaux, sans se tirer des cheveux pour réunir des fonds nécessaires à l'importation des poissons surgelés, dont on ignore d'ailleurs le temps passé dans des chambres froides et les conditions de leur conservation.

Si elles étaient prises, ces dispositions permettraient au pays de créer sur son territoire de nombreux emplois liés directement et indirectement à l'exploitation des ressources halieutiques. Elles pourraient également permettre à la population d'augmenter des possibilités de se nourrir à moindres frais. Par ailleurs, les revenus de l'Etat pourraient sensiblement augmenter grâce à l'exportation d'une partie des produits halieutiques et à la non-importation des poissons pour la consommation locale.

Compte tenu de l'attachement des Congolais au chinchard, des efforts de l'Etat, pour l'augmentation des produits de la pêche locale, devraient être accompagnés d'une campagne de sensibilisation des ressortissants congolais, en vue de les amener à se départir de la consommation de ce poisson, déjà ancrée dans leurs habitudes alimentaires, qu'ils recherchent partout, même quand ils se trouvent à l'étranger.

On notera par ailleurs que les cours d'eau de la RDC constituent un bon cadre de transport et de communication entre les différentes localités du pays. Le colonisateur belge a su autrefois les utiliser, en vue de constituer un grand réseau de transport fluvial, pour des personnes et des biens, et d'établir plusieurs lignes par bateaux.

Devenu indépendant, le Congo a perdu ce réseau. Ces lignes sont devenues presque inexistantes à la suite des perturbations qu'a connues le pays avec de multiples guerres qui continuent à endeuiller sa population, rendant certaines régions quasi isolées du reste du territoire. Ce qui ne pouvait pas manquer d'avoir des effets néfastes sur d'autres activités de la vie nationale, notamment sur l'agriculture qui a vu le paysan se limiter à ne produire que ce qui convient à sa subsistance, car ne pouvant pas vendre le surplus.

Il est souhaitable que le programme du gouvernement congolais tendant à réhabiliter ces lignes et d'anciens bateaux et ports fluviaux soit rapidement couronné de grands succès, pour la relance de la mobilité des personnes et des biens, souffrant aujourd'hui de la paralysie sur ces voies naturelles de navigation de notre pays.

Cette réhabilitation ainsi que la reconstruction et la modernisation des routes et des voies ferrées du Congo contribueront inévitablement à la reprise des activités économiques nécessaires pour le développement de la RDC.

7. Pays aux ressources humaines énormes

Le Congo a certes d'énormes ressources naturelles. Mais sa principale ressource est sa population, ces hommes et femmes appelés à le défendre et à assurer sa grandeur, à s'organiser pour la protection de son territoire et de ses biens, à travailler avec détermination pour lui garantir une place de choix dans le concert des nations.

L'homme congolais possède une grande force de travail et peut profondément transformer son environnement et assurer le développement de son pays s'il est bien encadré. Il a besoin d'une préparation adéquate pour être en mesure de réaliser ce qu'on attend de lui. Cette préparation devra lui être assurée par ses propres parents et surtout par l'Etat qui devra y veiller et s'y mettre en fonction du genre de personne qu'il voudrait avoir pour l'avenir du Congo.

Autrement dit, pour être efficace, l'éducation d'un individu doit commencer dès son jeune âge, se compléter à l'école maternelle et se poursuivre à l'école primaire, puis à l'école secondaire et dans des institutions d'enseignement supérieur. De fait, c'est dès le jeune âge que l'on peut initier l'enfant à la lecture, au travail, à l'amour de son pays, au respect des biens d'autrui et à l'appropriation de différentes valeurs positives qui peuvent faire la fierté de la famille et du Congo. Parmi ces valeurs, on peut citer le message de feu L.D. Kabila de « *ne jamais trahir son pays* ».

La formation de l'enfant à l'école se déroule suivant un programme établi par l'Etat, lequel programme devrait être élaboré, à chaque niveau de l'enseignement au Congo, en fonction des objectifs poursuivis par le pays.

Compte tenu du retard constaté dans divers domaines de la vie nationale, la RDC devrait renforcer son programme d'enseignement de différents métiers, notamment la maçonnerie, la menuiserie, l'agriculture, la pêche, la plomberie, l'électricité, la mécanique, la pâtisserie, la charcuterie, en vue de former suffisamment des techniciens capables de mieux s'impliquer dans le programme de redressement du pays et de faire notre fierté ailleurs où l'on pourrait faire appel à leur savoir-faire.

Ceci contribuerait à limiter la tendance actuelle de certains investisseurs étrangers de faire appel à la main-d'œuvre de l'extérieur, pour mettre en exécution leurs chantiers dans notre pays.

L'éducation de l'enfant commence normalement dans sa famille. Si le responsable de la famille ne fait pas correctement son travail (de premier éducateur de l'enfant), l'Etat devrait intervenir, par diverses sanctions légales, pour l'amener à rectifier son comportement vis-à-vis de l'enfant considéré. Les parents récidivistes devraient être sévèrement punis, dans l'espoir d'obtenir des changements dans la société, plus particulièrement vis-à-vis de ceux qui ont tendance à se dérober devant leurs responsabilités, au risque d'alourdir les charges de l'Etat.

Il est vrai que l'influence des parents sur l'enfant est toujours considérable tant que ce dernier n'a pas encore atteint l'âge adulte. Mais la protection de l'Etat est toujours nécessaire, surtout en cette période de crise où tout le monde se préoccupe de sa propre survie et que, dans certains cas, l'amour paternel semble s'effriter devant les intérêts matériels ou le profit personnel.

L'attention de l'Etat devrait également être attirée en ce qui concerne la situation des enfants rejetés par leurs familles, aujourd'hui appelés *enfants de la rue*, en vue de les rendre plus utiles au Congo de demain, au même titre que d'autres jeunes qui sont appelés à prendre la relève des adultes dans les jours à venir et à défendre les intérêts du pays.

De fait, la question des enfants de la rue ne se pose pas seulement en RDC. Le monde entier en est touché. Dans un rapport de 2008, L'UNICEF estime à 150 millions le nombre de ces enfants. 35 000 d'entre eux vivraient dans les rues de principales villes du Congo, souligne le même rapport.

Le fait que cette réalité frappe le monde entier ne peut cependant pas constituer un motif de consolation pour le peuple congolais. Ce dernier devra travailler en toute conscience, pour mettre fin à cette situation récemment apparue dans notre société à la suite des effets néfastes de la misère, des guerres à répétition imposées au pays par des forces étrangères et du phénomène sorcier principalement évoqué par des églises de réveil.

D'une manière générale, l'expression *enfant de la rue* désigne tout enfant qui vit dans la rue. Pourtant la rue ne peut pas donner la vie à un être humain. Tout enfant qui loge dans la rue est né d'un père et d'une mère, avant d'être déversé dans la rue où il est exposé aux dangers les plus divers : la drogue, la prostitution, le banditisme, les violences de toutes sortes.

Outre les faits susmentionnés, l'apparition du phénomène enfant de la rue est aussi liée au comportement des parents vis-à-vis de leurs enfants. On notera par exemple le cas des enfants victimes de divorce de leurs parents : le père qui abandonne les enfants du premier mariage pour faire plaisir à sa nouvelle femme, la mère qui rejette ses enfants pour être acceptée par un nouveau mari, pourtant à leur séparation, chacune de ces deux personnes se débattait pour avoir la garde des enfants.

Le plus souvent, pour se débarrasser de leurs enfants, quelques parents, sous la houlette d'une église par exemple, les accusent de sorciers. C'est la raison pour laquelle de nombreuses voix se lèvent pour stigmatiser l'influence de certaines communautés religieuses sur leurs adhérents, se plaisant à écarter ces enfants de leurs parents, sans chercher à les délivrer de mauvais esprits dont ils seraient hantés suivant leurs révélations spirituelles, que la société est incapable de vérifier.

Le cas de la mort des parents mérite d'être évoqué à cause du cortège de problèmes qui surviennent pour les enfants orphelins : certains abandonnent leur scolarité, car personne ne l'a prise en charge malgré ce qui a été laissé par le(s) défunt(s) ; d'autres vont dans la rue où ils espèrent trouver à manger que personne d'autre ne veut leur fournir ; ceux qui ont de la chance reçoivent cependant un bon encadrement de la part d'un responsable de la famille.

Cette situation mérite une attention soutenue de la part de l'Etat. Certes, il existe au Congo la loi sur la protection de l'enfant ; cette législation devrait être renforcée avec de nombreuses mesures d'accompagnement non seulement vis-à-vis des responsables de l'enfant, mais aussi envers les tiers et l'enfant lui-même.

Autrement dit, les parents qui pousseraient leurs enfants vers la dépravation devront être sévèrement punis, tout comme on ne peut tolérer aucun acte fait en violation des droits des enfants. Ces derniers devront aussi être punis chaque fois qu'ils ne se conforment pas aux réglementations établies pour leur protection.

Ces réglementations pourraient viser notamment l'interdiction aux mineurs de se trouver dans la rue à partir d'une heure bien déterminée, de fréquenter des débits de boissons, de consommer l'alcool, de fumer la cigarette, d'être enrôlé dans un orchestre de musique mondaine. Les complices de ces enfants devraient être aussi poursuivis.

L'Etat devra également veiller à ce que les jeunes, écoliers ou étudiants, ces dirigeants du Congo de demain, soient formés dans un environnement pouvant les marquer positivement dans les jours à venir. De ce fait, il faudra écarter tout ce qui pourrait avoir plus tard un impact négatif dans leur vie.

A titre d'exemple, on peut se demander comment pourraient se comporter dans la vie professionnelle ceux qui, alors étudiants, étaient habitués à corrompre des enseignants pour passer d'une classe à une autre, ou encore ceux qui, à cause des toilettes hors d'usage, faisaient leurs besoins en brousse, détruisant en eux le goût de ne fréquenter que des endroits propres ?

On dirait que c'est en tenant compte de cette réalité que l'Etat congolais a décidé de réfectionner d'anciens établissements d'enseignement et de construire de nouveaux autres. Ce qui mérite des soutiens et des encouragements de tous les compatriotes pour les efforts déjà fournis et ceux à venir. L'espoir du peuple congolais est de les voir se poursuivre dans le cadre des programmes de *Cinq Chantiers* et de *Révolution de la Modernité*, en vue de la formation des jeunes congolais dans de bonnes conditions.

On ne peut pas perdre de vue qu'à son indépendance le 30 juin 1960, la RDC avait une population de moins de 15 millions d'habitants. Aujourd'hui, celle-ci est estimée à plus de 70 millions d'âmes dont plus de la moitié est constituée des jeunes. Bref, la population a presque quintuplé tandis que le nombre d'établissements d'enseignement n'a pas suivi. Ce qui nécessite un effort tout particulier de la part de l'Etat en vue de réparer la carence. C'est lieu de saluer le programme du gouvernement portant sur la construction de nouvelles écoles dans tout le pays.

L'assistance des particuliers, soutenant les efforts de l'Etat en matière de l'éducation des jeunes congolais est indispensable, pour élargir le nombre de jeunes instruits. Mais l'Etat ne devrait l'accepter que si elle se montrait bien soucieuse de la souveraineté et de l'avenir du pays.

Toute proposition d'assistance, d'où qu'elle vienne, nécessite une attention soutenue de la part de l'Etat, car c'est lui qui seul peut déterminer le genre d'éducation à donner à la jeunesse du pays. Il ne revient pas aux bienfaiteurs le rôle de se choisir les lieux de leur intervention, ni d'établir un programme de leur choix. Un refus quelconque de leur part de respecter les règles de l'Etat devra être sanctionné par le rejet de leur proposition de service.

Les particuliers qui veulent apporter leur contribution à l'éducation des jeunes congolais sont les bienvenus, tant qu'ils ne profitent pas d'une distraction quelconque des dirigeants du pays, en vue de faire fructifier leurs affaires, en faisant fonctionner des établissements scolaires uniquement pour satisfaire leurs intérêts personnels, sans se soucier du respect des règles fixées dans ce domaine par l'Etat.

D'où la nécessité pour l'Etat congolais de renforcer son attention en matière d'octroi de permis d'ouverture des écoles privées. Il est nécessaire de voir si ces centres de formation des jeunes congolais répondent aux normes nationales en matière d'établissement scolaire. Dans le cas contraire, on ne peut pas hésiter à rejeter des demandes qui ne remplissent pas les conditions requises, tout comme il serait souhaitable de retirer des autorisations de fonctionnement aux établissements scolaires fonctionnant dans de mauvaises conditions, notamment dans des immeubles inachevés et maisons d'habitation où les étudiants se trouvent souvent confinés.

Il importe donc de soumettre toute demande de permis d'ouverture d'un établissement d'enseignement aux résultats de l'enquête ad hoc, destinée non seulement à voir si le postulant dispose des locaux convenables à l'enseignement qui sera dispensé, en vue de former les futurs dirigeants du pays, mais aussi pour évaluer l'état de l'environnement du lieu choisi pour assurer ledit enseignement.

Une bonne éducation des enfants dépend aussi de la manière dont les parents sont en mesure de répondre matériellement à leurs exigences concernant leur nourriture, leur habillement, leur scolarité, leur logement. L'Etat devra améliorer les conditions sociales des parents en vue de leur permettre de jouer correctement leur rôle d'éducateurs, en veillant notamment à ce que des salaires décents soient accordés à tous ceux qui travaillent, pour qu'ils soient à même de trouver à manger à leurs enfants, de subvenir à leurs besoins et d'améliorer leurs conditions de vie.

S'il est vrai que la nourriture aide à retenir les enfants chez leurs parents, il ne demeure pas moins vrai que l'environnement dans lequel évolue la famille a un grand rôle à jouer dans la vie des enfants. Tel est le cas des maisons bâties dans des parcelles sans un espace nécessaire pour la détente des enfants ou celles qui sont largement ouvertes sur la rue. Il n'est pas aisé de retenir les enfants qui vivent dans de pareilles conditions ni de les détourner de la rue, cet espace qui leur est facilement accessible, malgré tous les dangers auxquels on les expose.

Il serait donc souhaitable que l'Etat envisage une nouvelle façon de construire des logements sociaux, en tenant compte de ces réalités, pour un avenir meilleur de notre pays. Ce qui pourrait renforcer des mesures de protection des enfants et de surveillance de ceux qui sont jetés dans la rue. De même la Justice devra punir sévèrement les parents et toutes les personnes qui font souffrir les enfants ou perturbent leur évolution.

Outre des efforts consentis pour l'éducation des jeunes, il est important de sensibiliser tous les Congolais, quel que soit leur âge, à l'exception bien sûr de ceux qui ont perdu le sens de la raison, pour aiguiser leur conscience devant leur devoir vis-à-vis de leur pays et en rapport avec leurs responsabilités dans ce qu'ils doivent faire ou ne pas faire pour les enfants dans l'intérêt supérieur de leur nation.

Quand, à chaque anniversaire de la mort de M'Zee L.D. Kabila, on entend avec plaisir nos compatriotes rappeler avec fierté son enseignement : « Le peuple congolais doit se prendre en charge », on peut se dire que les Congolais ont compris et accepté ce message. Mais quand on observe des actes et le comportement des ressortissants congolais, partout où ils se trouvent à travers le monde, c'est un avis contraire qui inonde notre esprit.

De fait, comprendre et accepter un message, c'est suivre son contenu et s'y conformer dans son comportement vis-à-vis de soi-même, de son pays et de l'environnement dans lequel on se trouve. C'est suivre l'exemple de son initiateur. Est-ce le cas pour le peuple congolais en rapport avec l'enseignement de M'Zee ?

C'est avec conviction que M'Zee avait adressé ce message au peuple congolais qu'il avait tant aimé et pour lequel il était prêt à se sacrifier en tout moment. Après la chute de Mobutu, il est arrivé à Kinshasa en mai 1997, pour prendre la tête d'un pays avec d'énormes difficultés économiques. Il comptait avant tout sur les ressources nationales et ne voulait pas tendre la main à d'autres peuples.

Avec des moyens propres au pays, il faisait fonctionner les institutions de la République, payait des salaires un peu améliorés aux fonctionnaires et agents de l'Etat, réussit à réaliser le lancement d'une nouvelle monnaie nationale, le franc congolais. C'était un exemple éloquent de l'auto-prise en charge. Et l'on peut se poser la question de savoir combien y a-t-il de Congolais qui se sont approprié cet exemple ?

Peut-on dire que nous avons la volonté de nous prendre en charge et de compter sur nos propres forces quand, dans les rues récemment reconstruites à Kinshasa et à l'intérieur du pays, nous continuons à jeter des ordures dans des caniveaux, ignorant que cela empêche l'écoulement normal des eaux, détruit encore nos routes et perturbe la circulation dans nos quartiers ? Nous ignorons même que l'Etat est chaque fois obligé de faire de nouvelles dépenses pour remettre la voie en bon état, réduisant ainsi ses efforts pour le développement du pays.

Pouvons-nous prétendre nous prendre en charge quand nous n'hésitons pas à jeter des objets sales dans des bassins de jet d'eau récemment construits par l'Etat pour améliorer l'image de notre capitale ?

Quelle conclusion tirer quand on se retrouve devant les vitres cassées des écoles publiques que l'Etat congolais vient de réhabiliter ?

Avons-nous compris la recommandation de M'Zee quand, chaque fois que nous nous sentons en difficulté, nous avons toujours les yeux braqués vers d'éventuels secouristes, sans nous donner la peine de trouver une solution avec nos propres moyens ?

Combien de fois avons-nous entendu nos compatriotes crier « *L'Etat atalela biso likambo oyo* ?» (Que l'Etat nous aide à trouver une solution à notre problème), « *Maman Olive*[17] *atalela biso likambo oyo* ? » (Que maman Olive nous aide à

[17]Maman Olive est l'épouse du Président Joseph Kabila Kabange –

trouver une solution à notre problème), « *Bato ya mawa batalela biso likambo oyo* ? » (Que ceux qui ont pitié des autres nous aident à nous sortir de cette difficulté).

Ces cris de détresse et tant d'autres qui leur ressemblent démontrent à suffisance que le Congolais repose encore son espoir pour la vie et le progrès de ce qu'il fait sur le concours des autres, au lieu de compter sur ses propres efforts. Cela démontre également que nos compatriotes n'ont pas encore compris que pour être libre, indépendant et responsable, l'homme doit compter d'abord sur lui-même.

Ce constat ne signifie pas notre opposition à la demande d'aide ni de soutien à ceux qui ont plus de possibilités. Nous croyons que cela devrait être fait d'une manière sporadique et sans manifestation d'un désir permanent. L'assistance externe devrait être comme un apport supplémentaire aux efforts déjà entamés avec nos propres moyens.

Nous croyons que ce sont des propos pleurnichards de ce genre qui auraient alimenté la méninge d'un jeune comédien congolais, pour s'imaginer un périple à travers le monde, périple au cours duquel il aurait été émerveillé par le développement du monde occidental et les efforts foudroyants du peuple chinois qui, grâce à son travail, a hissé son pays au rang des puissances économiques du monde.

Il a également parlé de son étape de la République Démocratique du Congo où il a vu, dit-il, des gens à genoux, les mains en l'air, en train de crier : *"Zambe salisa biso ; Zambe talela biso likambo oyo*" (Dieu, aide-nous ; Dieu aide-nous à nous en sortir). C'est alors qu'il a eu la chance, souligne-t-il, de voir le Seigneur notre Dieu Tout Puissant qui se tourna vers lui et s'exclama : "Qu'est que je peux encore faire pour ce peuple auquel j'ai tout donné, pour qu'il se développe rapidement, mais qui ne parvient pas à démarrer ?"

Le comédien congolais serait choqué par le contraste qui ronge sa société entre l'abondance de ressources naturelles dont regorgent le sol et le sous-sol de son pays, suscitant la convoitise d'autres nations, et la recherche par son peuple des bienfaiteurs qui garantiraient gratuitement son bonheur. Pourtant il (son peuple) est en mesure de travailler et de produire ce dont il a besoin à partir de ce que la nature lui a donné. Il est donc nécessaire qu'il ait confiance en lui-même et qu'il travaille durement en toute honnêteté pour y parvenir.

Nous nous souvenons encore, quand nous étions en mission à Kinshasa en 2000, dans le cadre de la consultation nationale, en provenance de Nouakchott où nous exercions les fonctions de Chargé d'Affaires a.i, que nous avons vu le peuple congolais, sous la direction de M'Zee L.D. Kabila, défiler le 17 mai sur le Boulevard Triomphal en terre battue. Et le 30 juin, soit six semaines plus tard, nous avons personnellement assisté au défilé organisé au même endroit, à l'occasion du 40e anniversaire de l'indépendance de notre pays, avec la différence qu'à la place de la terre battue, le boulevard était couvert de macadam, fruit d'un travail bien fait par nos compatriotes, avec les moyens propres. Les Congolais s'étaient pris en charge peut-on conclure.

Cet exploit ne devait que faire la fierté de tous les Congolais d'avoir retrouvé leur dignité et renforcé la confiance en eux-mêmes, grâce aux enseignements de leur leader, et qui, de ce fait, se sentaient en mesure de développer leur pays. C'est un objectif ambitieux, mais qui n'est pas impossible si chaque citoyen se mettait au travail avec détermination, en recourant aux moyens propres au pays, sans compter sur le bon vouloir d'autres peuples.

Ce travail fait avec fierté et amour par le peuple congolais ne semblait pas enchanter d'autres peuples, notamment ceux qui veulent toujours voir le Congo dans une position de faiblesse, lui tendant la main, comme un petit enfant, pour résoudre n'importe quel problème qui se pose à lui.

En effet, ce jour du 30 juin 2000, de nombreux Chefs de mission diplomatique occidentaux accrédités à Kinshasa, nous nous souvenons d'avoir remarqué uniquement la présence de l'Ambassadeur du Royaume de Belgique au défilé anniversaire de l'indépendance de la RDC. On dirait que la présence du diplomate belge à cette manifestation ne devrait pas manquer du fait que son ministre des Affaires étrangères, invité à cette cérémonie, y assistait personnellement.

CHAPITRE II

MENACES EXTERNES

Depuis 1998, la RDC, plus particulièrement dans sa partie orientale, connaît des guerres récurrentes qui ont provoqué la perte de nombreuses vies humaines et continuent de laisser plusieurs stigmates au sein de la population congolaise. Apparemment, les cris de détresse lancés par cette dernière ne parviennent pas à secouer l'opinion publique internationale comme s'ils étaient engloutis dans des cours d'eau qui traversent ou entourent ce pays.

La communauté internationale ne semble pas émue par le bilan de ces guerres qui ont causé la mort de plus de cinq millions des personnes, hommes, femmes et enfants, en grande partie emportées sans savoir pourquoi elles mouraient, et l'errance de plusieurs autres qui, abandonnant leurs maisons et champs, se déplacent à travers le monde, dormant à la belle étoile ou se logeant dans des abris de fortune, sans savoir ce que leur réservent les jours et les heures qui viennent, ni comment trouver quelque chose à mettre sous la dent. Leurs souffrances sont indescriptibles, la persécution les poursuivant partout, aux champs comme dans leurs maisons, la paix sincère s'éloignant de plus en plus de leur terroir.

Bouleversés par des atrocités de ces guerres à répétition à l'Est du Congo, les parlementaires européens ont voté des lois interdisant l'importation des minerais de sang, sans parvenir à mettre fin à cette catastrophe qui fait le malheur du Congo.

Plusieurs voix se lèvent pour se demander si la Communauté internationale a réellement la volonté de mettre fin à ces opérations meurtrières à l'Est de la RDC. En se rappelant encore de l'opération « Atémis » que l'Union Européenne avait menée avec efficacité dans l'Ituri, pour sauver des vies humaines, on peut confirmer qu'elle a les moyens de le faire, si elle y tient.

Certains pays voisins, qui devraient travailler pour le bon voisinage avec la RDC, s'acharnent, avec le concours des forces étrangères à l'Afrique, à marteler ce géant que même ses propres enfants cherchent à mettre à genoux. Ces derniers, qui seraient aveuglés par la recherche de leurs propres intérêts, ne remarquent pas le danger qui pèse en permanence sur leur pays quant à son unité et son existence en tant qu'Etat souverain.

Le Congo est humilié. Sa population est gratuitement décimée ou violée. Les atrocités d'une gravité rare qui accompagnent la violation des femmes congolaises démontrent la détermination des agresseurs de détruire la dignité et la fierté de tout un peuple.

En effet, après des relations sexuelles forcées avec leurs victimes, souvent en présence de leurs enfants ou de leurs parents, les agresseurs enfoncent divers objets (sel, sable, couteaux et tout ce qui est à portée de la main) dans leurs corps. La mort qui en découle dans certains cas ne les effleure jamais, l'objectif poursuivi étant d'y parvenir lentement avec des douleurs très pénibles. Les survivantes restent longtemps à l'hôpital avant de se rétablir.

C'est le lieu de saluer l'action d'un médecin congolais, Dr Mukwege, aujourd'hui surnommé *« le réparateur des femmes »*, qui opère et soigne les femmes victimes des viols atroces. La tentative d'assassinat perpétrée à son domicile à Bukavu en octobre 2012, au cours de laquelle son gardien a été tué, reste encore surprenante, non seulement du fait de l'emplacement de la parcelle, en face de la représentation de la MONUSCO au Sud-Kivu et à 100 mètres d'un bureau de la Police Nationale Congolaise, mais aussi du fait que malgré les crépitements des balles, qui ont même causé la mort d'un être humain, personne n'est venu à partir de ces postes de sécurité, pour le secourir ni voir ce qui se passait chez lui.

Sentant que sa sécurité n'était pas assurée, le médecin s'est résolu à se réfugier en Europe. Mais cela n'a pas trop duré car, sensible aux cris de détresse de ces femmes violées et malades, qui se sont même cotisées pour lui payer un titre de voyage pour son retour, Dr Mukwege est rentré fin janvier 2013 à Bukavu où il s'est immédiatement remis au travail, pour secourir ces dames et d'autres malades. Cette fois, l'Etat congolais a mis des services de sécurité à sa disposition.

Le courage du Dr Mukwege et son attachement à ses malades lui ont valu l'admiration du monde entier, notamment celle de la République Française qui a dépêché son ministre de la Francophonie à Bukavu en 2012, pour lui remettre une décoration d'honneur, et l'a reçu à Paris en novembre 2013, pour lui décerner le prix de la Fondation Chirac.

Ces gestes de grande valeur, posés par le gouvernement français en faveur de notre compatriote, ne manqueront pas de réveiller les esprits moins sensibles aux actes de haut niveau scientifique, qui redonnent l'espoir à ces femmes, victimes de la barbarie humaine, qui se croyaient entièrement perdues dans un océan de désespoir.

Les Congolais devraient tous saluer des gestes faits à travers le monde pour reconnaître les actes d'un digne fils du pays. Mme Colette Breakman, journaliste et écrivain belge, a écrit sur lui un livre, « *Dr Mukwege, l'homme qui répare les femmes* ». Plus qu'une documentation, ce livre contribue à pérenniser notre compatriote dont le courage et le savoir-faire ne cessent de secouer le cœur de différentes personnalités du monde.

C'est douloureux de constater qu'au lieu d'être unis et de se mettre débout comme un seul homme, pour repousser des agresseurs de notre pays, certains compatriotes constituent des bandes pour piller le Congo et tuer sa population. D'autres se plaisent à violer nos femmes et nos filles. On dirait qu'ils imitent des agresseurs de leur pays comme des gens qui auraient reçu de leur part de bonnes leçons à suivre. Pourtant, plus de cinquante ans après la regrettable disparition de P.E. Lumumba, la menace qui pèse sur la souveraineté et l'intégrité de notre pays est toujours présente et se consolide davantage en s'élargissant au jour le jour.

Notre premier devoir en tant que citoyens de ce pays est de chercher à comprendre ce qu'il y a exactement autour de cette agression. La compréhension de cette situation pourrait nous aider à mieux nous défendre. Pour y parvenir, nous devons nous poser de multiples questions telles que : qui nous agresse ? Pour quelle raison sommes-nous agressés ? Pourquoi la RDC, qui est agressée, croupit-elle sous l'embargo international sur les armes, quand ses agresseurs ont des mains libres ? Qu'est-ce que nous devons faire pour résister et protéger notre pays ?

Des réponses conscientes et réfléchies à toutes ces questions pourraient nous permettre de mieux comprendre la situation de notre pays et de nous comporter en conséquence, car un bon remède n'est prescrit que quand on connaît la maladie.

Comme nous le répétons chaque fois que nous chantons notre hymne national, le Congo est ce « … Don béni… des Aïeux… bien aimé… que nous léguerons à notre postérité… ». Cela est un objectif que nous devons atteindre, à condition de l'aimer sincèrement et de le protéger.

Pour ce faire, nous devons travailler avec conscience et dans l'unité, en vue de préserver ce don béni et œuvrer pour son épanouissement maintenant et dans les jours à venir.

L'envie de nos ressources naturelles et de nos terres par d'autres peuples ne peut pas nous détourner de notre devoir sacré, celui de nous sacrifier pour notre pays.

1. Convoitises de l'extérieur

Depuis son existence en tant qu'entité territoriale, le Congo fait l'objet des convoitises de nombreux pays du monde. Lors du partage de l'Afrique en 1885 à la Conférence de Berlin, les puissances européennes ont tout fait pour avoir le droit de regard sur le Congo, en vue de mieux le surveiller et le contrôler chaque fois qu'elles en avaient besoin.

Elles pouvaient également y exercer à leur guise du commerce et d'autres activités économiques.

Depuis son accession à l'indépendance, le Congo fait face, non seulement à la convoitise des mêmes puissances, qui chercheraient toujours à avoir un œil sur lui, mais aussi au désir croissant de nombreuses nations du monde, certaines à la recherche des espaces pour leurs activités économiques ou l'installation de leurs ressortissants, d'autres pour se servir à moindres frais des ressources naturelles que regorge son sous-sol. D'autres encore pour emporter des espèces animales et végétales rares, que l'on ne peut trouver nulle part que sur son sol, voire pour les détruire et priver à la RDC certains de ses attraits touristiques.

Pour atteindre leurs objectifs, ceux qui envient les richesses du Congo ont monté plusieurs cabales contre la RDC, notamment d'innombrables guerres qui continuent de se dérouler dans sa partie orientale, région riche en ressources minérales, causant d'énormes pertes en vies humaines.

Plusieurs rapports des experts de l'Organisation des Nations Unies citent des individus, des sociétés multinationales et des pays qui auraient donné des armes pour susciter ces conflits armés et la balkanisation du pays. Les noms des enfants du Congo sont aussi cités parmi ceux qui veulent déstabiliser ce pays et contrôler ses richesses naturelles. C'est dommage que ces rapports, du moins pour ce que nous connaissons, ne soient suivis d'aucune sanction.

Cette œuvre macabre viserait la formation, sur le sol congolais, de plusieurs entités nationales, beaucoup plus petites, à soumettre facilement à la volonté des forces étrangères, qui auraient suscité leur création, en vue de mieux contrôler des ressources naturelles du Congo, de s'en accaparer à leur guise ou de les acheter à de vils prix.

Ces forces, qui sont toujours déterminées à diviser le Congo, fournissent des armes, des conseils, des informations diverses aux ennemis de notre pays ou à ceux qui seraient acquis à leur cause, en vue de réaliser leur lugubre entreprise. Elles portent la responsabilité du pillage des ressources naturelles du Congo, même si elles font semblant d'ignorer l'adage qui dit : « Il n'y aurait pas de voleurs s'il n'y avait pas de recéleurs ».

En dépit de l'existence de ces préoccupations divergentes, la RDC dispose d'une formidable force : l'attachement du peuple congolais à son unité nationale. C'est ce sentiment, que l'on peut remarquer dans chaque Congolais digne de ce nom, qui aurait empêché l'aboutissement des plans diaboliques des ennemis de notre pays. Cela ne peut cependant pas nous faire oublier que cette menace persiste encore sur l'unité et l'intégrité du Congo comme un proverbe de nos Ancêtres nous apprend que « *nous ne devons pas prétendre que nous savons courir très vite quand ceux qui nous poursuivent ne nous ont pas encore lâchés* ».

Autrement dit, ces forces nous poursuivent encore et cherchent d'autres voies pour atteindre leur objectif, visant à arracher au Congo une partie ou l'ensemble de son territoire.

Tout Congolais devra être conscient de cette situation qui renferme dangereusement une épine pour l'avenir de son pays, et par ricochet pour son propre devenir en tant qu'être humain. Il devra ainsi consolider sa détermination et sa force de résistance, en vue de faire face à toute menace dirigée contre la RDC.

Le Congo a connu l'agression par ses voisins de l'Est, le Rwanda, l'Ouganda et le Burundi, déterminés à jouir de ses richesses naturelles, tout en donnant des prétextes sécuritaires. Les révélations récentes, faites par les experts des Nations Unies, citant le Rwanda et l'Ouganda parmi les pays qui ont apporté un soutien matériel et militaire déterminant au mouvement politico-militaire M23, qui a semé la mort et la désolation à l'Est de la RDC[18], peuvent donner plus de lumière sur le chemin poursuivi par ces pays vis-à-vis du Congo.

Néanmoins, malgré les rapports d'experts des Nations Unies dénonçant tous les soutiens qui ont permis à ce mouvement de voir le jour et d'évoluer comme une force armée, ainsi que des témoignages de nombreux journalistes et ONG du monde, certains décideurs internationaux ont mis du temps pour reconnaître ces faits, d'autres encore feignent de les ignorer, surtout en ce qui concerne l'implication des pays voisins dans la création de cette rébellion. Mais il a fallu un temps très bref pour que la vérité se révèle au grand jour, même si on ne le dit pas à haute voix.

Bien avant cela, dans son rapport final sur l'exploitation illégale des ressources naturelles et autres formes de richesse de la RDC, rapport n° S/2002/1146 du 24 octobre 2002, le Groupe d'experts envoyés au Congo par le Conseil de Sécurité des Nations Unies a fait un travail qui a bien révélé les objectifs

---

[18] Rapports n° S/2012/348 du 21 juin 2012 et n° S/2012/843 de décembre 2012 du Groupe d'experts des Nations Unies sur la République Démocratique du Congo.

réels poursuivis par les pays qui avaient envahi le Congo et le dérapage de ceux qui étaient venus à sa rescousse, sans occulter des complicités diverses et la part des responsabilités de certains Congolais qui privilégient des intérêts personnels au détriment de ceux du peuple.

Dans ce rapport, le Groupe a introduit la notion de « *réseaux d'élite* », pour désigner les réseaux qui avaient « *la mainmise sur une série d'activités commerciales comprenant l'exploitation des ressources naturelles, le détournement des recettes fiscales, ainsi que d'autres opérations productrices de revenus* ».

Concernant le Rwanda, le Groupe écrit que ce pays *« a justifié la présence continue de ses forces armées par des raisons de sécurité alors que leur objectif réel à long terme consiste, pour reprendre les termes employés par le Bureau Congo de l'APR (Armée Patriotique du Rwanda), à « se procurer des biens ». Les dirigeants rwandais ont réussi à convaincre la communauté internationale que leur présence militaire dans l'est de la République démocratique du Congo a pour objet de protéger le pays contre des groupes hostiles qui se trouvent en République démocratique du Congo et qui, selon eux, se préparent activement à envahir le Rwanda. »*

A cette occasion, le Groupe d'experts a précisé qu'il détenait *« de nombreuses preuves du contraire ... par exemple une lettre datée du 26 mai 2000, dans laquelle... le Premier Vice-Président et chef du Haut Commandement militaire pour le RCD-Goma, engage toutes les unités de l'armée à entretenir de bonnes relations « avec nos frères » les Interahamwe et Maï Maï, et à « les laisser au besoin exploiter le sous-sol pour leur survie ».*

De même, le Groupe d'experts soulignait : *« Des membres importants d'un groupe congolais hutu ... ont ... commencé à encourager les Hutus qui vivent (en) République démocratique du Congo et dont certains font partie de groupes d'opposition, à œuvrer plutôt pour la cause du Rwanda (dans ce pays)... Leur objectif, tel qu'il était décrit dans une circulaire datée du 16 avril 2002, publiée dans le Nord Kivu Réveil, était de « prêter son allégeance au Rwanda en s'associant à ses efforts pour contrôler l'est de la République démocratique du Congo. »*

La déclaration *d'un jeune combattant interahamwé de 30 ans, vivant dans la région de Bukavu,* repris dans son rapport par le Groupe d'experts, donne plus de lumière sur les objectifs poursuivis par le Rwanda en RDC. Voilà ce qu'il dit : *« lors d'une entrevue enregistrée avec un représentant de l'ONU au début de 2002 » (Précision apportée par le Groupe d'experts) : « Nous ne nous sommes pas beaucoup battus avec l'APR au cours des deux dernières années. Nous pensons qu'ils sont fatigués de cette guerre, comme nous. De toute façon, ils ne sont pas au Congo pour nous chasser, comme ils le prétendent. Je les ai vus exploiter les mines d'or et de coltan ici ; nous voyons comment ils volent la population. C'est pour cette raison qu'ils sont ici. Les soldats de l'APR viennent et tirent en l'air, et pillent les maisons des villageois, mais ils ne nous attaquent plus. Si vous avez de la chance (d'avoir) un grand frère dans l'APR, il arrivera peut-être à vous trouver quelques provisions et des munitions. »*

Compte tenu des témoignages et des documents recueillis en RDC, le Groupe d'experts « *estime que la présence du Rwanda (en) République démocratique du Congo a pour but d'accroître le nombre de Rwandais qui se trouvent dans l'est du pays et d'encourager ceux qui y sont déjà installés à conjuguer leurs efforts pour l'aider (le Rwanda) à exercer son contrôle économique. Le départ récent des troupes rwandaises ne devrait pas être interprété comme un signe de la volonté du Rwanda de réduire sa participation considérable à l'opération d'évacuation de ressources précieuses, de réduire l'intensité du conflit armé ou de réduire la crise humanitaire dans la région. L'exploitation économique sous ses diverses formes continuera, mais en s'appuyant sur une force armée moins visible et en ayant recours à d'autres stratégies. »*

L'apparition de certains groupes armés à l'est de la RDC, notamment le M23, s'inscrirait dans le cadre de cette stratégie.

Au sujet de l'Ouganda, le Groupe soulignait que l'objectif poursuivi au Congo par ce pays était « *d'exercer un monopole sur les principales ressources naturelles de la région, les échanges transfrontaliers et les recettes fiscales afin d'enrichir les membres du réseau (officiers de haut rang de l'UPDF, Armée ougandaise, hommes d'affaires ougandais...* », ce dernier (le réseau) continuant « *de mener ses activités par le biais de sociétés-écrans, telles que le groupe Victoria, Trinity Investment, la Conmet et Sagricof* ».

Le réseau devait par ailleurs « assurer la prééminence de sa position commerciale (dans la région) par l'intimidation, la menace et l'emploi de la force (plus particulièrement dans) des zones (riches en) ressources naturelles, notamment de la colombo-tantalite (coltan), des diamants, du bois et de l'or. (Il utilisait également) l'administration rebelle, comme une façade de secteur public, pour faire des recettes (en percevant) des taxes sous divers prétextes : droits de délivrance de permis aux opérateurs commerciaux, droits et taxes à l'importation et à l'exportation de produits spécifiques ».

Concernant l'exploitation du coltan, le Groupe écrit : « *Le coltan a été exploité de façon extensive dans la province orientale par divers groupes armés sous la protection de l'UPDF. Un certain nombre d'opérations concernant (ce produit), menées en sous la supervision de l'UPDF, ont été coordonnées par le biais de Trinity Investment, société-écran dont (un) général de division de (l'Armée ougandaise) en était le personnage principal. Des groupes armés, souvent proches des milices armées sous le commandement d'officiers de l'UPDF, géraient des sites dans des endroits reculés où les prospecteurs payaient un droit journalier pour exploiter une zone* ».

Le Groupe d'experts a également découvert que non seulement les membres du réseau ougandais bénéficiaient de nombreuses exonérations dans le territoire sous le contrôle de l'Ouganda, mais ils obligeaient « *les concurrents locaux à abandonner le marché à Bunia et Beni*[19]*, et à laisser le commerce du carburant sous son contrôle* ». Par ailleurs, souligne-t-il, les opérateurs commerciaux locaux étaient tenus « *de payer des droits d'importation et d'exportation élevés et de*

[19] Bunia et Beni sont des villes de l'Est de la RDC. La première se trouve dans la Province Orientale et la seconde fait partie du Nord-Kivu.

supporter seuls la charge fiscale et le paiement d'autres taxes ».

Le Groupe a en outre signalé que *« le réseau utilisait son influence économique pour contrôler le secteur bancaire. Ce qui lui permettait de contrôler encore davantage, dit-il, l'accès aux capitaux d'exploitation pour les opérateurs commerciaux exerçant leurs activités dans la région.*

« L'économie de cette région était devenue captive, a-t-il conclu, les types d'entreprises commerciales qui y opéraient étant manipulés et leur viabilité contrôlée. Par ailleurs, notait-il, les flux monétaires étaient contrôlés par le réseau, par le biais des opérations de change et l'introduction à grande échelle de faux francs congolais sur le marché ».

Pour assurer la continuité de sa présence dans le Nord-est de la RDC, il a été remarqué que « *l'UPDF a fourni des armes aux deux parties du conflit ethnique dans l'Ituri, les Lendu et les Hema ».*

Le Groupe a ajouté que *« l'intensification des combats ethniques qui en a résulté a fait que l'UPDF a été instamment priée d'aider à favoriser le processus de paix à Bunia. Cette fonction a été officialisée dans un protocole d'accord signé* entre les dirigeants rebelles et *le représentant officiel du Gouvernement ougandais.*

« Ce protocole d'accord a donné officiellement à l'UPDF la responsabilité de réduire les conflits armés interethniques en Ituri et d'aider à assurer un retour à la paix en maintenant en place un contingent aux fins d'observation et pour la négociation d'une solution à long terme éventuelle.

« En échange, il a été promis à l'UPDF une allocation de 25 000 dollars imputée sur le trésor public du RCD/K-ML et à toutes les entreprises ougandaises, approuvées par elle, une exonération de tous les droits et taxes dus à l'administration rebelle.

« Cela a donné à l'UPDF une couverture légitime pour continuer d'apporter son appui militaire aux activités du réseau d'élite dans la région ».

Les conflits de l'Ituri ont entraîné le déplacement de la population et provoqué la perturbation de la production agricole et de l'élevage de bétail ainsi que l'insécurité alimentaire et la malnutrition, augmentant « *considérablement les risques de maladies mortelles pour la population* ».

Le Groupe notait également que même les forces venues à la rescousse du pouvoir en place à Kinshasa n'ont pas résisté au charme des ressources naturelles de la RDC. C'est le cas notamment des Forces de défense zimbabwéennes (ZDF) dont certains responsables ont profité de leur position, pour s'intéresser à l'exploitation des minerais dans la zone qui leur était accessible. A ce sujet, le Groupe d'experts des Nations Unies écrit que les entreprises que ces cadres créaient, de connivence avec leurs amis congolais, s'accaparaient « *des ressources minières les plus riches et les plus aisément exploitables de la République démocratique du Congo* ». Et d'ajouter : « *Le détournement ainsi réalisé, qui s'effectue sous le couvert de contrats secrets et par l'intermédiaire de sociétés privées offshore, s'établit à plusieurs milliards de dollars, dont une trentaine d'hommes d'affaires, d'hommes politiques et d'officiers sont les principaux bénéficiaires* ».

Selon le Groupe, l'une de ces coentreprises (RDC-Zimbabwe), en l'occurrence la Minerals Business Compagny (MBC), « *est la cheville ouvrière du Zimbabwe dans le lucratif commerce des diamants de la République démocratique du Congo. Elle achète et commercialise les produits de Sengamines, coentreprise du Zimbabwe et de la République démocratique du Congo* (qui serait tombée en faillite), *qui tente de dissimuler ses liens avec les ZDF. La MBC se sert de l'influence militaire et politique exercée par le Zimbabwe pour se soustraire aux lois de la République démocratique du Congo et éviter de s'acquitter de droits de licence onéreux. Le refus de la MBC d'honorer ses obligations envers le trésor public lui a valu de faire l'objet de plaintes officielles du ministère des mines, qui exige qu'elle se conforme aux lois de la République démocratique du Congo. Les représentants de la MBC affirment que les entités zimbabwéennes ne sont pas tenues de respecter ces lois* ».

Le Groupe constate que même si leurs méthodes d'opération étaient différentes, ces forces étrangères ont opéré en RDC des actions qui se ressemblaient par le fait qu'elles n'ont pas profité au trésor public du pays. Ces actions ont par ailleurs profondément endeuillé le peuple congolais.

Les forces militaires ougandaises et rwandaises ont eu à se battre en pleine ville de Kisangani, chef-lieu de la Province Orientale de la RDC, à plus de 1.500 km de leurs frontières. Cette guerre entre ces forces d'occupation était occasionnée par la détermination de chacun de leurs Etats d'avoir le contrôle des mines de diamant de la région. Connue sous le nom de *guerre de six jours,* en fonction de la durée de son déroulement, du 5 au 10 juin 2000, cette rude guerre a causé la perte de nombreuses vies humaines[20] et la destruction de plusieurs maisons et autres infrastructures de la ville[21], fragilisant davantage une population déjà confrontée à de nombreux problèmes sociaux. Cela sans pouvoir émouvoir l'opinion publique internationale, ni secouer le cœur de l'Afrique.

Kinshasa a dû porter plainte contre ses agresseurs, auprès de la Cour Internationale de Justice (CIJ), en vue d'être dédommagé pour tous les dégâts subis, dégâts estimés à un montant variant entre six et dix milliards de dollars américains. Kampala a été condamné à payer cet argent. Mais le jugement n'est pas encore exécuté. Cela n'a pas empêché l'Ouganda de jouer un rôle important dans la mise en place du M23, comme évoqué plus haut. L'affaire n'a cependant pas été tranchée en ce qui concerne la République du Rwanda, pays qui n'a pas encore adhéré aux statuts de la CIJ dit-on, encore moins contre le Burundi.

L'attitude de la communauté internationale dans la crise congolaise est très surprenante du fait que l'ONU n'a pas pris des mesures contraignantes à l'encontre des pays qui ont violé sa Charte, en envahissant un autre pays membre, comme elle le fait ailleurs. Cela pourrait néanmoins contribuer à réveiller la conscience de ceux qui croient que leur bonheur pourrait provenir de cette communauté. Il est temps de savoir que celle-

---

[20] La guerre de six jours à Kisangani a causé plus de 1.000 morts et 3.000 blessés parmi la population civile (hommes, femmes et enfants confondus) selon l'ONG des Droits de l'Homme, basée sur place, dénommée le Groupe Justice et Libération.

[21] Les locaux de l'ONU, du CICR, des Médecins sans frontières et d'autres représentations internationales n'étaient pas épargnés.

ci est un ensemble des nations dont chaque membre est à la recherche de ses propres intérêts. Aucune nation au monde ne peut se faire du mal ou sacrifier ses enfants, pour la réalisation du bonheur d'un autre peuple. Il faut être naïf pour penser le contraire.

La déclaration de l'Union Africaine qui, réagissant à la plainte de la RDC, confirmait qu'il n'y avait aucune preuve de l'implication du Rwanda dans la guerre qui se déroulait au Congo a été également accueillie avec une grande surprise par les citoyens congolais, victimes de cette agression, et par les ressortissants de tous les pays épris de paix et de justice. On dirait que l'Organisation continentale est restée insensible à la souffrance d'un pays membre, injustement torturé par ses voisins comme un hippopotame malade, du fleuve Amazonie, sur lequel s'acharnent des piranhas déterminés à lui arracher à tout prix ce dont ils ont besoin. Le rejet à Addis Abeba en janvier 2013 du projet de la constitution d'une force internationale neutre, à placer à la frontière entre la RDC et ses voisins de l'est, s'inscrirait dans cette logique.

Ceci nous fait revenir à l'esprit ce que nous disait un ami au sujet des couleurs des tissus. Il nous conseillait de faire toujours attention quand on a à faire avec ceux qui sont parfois appelés à agir conformément à leur cœur, au lieu de se servir d'un jugement objectif que dicterait leur tête. A cette occasion, il nous présenta un tissu noir et nous demanda quelle était sa couleur. Quand nous répondîmes : *« Noir »*, il rétorqua : *« Non ; le tissu est blanc »*. Ayant constaté notre peine à comprendre cela, notre interlocuteur ajouta : *« C'est comme ça dans le monde. On peut défendre ce qui est condamnable, pour que tout le monde l'accepte ou lui donne raison »*.

Le 24 février 2013, l'Accord Cadre pour la paix et la sécurité à l'Est de la RDC et dans la région de Grands Lacs (africains) a été signé à Addis Abeba, sous l'égide de l'ONU et de l'Union Africaine, en vue d'instaurer la paix à l'Est du Congo. Une Brigade spéciale, composée des forces venues des pays membres de la SADEC (Tanzanie, Afrique du Sud), a été mise en place, fonctionnant dans le cadre de la MONUSCO. Ce qui semble améliorer le mandat de cette institution au Congo, après une existence de plus de treize ans comme une force d'observation, en vue de lui permettre de contribuer efficacement à la restauration de la paix en RDC.

L'appui de la Brigade d'intervention aux FARDC, dans leur marche victorieuse contre le M23, a été salué chaleureusement par la population congolaise qui a vu dans cet acte le changement agréable de l'attitude de l'organisation universelle, changement que le nouveau patron de la MONUSCO, Mr Martin Kobler, n'a pas manqué de marteler lors de sa visite des localités libérées par les FARDC des mains du M23, soulignant qu'il n'y aura plus de coopération entre son organisation et un groupe armé (comme cela a été le cas avant son arrivée).

On peut croire qu'avec la signature de cet accord, la Communauté internationale est maintenant résolue à mettre fin à la situation d'insécurité qui pèse lourdement sur les épaules du Congo, un Etat souverain, membre de l'ONU.

Nous savons que les faits, qui se déroulent dans cette partie du monde, sont devenus tellement flagrants que personne ne peut les réfuter, même si on les présente encore comme des faits internes au Congo. Les choses ont beaucoup évolué et ce qui se disait en coulisse est aujourd'hui bien connu : les noms des agresseurs du Congo ont été officiellement cités. Mais cela n'a pas permis la mobilisation militaire des Etats membres de l'ONU contre les agresseurs de ce pays, comme ce qui se passe dans certains cas ailleurs. C'est le lieu de saluer encore une fois de plus l'engagement des pays de la SADEC d'envoyer, à l'Est de notre pays, leurs troupes pour constituer une brigade spéciale d'intervention dans le cadre de la MONUSCO.

Nous continuons à croire dans la sagesse d'un ancien Chef d'Etat d'un pays de l'Afrique de l'Ouest, que nous sommes allé saluer en 2005 dans un hôtel de Monrovia, en compagnie de nos collègues Chefs de mission diplomatique. Quand nous lui avons demandé son point de vue sur les guerres à répétition qui se déroulaient dans notre pays, il déplora la situation et nous dit : « *Le Congo est comme un jardin plein de moutons, mais entouré des loups. On ne peut pas empêcher les loups d'avoir faim. Mais il revient au propriétaire des moutons de prendre des dispositions pour les protéger.* »

Cette assertion est très profonde de signification. La RDC regorge de nombreuses richesses minières, forestières et halieutiques. Ces produits intéressent tout le monde ; mais ils appartiennent au peuple congolais. C'est lui seul qui peut les protéger convenablement. Il doit en être conscient et faire de son mieux pour se défendre et protéger ses biens, sans compter sur le concours d'autres personnes.

Chaque Congolais devra savoir que de nombreux peuples du monde, envieux des ressources naturelles de son pays, sont déterminés à s'en servir à tout prix, à travers des sociétés multinationales, des Etats et des groupes armés, en lui imposant des guerres dont il n'a pas besoin. Il devra impérativement se sentir concerné par tout ce qui touche à la sécurité de son pays et menace sa survie. Il devra s'y opposer énergiquement, sans pouvoir pactiser avec des forces étrangères qui chercheraient toujours l'occasion de prendre position au Congo, pour profiter des biens de ce pays.

L'apparition du M23 a mis en évidence que le départ constaté des forces d'agression n'était qu'un trompe-l'œil. La RDC devra se préparer davantage à faire face à d'autres forces d'invasion de son territoire et aux mouvements armés, étrangers et nationaux, dont la naissance de certains d'entre eux, aurait été suscitée par les mêmes forces. Ces dernières n'ont pas encore cessé de convoiter les richesses naturelles du pays qu'elles chercheront toujours à lui soutirer avec la complicité de quelques fils et filles véreux, en les faisant frauduleusement traverser les frontières nationales, pour les acheminer aux points de vente, ouverts en dehors du territoire congolais, à la grande satisfaction de ces pays et de leurs amis, Etats, sociétés multinationales et hommes d'affaires s'intéressant à ce genre de trafic.

Indépendamment de la volonté du peuple congolais, les matières premières de la RDC servent ainsi à assurer le fonctionnement de multiples usines dans le monde ou à aider quelque pays à bonifier leurs budgets. Tel est le cas de colombo-tantalite qui sert dans la production des appareils de téléphones portables et à arrondir les budgets de nombreux pays. Les processus de Kimberley, pour le diamant, et de certification d'autres matières premières ne semblent pas suffire à protéger les ressources naturelles de la RDC contre la prédation à laquelle participent certains de ses enfants.

Aussi tous les efforts tendant à mettre fin aux forces négatives, nuisibles à l'économie, à la sécurité et à l'avenir du pays, devraient être doublés des projets d'investissement, visant à moderniser l'exploitation des mêmes matières premières sur les terrains aujourd'hui libres et accessibles aux exploitations illégales. Ce qui pourrait limiter la regrettable hémorragie qui affaiblit le pays et retarde son programme de développement socio-économique. La conscientisation de nos compatriotes devra se renforcer, pour mettre fin à la complicité interne qui fait notre honte devant d'autres peuples.

2. Changement climatique

L'action de l'homme a conduit au changement climatique qui a rompu l'équilibre de l'écosystème, menaçant l'avenir de l'humanité. La pollution de l'atmosphère, qui en découle, a perturbé et continue de perturber la vie sur terre, en provoquant des effets néfastes sur les êtres humains, la flore et la faune. L'humanité toute entière est affectée dans son ensemble par les effets de ce phénomène qui, ignorant l'existence des frontières terrestres, peuvent faire du mal à d'autres régions du globe qui ne sont ni de près ni de loin liées à leur émission.

Ces effets constituent une véritable préoccupation pour toute la planète. Les glaces des régions polaires qui se liquéfient, à la suite du réchauffement de l'atmosphère, donnent une énorme quantité d'eau qui fait augmenter le niveau de la mer et modifier la morphologie de certains pays du monde. Quelques-uns, riverains de la mer, voient des portions de leur territoire rongées, d'autres, plus particulièrement des îles, sont avalés, et leurs habitants contraints à se réfugier ailleurs. Ainsi, sans le vouloir, le nombre des réfugiés climatiques ne cesse d'augmenter partout dans le monde, des chiffres variant d'une région à l'autre.

La perturbation des cycles climatiques, qui se traduit soit par la raréfaction des pluies dans certaines régions du globe, soit par la tombée des pluies diluviennes ailleurs, provoque la mort et la désolation. Les cycles agricoles sont dérangés, augmentant la famine ou la précarité de la nourriture dans le monde. Les pluies torrentielles anéantissent les efforts humains dans divers domaines, notamment dans l'agriculture et l'infrastructure.

Les conséquences néfastes des actes de l'homme, maître de l'humanité, qui a usé de la nature et continue de l'utiliser sans se préoccuper des effets de son comportement sur ce bien commun, sont innombrables et malheureusement très inquiétantes.

Apparemment, quelques pays sont moins touchés que les autres. Grâce à son relief et sa situation géographique, la RDC peut être comptée parmi ces pays qui sont moins exposés à certains effets du changement climatique, malgré des pluies diluviennes qui détruisent parfois des logis de ses citoyens et provoquent des coulées de boue qui ensevelissent tant d'autres.

Ce qui pousse quelques individus à envier la sécheresse malgré ses effets perturbateurs des cycles agricoles, ignorant leur part de responsabilité dans toutes ces perturbations.

La carence ou l'insuffisance des mesures et dispositions nécessaires en matière de distribution des terrains et surtout de construction des maisons dans nos villes aurait une part considérable des responsabilités dans ces perturbations dans notre pays. Il est nécessaire que tout compatriote soit conscient des dangers qu'elles présentent pour l'avenir du Congo.

Même si l'Etat est disposé à combattre ces dangers, chaque Congolais devra faire de son mieux pour garder son environnement en bon état et chercher à apporter sa contribution à tout programme tendant à atténuer les méfaits du réchauffement climatique, ce fléau qui menace l'avenir de tous les citoyens du monde. C'est-à-dire le citoyen congolais devra veiller à conserver propre le milieu dans lequel il vit et à éviter de l'encombrer des ordures qui pourraient gêner l'écoulement des eaux de pluie et provoquer des inondations des quartiers et des maisons d'habitation, augmentant des difficultés de la circulation et des vies humaines.

Il serait indiqué pour notre pays d'être attentif aux effets des bouleversements climatiques qui surviennent partout dans le monde, plus particulièrement en ce qui concerne leur influence sur le comportement que certaines personnes, affectées dans leurs milieux naturels, pourraient adopter en vue d'assurer leur survie par rapport à notre pays. Dans ce cadre, le Congo devra disposer d'un centre d'observation et d'étude des calamités naturelles qui surviennent dans diverses régions du monde.

Cette vigilance pourrait permettre à la RDC d'apercevoir d'avance des cas d'invasion de son territoire par d'autres peuples, qui chercheraient de s'y installer, sans une autorisation préalable de l'autorité compétente, ou de lui faire la guerre pour étendre leurs territoires, ou encore de lui imposer leur volonté en exigeant le partage de ce dont ils ont besoin.

Notre conviction ne peut pas être considérée comme une suggestion du rejet des réfugiés climatiques, mais plutôt comme un appel en direction du pouvoir public congolais de prendre des mesures nécessaires devant contraindre tout celui qui veut entrer sur le territoire de notre pays de toquer à la porte, pour demander au préalable l'autorisation de s'y installer, tout en s'engageant de respecter ses lois et règlements en matière de séjour des étrangers sur son sol. Autrement dit, l'Etat congolais devra œuvrer pour être à même de persuader d'autres peuples de respecter la procédure d'entrer sur son territoire, et de ne jamais s'y introduire à leur guise, comme dans un espace sans maître.

Tout Congolais devrait se sentir interpellé par le cas des Mbororo, ces éleveurs nomades venus avec leurs troupeaux des pays du Sahel qui, fuyant la dureté des conditions climatiques dans leur terroir, ont envahi le Nord-est de la RDC, où ils ont trouvé des terres hospitalières, favorables à l'élevage de leurs troupeaux, sans se préoccuper des avis des autorités congolaises ni des intérêts des autochtones. Ils se sont installés dans les Bas et Haut Uélé en 2000, après deux tentatives infructueuses de 1940 et 1980. Leur mouvement s'est intensifié entre 2005 et 2006.

Certains d'entre eux sont venus de la République Centrafricaine, d'autres de la région du Darfour au Soudan. On compte parmi eux des Libyens, des Soudanais et des Tchadiens. Leur nombre est estimé à plus de 20.000 personnes venues avec un cheptel évalué à plus de 200.000 têtes de bétail.

Selon de nombreux témoignages dont celui de l'ONG CAREO, pour leur installation en RDC, les Mbororo auraient bénéficié de la complicité de certains ressortissants congolais, notamment celle d'un mouvement politico-militaire qui dominait la région pendant la période de trouble et de division du pays.

Dans un rapport intitulé « *Phénomène Mbororo et ses conséquences* » élaboré en août 2007, cette ONG cite un membre de ce mouvement, de surcroît fils du terroir, plus tard élu membre de l'Assemblée nationale de la RDC, comme étant celui qui aurait efficacement aidé ce peuple éleveur à s'installer « *dans le territoire d'Ango moyennant quelques têtes de bétail et paiement des taxes exigées par l'autorité rebelle* ».

La présence des Mbororo dans la région ne devait que poser de nombreux problèmes au pays, plus particulièrement à la population locale. Dans son étude sur ces migrants dans le Nord-est de la RDC, l'ONG Programme Grands Lacs IKV- Pax Christ notait que celle-ci (population locale) « *les perçoit comme les envahisseurs violents qui utilisent leurs armes pour imposer leur loi dans les relations avec les autochtones* ». Elle écrivait également : « *On déplore déjà la mort de quelques autochtones, le pillage des biens des autochtones et quelques cas de viols des femmes commis par les Mbororo* ».

Dans la même étude, cette ONG soulignait les faits ci-après parmi les conséquences de la présence de ces éleveurs dans la région :

- *le non-respect des autorités établies et des lois du pays hôte ;*
- *la cohabitation difficile et presque impossible entre les Mbororo et les communautés locales. On notera à titre d'exemple que leur bétail dévaste les champs des paysans, pollue leurs sources d'eau, bloque des voies d'accès à leurs champs ;*
- *le sentiment d'insécurité due à l'usage des ALPC (armes de guerre) par les Mbororo ;*
- *l'exploitation des ressources naturelles, le développement des relations commerciales déséquilibrées avec les populations locales*
- *l'installation des marchés pirates avec les Soudanais et les Centrafricains ;*

- *les risques d'épidémie, les maladies d'origine hydrique dues à la pollution du milieu naturel, plus particulièrement les sources d'eau potable ;*
- *la perturbation des écosystèmes due à une présence humaine et animale exerçant une pression sur le milieu physique et entraînant sa dégradation ;*
- *le non-respect des aires protégées, entraînant l'extermination de certaines espèces protégées.*

Par ailleurs, les Mbororo n'ont pas hésité à collaborer avec les rebelles ougandais de l'Armée de Résistance du Seigneur (LRA) qui, en fuite devant la pression des Forces armées de leur pays, se sont mis à semer des troubles dans cette région de la RDC. Ce qui aurait motivé en 2010 la décision des Autorités congolaises de les faire rentrer là d'où ils étaient venus. Comme ils sont armés, les FARDC ont été chargés de l'opération. Les échanges de feu en ont suivi, aboutissant à la perte des vies humaines de part et d'autre.

Ces éleveurs n'ont pas tous quitté le territoire congolais, bien que certains d'entre eux fussent rentrés avec leur bétail en République Centrafricaine, en traversant la rivière Mbomu, affluant de la rivière Ubangi. L'opération de leur expulsion a été suspendue par Kinshasa en août 2012.

En annonçant la nouvelle, le ministre de l'Intérieur a souligné la nécessité pour la RDC de « *s'assurer que ces expulsions ne violent pas les lois internationales auxquelles elle a librement souscrit* », tout en promettant de nouvelles mesures que le gouvernement allait prendre « *dans l'intérêt de la nation* (sans violer) *ses engagements internationaux* ».

On dirait que la position du gouvernement congolais serait dictée par l'existence de la guerre menée par le M23 à l'Est du pays, situation qui recommanderait d'éviter l'ouverture d'un autre front dans cette partie de la République.

Profitant de l'arrêt de l'opération de refoulement par les FARDC, les Mbororo ont renforcé leur présence dans le Nord-est de la RDC. De nouvelles vagues, venues de Centrafrique, du Niger, du Tchad, du Soudan, de l'Ethiopie, de l'Erythrée ont envahi plusieurs localités du Nord-est du pays, empêchant les populations locales de vaquer à leurs activités de champs et de chasse.

Au début de l'année 2014, les Mbororo, qui n'ont jamais manifesté leur volonté de cohabitation avec la population locale, ont mis à feu la forêt d'Ango, dans le Nord-est du Congo où ils n'ont rien à craindre, sans se préoccuper de l'état des cultures dans des champs des autochtones.

Le vœu du peuple congolais est de voir ces éleveurs très agressifs être chassés du territoire national, à cause de leur intolérance envers les paysans de la région qu'ils chassent de leurs champs, afin de paître leurs troupeaux, et compte tenu de leur collaboration avec des groupes armés étrangers qui ont envahi la RDC où ils sèment la mort et la désolation.

La RDC a connu des moments difficiles avec la pénétration sur son territoire de ces réfugiés climatiques inattendus, en quête de bons pâturages pour bétail, qui s'y comportent comme dans un endroit sans maître et dépourvu des lois.

L'Etat congolais devra approfondir l'étude de ce phénomène qui s'est produit sans son consentement, et prendre des dispositions nécessaires pour y mettre fin et éviter qu'il ne se reproduise plus à l'avenir. Il devra également savoir comment y faire rapidement face s'il parvenait à se répéter encore.

Nous sommes heureux de voir notre Etat très respectueux des normes internationales. Mais nous serons beaucoup plus heureux de voir la communauté internationale amener sincèrement tous ses membres à respecter les droits du Congo et de son peuple.

Nous croyons que les citoyens du monde peuvent s'installer ailleurs, loin de leur terroir, pour y vivre en harmonie avec ceux qui s'y trouvent ou les premiers occupants, et non pour les dégommer comme dirait un égoïste : « ôte-toi de là que je m'y mette ».

Les compatriotes qui avaient permis l'invasion du pays par ces éleveurs, qui fuyaient la dureté des conditions climatiques dans leur terroir pour s'installer là où elles sont plus clémentes, sont-ils fiers de leur acte qui n'a eu qu'à aggraver la situation misérable de la population locale ? Avaient-ils prévu toutes les conséquences survenues dans la sous-région du fait de cette présence ? De fait, leur comportement est une raison supplémentaire de faire appel à tous les citoyens congolais d'être conscients de leurs responsabilités vis-à-vis de leur pays.

La RDC dispose d'un grand fleuve, dont la quantité d'eau qui se jette dans l'Océan Atlantique est estimée à 1750 m3/s. Elle a aussi de nombreuses rivières, qui l'arrosent toute l'année, et plusieurs lacs, dont certains la relient aux pays voisins. Ses nappes souterraines regorgent de grandes quantités d'eau. Ce qui fait du Congo la deuxième réserve mondiale d'eau douce. Cela est vrai. Mais cette vérité nécessite une grande vigilance de notre part, en vue de faire face à toute tentative, d'où qu'elle vienne, de nous arracher par la force une partie de cette richesse que certains rapports des Nations Unies qualifient déjà « *d'or bleu* ».

La pénurie d'eau affecte déjà tous les continents. Elle se poursuit. L'Afrique semble en souffrir davantage, surtout par manque d'infrastructures nécessaires, pour le traitement et la distribution de l'eau potable. La RDC a un grand intérêt à suivre régulièrement cette situation.

Dans son rapport sur la pénurie d'eau dans le monde, l'UNESCO souligne que « *près de 1,2 milliard de personnes, soit presque un cinquième de la population mondiale, vivent dans une zone où l'eau fait physiquement défaut et que 500 millions de personnes autres sont menacées du même sort* ».

Dans un autre rapport, intitulé « *Le partage de l'eau dans le monde : un enjeu majeur du XXIe siècle* », l'UNESCO écrit : « *Les besoins en eau de l'humanité augmentant deux fois plus vite que la population mondiale, l'or bleu pourrait se raréfier et devenir un problème politique et économique majeur. Un phénomène qui menace non seulement le bien-être des populations, mais également la paix dans le monde* ».

Les risques que représente le manque d'eau dans de différents coins du monde sont importants pour notre pays. Déjà, des voix se lèvent dans le monde pour considérer l'eau douce comme une propriété internationale dont aucun Etat ne peut s'approprier. A certaines occasions, la question des eaux territoriales de la RDC figure à l'ordre du jour des conférences internationales, sans que Kinshasa ne soit au préalable consulté. Nous croyons qu'il est temps pour l'Etat congolais de réunir les filles et fils du pays, pour examiner cette question qui nécessite des garde-fous comme garantie pour l'avenir de nos cours d'eau.

L'eau n'est pas la seule matière importante que l'on trouve à l'état naturel. A titre d'exemple, le pétrole se trouve aussi à l'état naturel et fait le bonheur des pays qui le contrôle. Nous ne connaissons jusqu'à présent aucun problème soulevé par d'autres pays pour en généraliser le droit de propriété. Il en est de même pour d'autres matières naturelles qui appartiennent normalement à l'Etat, propriétaire du sol, du sous-sol et des espaces aérien et maritime.

Nous pouvons donc confirmer que, quelle que soit son abondance, l'eau douce de la RDC appartient à l'Etat congolais qui peut s'en servir comme bon lui semble, sans avoir des comptes à rendre à d'autres peuples. La loi « *Bakajika*[22] » est claire à ce sujet. Elle a été complétée par la Constitution de 2006 qui souligne en son article 9 que « *l'Etat exerce une souveraineté permanente notamment sur le sol, le sous-sol, les eaux et les forêts, sur les espaces aérien, fluvial, lacustre et maritime congolais ainsi que sur la mer territoriale congolaise et sur le plateau continental* ».

Nous ne sommes pas opposés à ce que l'eau du Congo puisse servir d'autres peuples. Mais nous croyons que tout celui qui veut s'en servir devra s'adresser aux autorités compétentes du pays et respecter les conditions fixées en la matière par l'Etat congolais. Personne n'a le droit de s'en servir comme un bien sans maître.

Tous les biens qui se trouvent naturellement au Congo appartiennent au peuple congolais. Nous croyons fermement dans le droit de notre pays à ce sujet.

Nous devons aussi faire de notre mieux, pour assurer en tout moment la protection de notre environnement, car personne d'autre ne peut le faire à notre place. Ceci fait partie de notre devoir, en notre qualité de citoyens du Congo, de mieux conserver ce que notre pays possède, et de ne jamais contribuer à sa destruction.

---

[22] La loi Bakajika est une loi de la RDC votée en 1966 par l'Assemblée Nationale congolaise, sur proposition du député Bakajika Kangombe, stipulant que « le sol et le sous-sol (du Congo) appartiennent à l'Etat congolais ».

CHAPITRE III

MENACES INTERNES

La RDC n'est pas seulement menacée de l'extérieur ; la grande menace qui pèse sur elle se trouve à l'intérieur. En effet, par l'inconscience égoïste, ses propres fils et filles, produits de ses entrailles, ceux-là mêmes qui sont censés la protéger, privilégient leurs intérêts personnels au détriment de l'intérêt général.

Cette situation nous interpelle tous. S'il est certes vrai que d'autres peuples font la guerre à notre pays, pour lui arracher ce dont ils ont besoin, il ne demeure pas moins évident que nos compatriotes en ont leur part de responsabilité.

Un proverbe des Ancêtres stipule : "*Si vous trébuchez, identifiez ce qui vous a fait tomber*". Oui, le Congo a trébuché ; oui, il est tombé. Les Congolais devront identifier ce qui a fait chuter leur pays, non pour enrichir leurs placards avec de volumineux rapports, mais pour trouver des voies et moyens de le redresser.

C'est dans ce cadre que nous pouvons situer la tenue à Kinshasa du 7 septembre au 5 octobre 2013 des *Concertations Nationales* au cours desquelles les Congolais se sont mis à réfléchir sur la situation du pays, en vue d'identifier les maux qui le rongent et de faire des recommandations pour les réparer et améliorer l'avenir du peuple congolais.

A cette occasion, tout le monde a semblé se soucier de la nécessité de la cohésion nationale qu'il faut impérativement retrouver pour le bien-être de tous. Il reste à savoir si nos compatriotes ont bien compris le bien-fondé de ces assises et des résolutions qui s'en sont suivies. C'est difficile de le confirmer, surtout quand on ne constate pas de changement dans le comportement des gens.

On notera par exemple le cas de nombreux compatriotes qui continuent à œuvrer pour la promotion de leurs identités culturelles ou de leurs cartels, sans aucune manifestation de leur préoccupation au sujet de la cohésion nationale.

Les Congolais devront engager une lutte sincère contre des antivaleurs (tribalisme, clientélisme, égoïsme, cupidité, impunité et autres) qui empoisonnent leur société et menacent leur avenir en tant que l'une de grandes nations du monde. Les préoccupations tribalistes et sélectives, dictées par la recherche du bonheur personnel et du positionnement sur la scène politique nationale, qui ont pris le pas sur la lutte que les fils et filles du Congo devraient mener ensemble pour consolider l'unité et la force de leur nation, devraient être combattues sans merci.

Toutes ces tares, qui ne présagent rien de bon pour l'avenir du Congo, sont souvent alimentées par des fallacieuses publicités et des propos inconsidérés de quelques politiciens, en mal de popularité ou de positionnement, qui utilisent parfois des voies de radio et télévision nationales, profitant malheureusement de l'inattention ou de la négligence du pouvoir public qui n'a pas encore pris la mesure des conséquences néfastes de ces actes ou propos, considérant des jouissances alcooliques, ethniques, religieuses et autres comme de simples faits sociaux, pourtant à même de compromettre à jamais l'avenir du pays.

Le Congo a perdu de nombreux fils et filles de valeur, qui auraient dû contribuer à son développement. A voir de plus près, on se rend compte que si le cerveau qui a programmé leur suppression est étranger, la main qui a été utilisée pour exécuter cet odieux travail est congolaise.

Nos mains sont ensanglantées à la suite des meurtres de nos frères et sœurs ou de la calomnie de tant d'autres. La cupidité, la jalousie, la discrimination de tous genres, nous ont rendus aveugles et criminels contre nous-mêmes. Nous sommes responsables des crimes qui ont fait notre malheur. Quel devra être notre comportement à l'avenir ? Nous devons changer notre manière de penser et d'agir.

En prenant la mesure de cette responsabilité, Mme Marie Olive Lembe Kabila, Première Dame de la République

Démocratique du Congo, a réuni le 26 juin 2010 le peuple congolais en culte de confession nationale, suivi de trois jours de jeun et de prière, en vue d'implorer la clémence du Seigneur notre Dieu Tout Puissant, pour tout le mal que nous avons fait à notre pays et à nous-mêmes, et quémander son pardon et son assistance, afin du retour de la véritable paix au Congo et la récupération de notre place dans le concert des nations.

La clôture de cette prière de trois jours était une occasion pour les différentes couches de la population congolaise de se retrouver ensemble, de s'unir comme un seul homme pour implorer la grâce du Seigneur en faveur de notre pays. Mais il est regrettable de n'avoir pas constaté cette complicité nécessaire entre les acteurs politiques congolais. Certains d'entre eux se comportaient comme si le sujet ne les concernait pas. Pourtant si cela était arrivé dans la société traditionnelle, les gens se mettraient ensemble, en taisant leur différence, pour obtenir la bénédiction divine en vue de parvenir à l'objectif poursuivi.

C'est ce que certains peuples font, privilégiant l'intérêt supérieur de la nation avant toute autre chose. On le remarque souvent quand il y a des compétitions au niveau international. Les participants sont choisis parmi les meilleurs éléments du pays qui répondent le mieux aux critères fixés, leur appartenance politique ou tribale n'intervient pas. C'est tout le pays qui se réjouit quand l'un de ses citoyens remporte la victoire.

On se rappellera toujours de notre grande équipe nationale de football, *les Léopards*, qui faisait la fierté de tout le Congo, et non celle des régions ni des tribus dont ces joueurs étaient ressortissants. Il en était de même pour nos basketteuses qui faisaient notre honneur et dont s'inspirent encore des jeunes congolaises, soucieuses de réaliser des exploits semblables aux leurs.

Ces cas passés peuvent nous aider à comprendre la nécessité de mettre nos forces ensemble, pour développer notre pays et combattre toutes les menaces qui pèsent sur son avenir, sans chercher à avoir un profit quelconque.

Après une longue observation de notre société, nous pouvons dire que nos compatriotes n'ont pas encore pris la mesure des menaces qui pèsent sur l'intégrité territoriale de notre pays. Ils continuent à se comporter comme s'ils avaient l'assurance que rien ne pourrait nous arriver. Pourtant, à travers de différentes péripéties de notre histoire, ils devraient tirer des leçons de tout ce que nous avons connu de bien et de mal, savoir que nous sommes les seuls responsables de l'avenir de notre pays et que nous devons nous organiser et nous unir pour assurer sa protection contre toute tentative de balkanisation et de pillage de ses ressources naturelles. Faire le contraire c'est manquer à ce sacré devoir.

Certes le Congo est potentiellement riche. Pour que cette richesse profite effectivement à son peuple, ce dernier devra se mettre impérativement au travail, avec conviction de mieux faire et de réussir comme ceux qui se sont déjà développés ailleurs, sans attendre que d'autres peuples viennent travailler à sa place ni fonder sur eux son espoir en vue d'assurer son avenir.

Le travail assure l'indépendance et renforce la dignité de ceux qui s'y donnent. Les pays dits développés peuvent nous servir d'exemple du bonheur qu'apporte le travail fait avec acharnement. Nous devons savoir que des belles maisons et magnifiques routes que l'on voit ailleurs ne sont pas tombées du ciel. Elles ont été construites par des hommes qui se sont donné la peine de travailler et de mieux faire, pour avoir ces biens d'une importance indescriptible. C'est avec amour et dignité pour eux-mêmes et pour leur pays qu'ils ont réussi dans leur travail. L'environnement a été pour eux l'une de principales préoccupations.

Tout le monde y a adhéré, sans un regard tourné vers un Etat providentiel qui devrait tout faire à leur place, comme de nombreux compatriotes disent : « L'Etat *atalela biso likombo oyo* » (Que l'Etat nous aide à résoudre ce problème). Autrement dit : « Nous sommes incapables ; nous appelons l'Etat à travailler à notre place ».

Les résultats de la détermination des pays aujourd'hui développés sont éclatants. Leurs villes, nombreuses et belles, donnent l'envie d'être visitées, à travers de beaux quartiers, de multiples espaces verts et des immeubles dont la construction a tenu compte des règles de l'urbanisme.

C'est vraiment le contraire de nos villes où les règles de l'urbanisme semblent ignorées à dessein et que les ruisseaux qui y coulent, au lieu de servir des lieux de méditation et d'inspiration à nos artistes et écrivains, sont devenus des dépotoirs d'innombrables immondices et des réserves d'indescriptibles saletés.

Ce qui a été fait ailleurs peut aussi être réalisé chez nous, à condition de travailler avec détermination. Nous devons savoir que notre réussite dépend de nous-mêmes. Nous pouvons réussir en faisant comme les autres. Les hommes de qualité ne manquent pas chez nous. Nous devons les répertorier et recourir à leur service, en tenant compte des qualités objectives des candidats, sans privilégier des considérations sentimentales.

Le sentiment constitue un véritable frein aux programmes de développement de nombreux pays du Tiers Monde. En invoquant cette généralité, la RDC devra-t-elle s'en réjouir ? Non. Pas du tout ; car le fait de se retrouver dans l'erreur avec les autres ne peut en aucun cas constituer une excuse ni notre bonheur. Ce qui est important pour nous c'est de nous ressaisir et de chercher à nous tirer de cette situation dangereuse, pour nous mettre à travailler en vue du développement de notre pays. Cela pourrait nous libérer de l'asphyxie dans laquelle nous nous trouvons à la suite des discriminations inutiles qui dispersent nos forces, pour avoir plus d'air, cet élément que le Créateur a mis à la disposition de tout le monde. Certains savent mieux le capter et s'en servir tandis que d'autres passent à côté, approfondissant le retard qui nous sépare.

Ce n'est pas en nous perdant dans l'alcoolisme et d'autres amusements inutiles que nous allons récupérer notre retard et assurer notre progrès. Mais c'est plutôt par le travail, comme nous venons de le souligner, que nous pouvons y parvenir. Notre réussite pourrait changer l'avis de ceux qui se moquent des Congolais en les définissant par la trilogie « B.F.M. » (Bière, Femmes et Musique), comme pour dire que les Congolais ne peuvent faire rien d'autre que boire de la *bière*, prendre des *femmes* et écouter de la *musique*.

Ce douloureux constat nous permet d'analyser certaines tares qui ne cessent d'accroître dans notre société, menaçant et fragilisant l'avenir du Congo, sans que nos compatriotes ne s'en préoccupent. Dans cet ouvrage, nous nous limiterons à l'examen d'une quinzaine d'entre elles. D'autres cas pourraient être analysés par ceux de nos compatriotes qui seraient soucieux d'écarter des embûches qui gênent l'avenir de notre pays. Ils pourraient au besoin revenir sur les cas évoqués ci-après.

1. Engouement effréné pour l'alcool

Les brasseries congolaises sont parmi les plus florissantes du monde. Leur production est toujours en perpétuelle croissance et le volume de distribution de leurs produits ne cesse d'augmenter. A Kinshasa par exemple, des camions et remorques commencent à distribuer la boisson aux clients à 4 heures du matin et terminent leurs courses à minuit. C'est chaque jour que cela se déroule ainsi. Le nombre de consommateurs de la bière ne décroît jamais. Par contre, il augmente au jour le jour malgré la prolifération, dans tout le pays, des communautés religieuses qui demandent à leurs membres de s'abstenir totalement de la consommation d'alcool.

A côté de ces usines de production de bière et des fabriques traditionnelles de « *tshiorse*[23] » viennent s'ajouter d'autres que des investisseurs étrangers ont fait introduire dans notre pays pour produire un breuvage d'un taux d'alcool très élevé, appelé « *supu na tolo* ». Ce nom, signifiant littéralement « *la sauce sur le corps* », lui serait donné compte tenu de ses effets dévastateurs sur ses consommateurs qui en sortent souvent ivres morts et écroulés dans la poussière, en toute inconscience. Des mesures salutaires prises par le gouvernement, pour en interdire la production, ne semblent pas s'appliquer d'une manière

---

[23] Tshiorse est un alcool traditionnel à base des épluchures des cossettes de manioc. Pour le produire, la fabricante bout des épluchures dans un grand vase, puis les laisse se refroidir pendant quelques jours, avant d'y ajouter des maïs en germination et le couvrir hermétiquement, en vue d'une fermentation nécessaire à la production de l'alcool. Une dizaine de jours plus tard, la sauce contenue dans les épluchures fermentées est récupérée, pour être bouillie et distillée, en vue de la production de cette boisson alcoolique appelée « tshiorse » ou « lotoko ». La distillation du tshiorse permet de produire une autre boisson alcoolique, avec un degré d'alcool plus élevé, appelée « 500 ».

permanente. La boisson réapparaît toujours dans la société congolaise, aux regrets des observateurs.

Il est vrai que des emplois générés par les industries de fabrication de la bière sont innombrables. La distribution de leurs produits constitue une chaîne très étendue qui se ramifie à travers tout le pays, offrant d'énormes facilités d'emplois et de circulation de la monnaie. Mais ces aspects positifs ne peuvent pas occulter leur côté négatif, plus particulièrement en ce qui concerne leurs effets néfastes sur les consommateurs, dont certains en sont devenus dépendants et ne peuvent plus se passer de leur consommation. On se demande quel genre de travail ils peuvent fournir encore.

Dans son livre susmentionné, P.E.LUMUMBA stigmatise l'alcoolisme comme étant une menace pour l'avenir du Congo. Voilà ce qu'il écrit à ce sujet, en demandant aux Congolais de ne pas dévier de la bonne voie, pour entrer dans le chemin de la dégradation : « *Devant l'évolution toujours croissante de l'alcoolisme au Congo, nous ne pouvons regarder l'avenir (du Congo) sans une certaine inquiétude. La grande partie de la population des cités urbaines semble s'adonner avec passion à la boisson. Pour beaucoup de gens, le bar est devenu l'unique lieu de distraction, ils oublient que ce lieu constitue un danger certain pour leur peuple : abrutissement des alcooliques.*

« *Toute la propagande antialcoolique qu'a entreprise le gouvernement à ce sujet par la radio, la presse et les tracts a abouti à un échec total.*

« *Empêcher les Congolais de boire par des moyens de coercition, on ne peut pas le faire. Réglementer et diminuer la vente de la bière aux Congolais, les brasseurs et les commerçants vont lancer des bombes contre le gouvernement pour atteinte à la liberté de commerce, les consommateurs eux-mêmes vont rouspéter.*

« *Il appartient aux Africains eux-mêmes de mesurer le danger qui guette leur société. Il n'est pas question de les empêcher de boire, mais boire avec mesure, tant dans leur propre intérêt, que dans celui de leur famille et de l'avenir de leur pays.*

« *Des jeunes éléments fraîchement sortis de l'école, et qui pouvaient constituer une jeune élite montante, finissent très souvent, pour de multiples raisons par être contaminés par la « soûlerie ». La cause en est, comme dit le proverbe, « L'occasion fait le larron », c'est là un phénomène qui s'explique par divers facteurs sociologiques et d'ordre psychologique.*

« Cette épidémie qu'est l'alcoolisme ronge lentement nos populations.

« Quel sera l'avenir de notre beau pays si la grande partie de ses enfants était devenue des ivrognes, oublieux de leurs devoirs familiaux, sociaux, civiques et professionnels ?

« Tout pays dominé par l'alcoolisme est un pays voué à la dégénérescence, à la ruine...

« Les bars absorbent non seulement nos richesses matérielles mais aussi nos richesses morales et nos facultés intellectuelles, lesquelles s'amenuisent graduellement au fur et à mesure que l'alcoolisme gagne notre organisme.

« C'est dommage de constater que beaucoup de gens, à la sortie des bureaux, des usines, au lieu de passer à la maison ou à la bibliothèque, piquent tout droit vers les cafés qu'ils ne quittent qu'aux heures de fermeture, sans beaucoup se soucier de leurs épouses et de leurs enfants, qui sont seuls à la maison, attendant avec impatience l'arrivée du chef de la famille... »[24]

Après plus de 53 ans de notre souveraineté nationale et internationale, la place de l'alcool dans la société congolaise ne cesse d'accroître. Les débits de boissons pullulent partout, même aux environs des bureaux de l'administration publique. Dans des quartiers résidentiels, la vente et la consommation de l'alcool sont comptées parmi les principales activités des citadins. Les étalages des tables et chaises pour les clients consommateurs d'alcool, que l'on voit le long de nombreuses rues de nos villes, plus particulièrement à Kinshasa, sont non seulement choquants, mais aussi inquiétants. Ce qui doit nous interpeller tous, pour l'avenir de notre pays.

Notre inquiétude ne cesse d'accroître quand nous voyons le nombre de gens qui fréquentent ces lieux, la plupart y restant pendant longtemps dont certains toute la nuit, les heures

---

[24] LUMUMBA P.E., Le Congo terre d'avenir est-il menacé, Office de Publicité, Bruxelles, 1961, pp 102-103.

d'ouverture des bars n'étant plus fixées, comme cela a été le cas à l'époque coloniale. La bière s'y coule jour et nuit, sous la lumière ou dans l'obscurité nocturne, pour des quartiers en délestage, avec la mélodie de la belle musique congolaise, chaque participant tenant en main sa bouteille de bière, la sirotant à sa guise, la place du verre se menuisant de plus en plus. On dirait que les voisins des bars se sont habitués aux tapages nocturnes pour parvenir à avoir sommeil.

Quelle contribution ces gens, qui passent tout leur temps dans des bars, peuvent-ils apporter au travail que le pays attend de ses fils et filles, pour assurer son développement ? Quel sera l'avenir des mineurs qui fréquentent déjà ces lieux ? Qu'est-ce que nous pouvons attendre de certaines autorités du pays qui ne cachent pas leur goût prononcé pour le bar et des enseignants qui ne se gênent pas de raconter aux étudiants des scènes de consommation d'alcool auxquelles ils auraient participé la veille ? Ignorent-ils que ces récits pourraient encourager ces derniers à faire comme eux ?

Il est également étonnant de voir des stations de radio et de télévision du pays, au lieu de contribuer à décourager ceux qui se donnent à l'alcool, en attirant leur attention sur les risques auxquels ils s'exposent, se plaisent par certaines publicités à servir de marchepieds aux brasseurs, toujours déterminés à faire fructifier leurs affaires. On dirait que leur action s'expliquerait par la volonté de consolider leurs positions financières. Pourtant, nous croyons que leur objectif principal est de contribuer à la bonne éducation de la population et non la recherche des moyens de renflouer leurs caisses.

La détermination des brasseurs, d'augmenter leurs recettes financières, a poussé leur imagination jusqu'aux publicités fallacieuses, diffusées par des chaînes de télévision nationales et privées, dans l'unique but d'assurer l'écoulement rapide de leurs produits sur le marché congolais, essentiellement constitué de jeunes gens, sans se préoccuper de leur santé, ni des conséquences que la consommation de l'alcool pourrait avoir sur leur avenir, encore moins sur celui de leur pays.

Parmi ces publicités, on retiendra à titre d'exemple celle de l'acquisition d'une foudroyante beauté par la jeune femme qui consomme de l'alcool et celle de l'énergie que dispense l'alcool à ses consommateurs.

En effet, dans un sketch à la télévision congolaise, une fille demande à sa copine : « *Boni okomi kitoko boyi* ? » (Comment es-tu devenue si belle ?) Et l'autre de répondre qu'il n'y a qu'un seul secret : « x bière ». Ce qui sous-entend que toute fille qui veut devenir belle doit boire « x bière ».

Quelle est cette fille qui ne cherchera pas à devenir belle, quand cette beauté peut être facilement acquise grâce à la consommation de la « bière x » qu'elle peut trouver dans tous les coins du pays, plus particulièrement à Kinshasa, et dans les grandes villes de l'intérieur du Congo ?

Ce sont toutes les filles, ou plutôt la plupart d'entre elles, qui peuvent chercher à imiter celle qui est devenue un modèle, surtout quand on leur dit encore que grâce à la consommation de la bière x, elles deviennent tellement belles qu'elles charment tout homme qui a des moyens financiers (« *Soki mvuandu ameki, akangami* ») (Si un richard tente, il est pris).

Une assertion mensongère, malheureusement à même de conduire des jeunes filles vers la voie de la dépravation et de la prostitution, à la recherche de ces hommes capables de les arroser des pluies des billets de banque en cette période de crise.

Contrairement à ce que dit la publicité, l'alcool n'embellit pas le corps de son consommateur. En réalité, il le détruit.

Nous nous rappelons d'un entretien entre deux individus que nous avons un jour lu dans un livre d'un cours d'anglais. Un homme d'une soixantaine d'années s'entretenait avec un autre, apparemment plus âgé que lui, mais qui marchait sans s'appuyer sur une canne. Ce qui surprenait le premier qui ne pouvait pas comprendre comment, à son âge (l'âge qu'il lui attribuait), son interlocuteur semblait avoir encore de l'énergie. Il s'est mis à lui poser des questions pour pouvoir comprendre.

L'homme de plus de 60 ans lui demanda ce qu'il faisait de spécial pour garder sa forme. La réponse de son interlocuteur fut rapide : « Rien. » Et monsieur de continuer :

- Est-ce que tu as un régime alimentaire particulier ?

La réponse fut encore négative :

- Non.

Il lui demanda ensuite s'il prenait de l'alcool et s'il fumait. Son interlocuteur de répondre : « Beaucoup ».

Ne comprenant plus rien, le monsieur posa une autre question à son interlocuteur : « Quel âge as-tu ? » La réponse fut simple : « 35 ans ».

Très stupéfait devant le décalage entre l'âge réel de son interlocuteur et celui qu'il croyait être le sien, le gentilhomme, sans un mot supplémentaire, quitta le jeune homme, bouleversé de se rendre compte que celui-ci s'était détruit avec l'alcool doublé de nicotine.

C'est cette triste réalité qui attend un grand nombre de nos compatriotes. Il y en a qui ont malheureusement eu à expérimenter cette situation, sans bénéficier d'un quelconque concours, abandonnés par ceux qui fréquentaient avec eux des débits de boisson.

Des publicités, qui s'éloignent toujours de la réalité des choses, continuent à faire ravage chez nous. On les modifie et on les multiplie, toujours avec le même objectif : élargir le cercle des consommateurs, pour augmenter des bénéfices. Cela sans aucune préoccupation de l'avenir du pays. Personne ne peut se demander quel genre de travail, en dehors de la consommation de l'alcool, ces gens peuvent-ils fournir pour la nation, pour leurs familles et pour eux-mêmes quand ils ne songent qu'à se souiller ?

En songeant encore à ces publicités, on se rappelle de cet homme qu'une femme battait facilement, mais qui n'a pu renverser la situation qu'au moment où il a commencé à boire de la bière. Qui ne pourrait pas être tenté de faire comme ce jeune homme, pour être fort ? « C'est tout le monde », dirait-on. Pourtant c'est faux.

Les cas à déplorer sont légion. Nous ne saurons pas les évoquer tous. Nous souhaitons néanmoins que l'Etat congolais se penche sérieusement sur ce dossier dont les effets ne manqueront pas de se faire sentir à l'avenir. Il devrait prendre de nombreuses mesures de réglementation dans les domaines de la production, de la distribution et de la commercialisation des boissons alcoolisées ainsi qu'en ce qui concerne leur publicité.

Le gouvernement devrait interdire à jamais la production, sur le territoire national, de ce breuvage de la mort dit « *supu na tolo* », voir l'environnement choisi pour servir de point de vente d'alcool c'est-à-dire, avant d'octroyer une autorisation d'ouverture d'un débit de boissons, il devrait envoyer une équipe d'experts visiter les lieux et dire si les voisins ne peuvent pas être dérangés par l'existence d'une telle activité, ou encore si celle-ci n'est pas incompatible avec celles existantes, un hôpital ou une école par exemple. L'Etat devrait également interdire la vente d'alcool aux environs des lieux de travail ainsi que l'implication des enfants mineurs dans des scènes de publicité sur l'alcool.

Il est important de noter que la cible principale visée par ces publicités est la jeunesse congolaise, ces jeunes qui devront prendre la relève des vieux pour conduire le Congo de demain. Mais quel pays voudrions-nous léguer à l'avenir ? Pays des soûlards ou de têtes brûlées par des souillures ? *A bon entendeur, salut !*

Pour être efficaces, il importe que des mesures que le gouvernement peut prendre, pour protéger la société congolaise du fléau de l'alcoolisme, bénéficient du soutien de la population. En effet, celle-ci devra prendre conscience du danger que représente l'alcool pour son avenir et pour le Congo de demain, et se résoudre à lui barrer la route, sinon à le consommer avec modération, si on ne peut pas s'en abstenir.

2. Envie excessive de vivre à l'étranger

La RDC est aujourd'hui comptée parmi les pays qui ont un grand nombre de ressortissants à l'étranger. Il n'y a aucun mal en cela, étant donné que de nombreux pays tirent un grand profit de l'existence de leurs fils et filles en dehors de leurs frontières. Ce qui est aberrant pour notre pays est le fait que certains compatriotes se rendent à l'étranger sans l'intention de revenir au Congo, pour y entreprendre une activité qui contribuerait à son développement. Ils préfèrent demeurer à l'extérieur, même s'ils y vivent dans la précarité. Leurs difficultés ne parviennent pas à amener les autres à renoncer à ce genre d'aventures, ni à contraindre ceux qui sont confrontés à cette situation à rentrer chez eux. Par contre, le nombre de ceux qui veulent vivre leur expérience ne cesse de croître.

Il est vrai que la RDC traverse une situation socio-économico-financière très difficile qui déplait à ses nombreux fils et filles. Voulant échapper à cette situation désagréable, des jeunes congolais en nombre toujours croissant quittent leurs parents et se jettent dans la voie de l'inconnu, sans se préoccuper de ce qui peut leur arriver. La mort qui frappe des gens à travers le désert du Sahara et la mer Méditerranée ainsi qu'à la suite d'autres calamités qu'on éviterait chez soi ne les décourage pas.

Ils ne sont pas cependant les seuls à braver la mort. Des ressortissants d'autres pays africains sont aussi à la recherche, à tout prix, des espaces où ils espèrent trouver le bonheur et vivre mieux. Ils bénéficient chaque fois du soutien de leurs parents qui espèrent voir leur façon de vivre s'améliorer avec d'éventuels dons que leurs fils ou filles ne manqueraient pas de leur faire parvenir.

Cette entreprise démontre à suffisance le degré du désespoir qui ronge des jeunes gens et leurs parents. C'est dans ce genre de voyages qu'ils espèrent trouver l'unique voie de salut pour résoudre leurs problèmes.

Quand on pose à ces jeunes voyageurs la question de savoir ce qu'ils ont fait pour réunir la somme nécessaire à leurs périples, il est surprenant de recevoir des réponses qui se ressemblent, comme s'ils étaient ensemble au moment de leur départ, telles que : « *Les parents ont vendu la parcelle pour me trouver de l'argent du voyage* » ; « *J'ai vendu la maison héritée de mes parents* » ; « *Nous avons hypothéqué notre maison* » ; etc.

Il y en a même ceux qui ont vendu des parcelles familiales, sans le consentement de leurs parents. C'est à leur désagréable surprise que ces derniers apprennent qu'ils ont perdu ces biens immeubles et que la rue est largement ouverte pour les accueillir s'ils ne peuvent pas se loger ailleurs.

Perdre une maison, qui est un bien sûr, pour trouver la possibilité d'aller à l'étranger, vers l'inconnu, sans aucune certitude d'y trouver un emploi rémunérateur qui pourrait permettre de réunir une somme d'argent importante, en vue de payer une nouvelle maison dans son pays, en remplacement de celle qui a été vendue, est une résolution difficile à prendre. Ses conséquences ne sont pas faciles à prévenir. En cas d'échec, on aura du mal à la faire partir de sa mémoire, surtout si l'on ne parvient jamais au bonheur tant convoité et que l'on doit rentrer chez soi les mains vides.

En dépit des difficultés rencontrées, le retour au pays n'est pas du goût de la plupart de nos compatriotes dont la principale préoccupation est de s'identifier aux ressortissants du pays hôte, d'acquérir la nationalité de ce pays tout en ayant un œil attentif braqué sur leurs origines. C'est ce qui expliquerait la lutte engagée par certains d'entre eux de participer à la gestion des institutions de la RDC, en violation de sa Constitution qui n'admet pas la double nationalité. Ils profitent ainsi des faiblesses du pays, dont ils redoutent encore l'avenir, « en gardant un pied dedans, un pied dehors ».

Conscients de cette illégitimité, les compatriotes détenteurs d'une nationalité étrangère s'acharnent à convaincre le législateur congolais de la nécessité de modifier la Constitution nationale, pour que la RDC admette le principe de double nationalité qu'elle a toujours rejeté depuis son accession à la souveraineté nationale et internationale.

Nous ne sommes pas contre l'instauration du régime à double nationalité en RDC. Mais nous croyons qu'il est important d'attendre l'aboutissement de la procédure du changement de la loi y afférente, si on peut le faire, pour se comporter en conséquence. Agir autrement, c'est cracher sur la Constitution de son pays. Ceci est vrai, non seulement pour les détenteurs d'autres nationalités qui continuent à travailler comme si de rien n'était, mais aussi et surtout pour ceux qui, connaissant leur situation, les laissent faire comme s'ils soutenaient leur irrégularité.

On ne sait pas si c'est par inconscience ou par ignorance que l'homme congolais pose certains actes uniquement pour permettre aux siens de sortir du pays, sans prendre des dispositions en vue de faire face aux improvisations désagréables. Parmi les cas les plus ahurissants, on peut déplorer celui des mariages faits par quelques Congolaises, soucieuses d'aller vivre à l'étranger, sans aucune garantie de garder des liens avec les leurs, contrairement à la tradition qui veut que le mariage entre deux individus permette l'union de deux familles (celle du mari et celle de la femme) pour constituer un grand ensemble.

L'union suppose l'existence des contacts permanents entre les individus, ou plutôt des références qui peuvent faciliter des rencontres entre eux. Mais qu'est-ce que l'on voit pour certains mariages, dans lesquels nos filles sont les plus concernées ? Les parents obnubilés par le goût du lucre ou le désir de voir leur fille traverser les frontières nationales, pour un bonheur parfois hypothétique, n'ont aucun souci de savoir si la famille de leur beau-fils acquiesce le mariage, ni de savoir comment leur fille va vivre dans sa nouvelle famille, encore moins s'ils peuvent avoir la possibilité de la rencontrer un jour.

Sidéré par la souffrance de nos filles mariées et amenées dans un pays étranger, un collègue s'exclama un jour : *« Bat'oyo balembi bana to nini* ? (Ces gens –ces parents- sont-ils fatigués de voir leurs enfants ?)». Comment ne pouvait-il pas se poser une telle question pour ces parents qui laissent leurs enfants partir, comme du temps de l'esclavage, sans aucune assurance de les revoir un jour ni de maintenir des contacts avec elles ?

Il y a aussi des filles qui agissent de leur chef, sans l'accord ni l'encouragement de leurs parents. Dans le cadre de notre travail de représentant de notre pays à l'extérieur, nous avons eu l'occasion de côtoyer certaines d'entre elles dont la plupart étaient sorties du Congo au moment où le téléphone était encore rare. Elles ne pouvaient pas entrer en contact avec leurs familles. C'est par un pur hasard que nous avons eu à faciliter des contacts téléphoniques de quelques-unes d'entre elles avec leurs familles.

Parmi ces contacts miraculeux, le cas d'une jeune congolaise vaut la peine d'être rappelé. Venue à l'Ambassade de la RDC dans ce pays où nous avons eu le privilège de représenter le nôtre, cette compatriote nous dit qu'elle voulait rentrer chez ses parents. Nous avons convoqué son époux, pour avoir plus de lumière sur ce dossier. Ce dernier, qui semblait consentir au retour de sa femme au Congo, a promis de la faire voyager incessamment. Mais cela n'a jamais eu lieu, du moins pendant notre séjour dans ce pays. La jeune femme ne s'est plus présentée à l'Ambassade. Les adresses laissées à la mission ne nous ont pas permis de la retrouver. Le couple se serait déplacé pour une autre ville à l'intérieur du pays.

Profitant de la présence du couple lors de son passage à l'Ambassade, nous avons demandé à notre fille si elle avait consulté ses parents avant de voyager. Elle était sincère avec nous, avouant que ses parents ignoraient son projet de voyage, mais elle avait contacté son pasteur qui a dû prier pour elle, l'encourageant à voyager en lui disant en lingala : « *Nzela na yo ezali polele ; okoki kokende malamu* » (il n'y a aucun problème sur ton chemin ; tu peux bien partir). C'est douloureux pour l'Etat congolais de voir que ceux qui sont censés l'assister dans son œuvre d'éducation de la masse orientent des jeunes gens à agir sans se référer à leurs parents.

Si la raison pécuniaire justifie le comportement de certains parents, l'envie de vivre à l'étranger est le principal motif de sortie de nos filles. Tel est le cas des mariages célébrés au sein de quelques communautés religieuses, d'ailleurs dirigées de l'extérieur, où nos filles choisissent leurs futurs époux sur des photos des candidats qui leur sont présentées. Des adresses sont échangées et des programmes de voyage établis. Ces jeunes congolaises se dirigent vers l'inconnu, uniquement par le souci de sortir de leur pays. Combien d'entre elles ont connu des déceptions, le bonheur tant souhaité s'étant transformé en véritable cauchemar ?

On peut également se demander si c'est réellement l'envie excessive de vivre à l'étranger qui conduit certains compatriotes à singer d'autres peuples jusqu'à adopter leurs manières d'agir, même si celles-ci sont en contradiction avec les convictions traditionnelles de leurs Ancêtres.

On citera à titre d'exemple le cas de mariage endogamique pratiqué par de nombreuses tribus dont quelques ressortissants épousent nos filles. Les enfants nés de leur union vont se marier dans la famille de leur père avec leurs propres cousins, pour les filles, et cousines, pour les garçons. Cela pourrait aboutir à la situation dans laquelle l'homme et sa femme disposeraient d'un même grand-père et d'une même grand-mère. Ce qui est contraire aux coutumes et traditions de nombreux compatriotes.

Pourquoi trouver bon de se soumettre aux coutumes des autres, quand ces derniers n'ont pas l'intention de marcher sur les leurs ? Cette acceptation ne peut-elle pas être considérée comme une reconnaissance par ces compatriotes de la supériorité des coutumes des autres ? Pourtant, il n'existe pas de coutumes supérieures à celles des autres.

Nous n'avons pas l'intention de dénigrer les habitudes des autres. Notre principal souci est de faire comprendre à nos compatriotes la nécessité de mieux connaître celui qui s'engage pour la vie avec son enfant, plus particulièrement avec sa fille. Faire des choses avec légèreté est regrettable pour l'avenir de son enfant. Le bonheur n'est pas seulement à l'étranger ; il est aussi dans notre pays. Pour en jouir, il convient de travailler, et de travailler durement et sans complaisance. Mais envoyer sa fille dans le vide, sans savoir où et comment elle va tomber, est irresponsable.

Est-ce toujours la même propension de vivre à l'étranger qui justifierait l'attachement de quelques compatriotes aux noms empruntés à d'autres peuples, au lieu de privilégier les leurs propres ?

De fait l'attachement de nos compatriotes à la vie de l'étranger étonne plus d'un observateur. C'est ce que nous avons constaté un jour lors d'une visite en Allemagne. Nous nous trouvions à la gare centrale de la ville d'Hannover quand nous avons suivi un entretien entre deux jeunes Africains, un Congolais et un ressortissant d'un pays d'Afrique de l'Ouest, voisin de la région d'Afrique Centrale. Tous les deux vivaient en Allemagne, non loin de cette métropole du Nord de l'Etat germanique. Et tous les deux attendaient un train, pour rejoindre le lieu de leur résidence.

Le jeune ressortissant d'Afrique de l'Ouest disait au jeune compatriote : « Vous Congolais, on ne comprend pas votre manière de voyager vers l'Europe. On vous voit venir avec vos épouses et enfants, s'ils ne peuvent pas vous rejoindre plus tard. Ce qui donne l'impression que vous venez ici pour y rester longtemps, voire pour toujours, sans pouvoir rentrer dans votre pays. Notre comportement est diamétralement opposé au vôtre :

nous venons souvent seuls, nos familles (femmes et enfants) restant chez nous, où nous devons rentrer après avoir amassé une somme d'argent nécessaire, en vue d'y entreprendre une activité économique quelconque et contribuer ainsi au développement de notre pays ».

Nous n'avons malheureusement pas eu l'occasion de suivre la réponse du jeune congolais, les deux jeunes gens ayant pris leur train qui était arrivé avant le notre.

Nous avons cependant eu du temps de réfléchir sur les idées du jeune d'Afrique de l'Ouest. Nous avons apprécié l'objectif des voyages de ceux qui vont à la recherche des moyens nécessaires, pour revenir investir dans leur pays. Ces jeunes gens viennent de tous les coins d'Afrique, des ressortissants congolais aussi. Parmi ces derniers, on peut citer ceux qui, après quelques temps de travail ailleurs, sont revenus dans leur pays, pour y entreprendre des activités économiques importantes, notamment dans le domaine immobilier (hôtels, appartements, maisons d'habitation, salles des fêtes), dans les transports et dans divers services.

Le plus souvent, les Congolais qui rentrent et investissent chez eux ne cachent pas leur joie de se retrouver parmi les leurs. Certains d'entre eux se réjouissent du bonheur auquel ils goûtent, loin de mauvais souvenirs, comme celui d'un ancien officier supérieur des Forces Armées Zaïroises (FAZ) qui recevait un jour un coup de fil du Service Social de son pays d'asile, lui demandant de se présenter à ses bureaux pour retirer une note à exhiber à la société dans laquelle un emploi lui a été trouvé.

Notre Officier se disait à lui-même : « Ça y est. J'ai un emploi maintenant ». Mais quelle fut sa déception quand, arrivé sur le lieu de rendez-vous, il découvrit la réalité du travail en question : « boy maçon ». L'intéressé en fut profondément choqué : « Moi X, boy maçon » ? Réagissait-il devant nos compatriotes qui avaient le privilège de le côtoyer. C'est alors qu'il se décida de rentrer dans son pays natal où il vaque maintenant à ses besoins sans être inquiété.

Comme nous l'avons dit plus haut, il n'est pas mauvais de quitter son pays, pour aller vivre ailleurs, y travailler et faire des économies pour investir chez soi. Le plus grand souhait pour la

RDC est de voir ses enfants, qui vivent et travaillent à l'étranger, prendre conscience de la nécessité de rentrer un jour chez eux, en vue d'apporter leur contribution au développement et à la modernisation de leur pays. Pour ce faire, à peine arrivés dans le pays d'accueil, ils devraient commencer à préparer leur retour et surtout leur réinstallation chez eux.

Le sous-équipement du Congo ne peut pas constituer pour eux un motif de découragement ni de distraction. Ils doivent œuvrer pour écarter tout danger auquel ils pourraient exposer leur pays en l'abandonnant définitivement pour aller vivre ailleurs, ignorant que la terre appartient à celui qui la met en valeur et que tout déplacement humain crée un vide qui peut être comblé par les autres ? Que dire donc si cela arrivait à notre pays par notre faute ?

On constate souvent que la sortie du territoire national, pour aller vivre ailleurs, est ressentie comme une délivrance par de nombreux compatriotes. C'est ce qui nous a poussés à nous entretenir avec certains d'entre eux, pour mieux comprendre ce qui les attire dans d'autres pays.

Les conditions socio-économiques de notre pays sont souvent citées parmi des éléments qui auraient persuadé ces derniers d'aller admirer ailleurs la qualité des choses qui n'existent chez nous, notamment dans les domaines des infrastructures routières et immobilières, des transports, des communications ferroviaires, de la santé, de l'habitat, de la formation scolaire et universitaire. Ils espèrent aussi y bénéficier de nombreux services sociaux qui n'existent chez nous et trouver du travail, n'importe lequel, mais mieux rémunéré que dans leur propre pays, en vue de vivre dignement.

Ces œuvres qui touchent le cœur de nos compatriotes ne sont pas de créatures divines, mais plutôt des fruits du travail humain. Elles pourraient voir le jour en RDC si ses fils et filles se mettaient au travail, non seulement avec une grande détermination pour les réaliser, mais aussi avec le concours de l'Etat.

Nous avons compris que le souci de nos compatriotes de vivre en dehors du Congo serait dicté par la nécessité de trouver dans des pays hôtes le bonheur qu'ils n'espèrent pas avoir chez nous. Pour atténuer leur ardeur à s'expatrier, l'Etat congolais devrait chercher à améliorer les conditions sociales de la population, comme le gouvernement l'a promu, notamment en revoyant à la hausse la qualité des services existants sur place et en créant ce qui manque. Il devrait également revoir sa politique salariale pour octroyer de bons salaires à ses fonctionnaires et agents.

C'est le lieu de saluer l'option du gouvernement de réhabiliter et de construire des écoles, routes et voies ferrées, et de moderniser divers services du domaine public du pays. Cette option est une bonne chose. Le Congo en sortira avec une nouvelle physionomie, digne de respect. Il est nécessaire que tous les compatriotes se sentent concernés par ce travail et œuvrent partout où ils se trouvent pour sa brillante réussite.

Nous sommes également persuadé que si nos services publics parvenaient à être améliorés considérablement, notamment dans les domaines des transports en commun, de la santé, de l'éducation, de l'habitat, de l'alimentation, nos compatriotes pourraient de moins en moins quitter notre pays, pour aller vivre ailleurs, c'est-à-dire qu'ils pourraient cesser d'être repérés dans plusieurs coins du monde.

Cela pourrait permettre au peuple congolais de revenir à la situation d'antan, que d'autres Africains admiraient, comme un monsieur que nous avons rencontré dans le hall d'un hôtel de Banjul (en Gambie) vers la fin des années 1980 qui, nous reconnaissant facilement par notre accoutrement de l'époque, nous disait qu'il était étonné de voir des Congolais (autrefois Zaïrois) arriver dans son pays, eux qui n'avaient pas l'habitude de voyager ni d'aller ailleurs, en dehors de leur pays.

3. Multiplicité des partis politiques

Dans tous les pays du monde, il existe des partis politiques, c'est-à-dire des groupes ou associations des personnes unies entre elles pour défendre une même opinion ou des intérêts et objectifs communs. Cette volonté commune s'exprime souvent dans un espace du pluralisme politique qui reconnaît le droit à l'existence de plusieurs courants de pensée.

La RDC a opté pour la diversité culturelle et politique, comme une manifestation de la démocratie pluraliste. En son article 7, paragraphe 1, la Constitution de 2006 souligne : « *Nul ne peut instituer, sous quelque forme que ce soit, de parti unique sur tout ou partie du territoire national* ». Et au paragraphe 2 du même article, elle stipule : « *L'institution d'un parti unique constitue une infraction imprescriptible de haute trahison punie par la loi* ».

A peine sortie d'une longue nuit de monopartisme, dans lequel le Mouvement Populaire de la Révolution (MPR) se confondait avec l'Etat et que les ressortissants congolais en étaient tous automatiquement membres, du berceau à la tombe, la RDC connaît aujourd'hui un multipartisme intégral qui a débouché sur une multiplicité des partis politiques.

L'éclosion des associations politiques dans notre pays serait due au ras-le-bol qui couvait dans le cœur des Congolais, longtemps muselés et privés durant la Deuxième République du droit de s'exprimer librement, en public ou en privé, chacun craignant chacun, car ignorant qui pourrait aller colporter sa parole ou sa pensée.

Cette justification ne pourrait en aucun cas occulter le danger que représente l'existence d'une multitude des partis politiques reconnus en RDC. Certains d'entre eux ne regroupent que ceux qui reconnaissent dans leur leader l'existence d'un quelconque lien de sang ou d'amitié, avec comme conséquence de faire passer les impératifs tribaux, régionaux ou locaux avant les problèmes nationaux.

C'est dans ce cadre que l'on peut situer le manque de scrupule dans le chef de quelques leaders congolais qui considèrent leurs compatriotes d'autres provinces du Congo comme des étrangers vivant chez eux, oubliant que tout Congolais a le droit d'habiter où il veut sur le territoire national.

Cela expliquerait également le manque de lucidité dans le jugement que certains compatriotes portent sur des actes de gestionnaires des affaires publiques, les approuvant ou les dénigrant, suivant que leurs auteurs soient plus proches ou éloignés d'eux. Autrement dit, il y a des Congolais qui continuent à soutenir des acteurs politiques, quelle que soit leur manière de gérer les affaires publiques, pourvu qu'ils soient plus proches d'eux par le sang ou disposent des relations quelconques qui les rapprochent d'eux. Pourtant, quand l'objectivité fait place au sentiment, c'est l'avenir du pays qui se trouve en danger.

De fait, plus de quatre cent cinquante partis politiques dans un pays, c'est trop. Et comme disent les Ancêtres, « *biatua mukela kabidibu*a » (une nourriture trop salée est dégoûtante et personne ne peut avoir envie de la consommer), il est souvent gênant d'évoquer la question du nombre d'organisations politiques avec les ressortissants d'autres pays.

Nous nous rappelons encore à ce sujet d'un entretien que nous avons eu un jour avec un collègue, diplomate africain, au cours d'une réception dans le hall d'un hôtel du Caire. Notre interlocuteur se plaignait de l'existence de plusieurs partis politiques dans son pays. Par curiosité, nous lui avons demandé quel en était le nombre. Il nous répondit : « *Treize* ». Nous avons souri. Et lui de nous demander ce qu'il en était de la situation dans notre pays. Nous étions tellement gêné que nous n'avons pas pu répondre exactement à sa question. Nous lui avons tout simplement dit : « Chez nous, il y en a plus que chez vous ».

Notre réponse très réservée aurait peut-être donné des assurances à notre collègue de savoir que son pays ne détient pas le triste record mondial du nombre exorbitant de partis politiques. Par contre, nous continuons à nous poser la question de savoir s'il y a dans le monde un pays pouvant dépasser la RDC du point de vue du nombre d'associations politiques.

Jusqu'à présent, nous n'avons pas de réponse. Mais nous continuons à croire qu'à l'allure où vont les choses, il n'est pas exagéré d'espérer dénombrer un jour plus d'un millier de partis politiques dans notre pays.

En parcourant leur liste actuellement en cours au Congo, on constate que certains d'entre eux portent des dénominations qui se ressemblent ou donnent l'impression de poursuivre les mêmes objectifs, malgré la différenciation qui découle, d'une structure à l'autre, uniquement du mot initial tel que le forum, l'alliance, l'union, ou d'un qualificatif inclus dans ces dénominations.

Tel est le cas du mot « Baobab[25] » qui revient maintes fois sur la liste, tantôt dans le cadre d'une alliance, tantôt dans celui d'une convention, d'un front, d'un mouvement, d'un rassemblement, d'une union ou de quoi encore, pour avoir par exemple :

- Alliance des Baobabs géants,
- Convention des Baobabs géants,
- Front des Baobabs géants,
- Groupe des Baobabs géants,
- Habitat des Baobabs géants,
- Initiative des Baobabs géants,
- Mouvement des Baobabs géants,
- Parti des Baobabs géants,
- Rassemblement des Baobabs géants,
- Union des Baobabs géants, etc.

La liste est déjà longue avant que ne soient ajoutés les groupes des Baobabs touffus, imbattables, comestibles, florissants et autres. C'est ce qui amène les observateurs de la société congolaise à se poser la question de savoir « pourquoi tous les Baobabs ne peuvent-ils pas se mettre ensemble, pour former un seul parti » ?

C'est en sondant le cœur des initiateurs de ces structures, s'ils sont sincères, que l'on peut trouver la réponse à cette question : *le désir du positionnement, la recherche de l'intérêt personnel.* L'intérêt national ne semble pas constituer une préoccupation principale. C'est vraiment dommage et périlleux pour l'avenir du pays si l'intérêt personnel doit passer avant l'intérêt national.

Tout compatriote devra impérativement savoir qu'un parti politique est avant tout un regroupement des gens, des opinions et des intérêts divergents, qui se mettent ensemble et adoptent une position commune, qui s'impose à tous, dans le respect et la recherche de l'intérêt supérieur de la nation, sans se limiter à la défense des intérêts d'une tribu, d'une province ou d'un groupe donné.

---

[25] Baobab : c'est un arbre d'Afrique tropicale. Le mot est utilisé ici comme un nom fictif de certaines associations politiques de la RDC, lesquelles associations se ressemblent mais ne s'assemblent pas.

Des observations faites auprès de différentes structures nous ont permis de constater que certaines d'entre elles regroupent les ressortissants de toutes les provinces et ethnies du pays et continuent à sensibiliser leurs membres dans la lutte pour la conscience nationale, conformément à la Constitution de 2006, contrairement à celles qui se débattent pour le bonheur de leurs propres groupes sociaux. Nous pouvons en dresser une liste complète car le nombre des partis nationalistes est limité, mais nous nous abstenons de le faire pour ne pas gêner les autres et être vu par ces derniers comme partisan de tel ou tel autre groupe.

Nous nous réjouissons cependant des regroupements de quelques députés au sein de l'Assemblée nationale. Nous croyons que leur acte vise à renforcer l'efficacité de leur action, en se concertant pour une position à prendre sur un problème donné, en vue de mieux servir les intérêts de la nation. Notre souhait le plus ardent est de voir ce désir de concertation amener ces compatriotes à se regrouper au sein de grands ensembles politiques, pour mieux conduire leur action. Ce qui pourrait servir d'exemples à d'autres Congolais et contribuer à réduire sensiblement le nombre de partis dans notre pays.

Pour cette réduction nécessaire du nombre de regroupements politiques dans notre pays, il serait impérieux que le législateur congolais se sente interpellé pour l'avenir du Congo. Les avantages que des groupuscules peuvent apporter à tel ou tel autre groupe ne devraient pas l'écarter de son devoir de veiller à garantir un avenir meilleur à notre pays. Il devra au contraire se mettre à rechercher les voies et moyens de freiner la tendance à la multiplication des partis qui a largement dépassé les limites d'un défoulement qui pourrait servir d'argumentation aux défenseurs du débordement que l'on peut déplorer aujourd'hui dans ce pays dont la population fut autrefois bâillonnée.

Pour ce faire, l'article 6, paragraphe 2, de la Constitution de la RDC qui stipule : « *Tout Congolais jouissant de ses droits civils et politiques a le droit de créer un parti politique* » mérite d'être amendé, en vue de freiner la propension à créer des partis politiques et de boucher la voie à des organisations sans vision nationale, qui ne viseraient que le positionnement et les intérêts personnels de leurs initiateurs.

Les dispositions de l'article susmentionné devraient être modifiées dans le sens de renforcer les conditions à remplir pour créer un parti politique. Ce qui pourrait contribuer à réduire le nombre de partis politiques dans notre pays, et permettre ainsi à l'Etat de financer leur fonctionnement, sans pouvoir étouffer d'autres secteurs de la vie nationale.

Nous devons certes savoir que s'il est vrai que tout Congolais a le droit de créer un parti politique, qu'il ne demeure pas moins vrai que tout parti politique doit revêtir un caractère national et regrouper des membres issus de différentes régions du pays et appartenant aux diverses tribus nationales. Pour y parvenir, nous croyons que de nouvelles dispositions devraient mettre l'accent sur la représentativité régionale dans tout regroupement politique et fixer un nombre déterminé de signatures à apposer dans la demande de reconnaissance d'un parti.

Le paragraphe modifié pourrait s'articuler comme suit : « Tout Congolais jouissant de ses droits civils et politiques peut s'affilier à un parti de son choix. » Il devra être doublé d'un autre paragraphe qui pourrait être formulé de la manière suivante : « Pour être reconnu, un parti politique doit respecter le principe de la représentativité régionale et réunir plus de mille signatures des Congolais issus de toutes les provinces du pays. »

L'adoption de ces nouvelles dispositions conduirait au regroupement de nombreux partis politiques congolais qui, pris isolement, ne semblent pas jouer le rôle de défenseurs des intérêts du peuple congolais. Ils apparaissent par contre comme des voies de positionnement dans l'univers congolais, en vue de satisfaire des intérêts personnels, tout en faisant semblant de s'intéresser à la société nationale toute entière.

Ces dispositions si elles étaient adoptées, nous croyons qu'elles pourraient contribuer au renforcement des garde-fous dans le domaine de la création des partis politiques en RDC, en vue d'extirper tout ce qui tenterait d'exclure une partie de la population congolaise d'une quelconque association politique. Tel est le cas des partis politiques à connotation tribale, ethnique, régionale ou religieuse auxquels ne peuvent adhérer à l'aise que ceux qui répondent au critère subjectif lié à leur dénomination.

A titre d'exemple, on peut se poser la question de savoir qui peuvent adhérer à une organisation qui se nommerait *Parti des Bouloniens*[26] *Convaincus,* en dehors des *Bouloniens* eux-mêmes. La réponse est simple : « *Personne* ».

Nous nous souvenons encore d'un entretien que nous avons eu un jour avec un membre d'un parti à connotation religieuse qui n'a pas pu nous convaincre. A cette occasion, notre interlocuteur, à qui nous avons demandé si son parti, compte tenu de sa dénomination, n'était pas exclusif et n'admettait en son sein que ceux qui avaient la même conviction religieuse, nous confirma le contraire, soulignant : « *Mon parti est ouvert à tous les Congolais quelle que soit leur religion* ». Cette belle réponse est-elle réaliste étant donné qu'il n'est aisé pour quiconque d'adhérer sincèrement à un parti politique dont la dénomination est en contradiction avec sa propre conviction religieuse.

En effet, qu'elles soient faites par conviction ou par opportunisme (en tenant compte des liens existants ou à établir avec des forces qui existent ailleurs), les dénominations de ce genre portent des germes d'exclusion et pourraient servir dangereusement d'exemples à d'autres groupes religieux, ou à leurs représentants, qui seraient tentés de constituer leurs partis politiques à part.

Après l'amendement de l'article susmentionné, l'Autorité compétente devra procéder à la dissolution des partis politiques qui ne répondraient pas aux conditions requises ou refuseraient de se transformer.

Le Congo a besoin des partis nationaux pour défendre ses intérêts, éduquer sa population, contribuer à son développement et consolider son unité. Il n'a pas besoin de partis politiques qui portent en leur sein des germes de fragmentation qui risqueraient de le conduire à un avenir fâcheux.

---

[26] Bouloniens : mot imaginaire inventé pour désigner les ressortissants d'une ethnie ou tribu donnée, les membres d'une communauté religieuse, les partisans d'un leader disparu ou vénéré…

Certains pays profondément religieux, dirigés par des cadres très croyants, n'ont-ils pas interdit des partis politiques religieux chez eux ? Il n'est pas dit que la RDC doit s'inspirer de leur exemple ; mais celui-ci ne devrait-il pas constituer une matière de réflexion pour notre pays ?

4. Inconscience ou faiblesse du patriotisme

Par patriotisme, on entend l'amour que tout individu doit avoir pour son pays et qui le prédispose à accepter n'importe quel sacrifice, pour défendre les intérêts de ce dernier. C'est cet amour qui avait conduit les pas de Patrice Emery Lumumba durant toute sa vie. Même devant la mort, quand les conspirateurs lui proposaient de reconnaître l'indépendance de leur Etat pour sauvegarder sa vie, il répondit : « *Si le Congo a besoin des martyrs pour son unité, je m'offre* ».

Cette parole de Lumumba était inscrite au bas de son portrait mis sur la façade de la maison Brouwez, où il était amené à son arrivée à Lubumbashi, ce triste jour du 17 janvier 1961, en compagnie de ses deux compagnons de fortune. Et à l'un de ses bourreaux qui lui disait qu'il allait être exécuté le même jour, il répondit : « *Au point où j'en suis, cela n'a pas d'importance* »[27].

Certains auteurs notent que l'un de ses ennemis jurés lui perça la poitrine avec une baïonnette, dans cette maison des environs de Lubumbashi. Ce qui a été réfuté par de nombreux autres auteurs qui, comme Jacques Brassinne et Jean Kestergat précisent que notre héros national et ses amis furent fusillés près d'un village du Katanga, à 50 km de Lubumbashi, là où ils étaient conduits la nuit du jour de leur arrivée à Elisabethville, aujourd'hui débaptisée Lubumbashi[28].

Cette dernière version semble la plus plausible. L'endroit est spécialement reconnu comme le lieu d'exécution de Patrice Emery Lumumba. A l'occasion du cinquantième anniversaire de son assassinat, le 17 janvier 2011, une délégation du PALU

---

[27] BRASSINNE J. et KESTERGAT J., op cit. p 152.
[28] Ibid., pp 162-168.

(Parti Lumumbiste Unifié) s'y est rendue, pour célébrer l'événement. Dans leur livre intitulé « *Qui a tué Patrice Lumumba* », les auteurs publient une photo de l'arbre de la place qui a servi de poteau d'exécution du premier Premier ministre du Congo[29]. Les impacts laissés par des balles sur le tronc de cet arbre servent encore de témoignage de la brutalité de l'acte odieux qui a fait du mal à la nation congolaise et au continent africain.

Les Congolais se souviennent toujours avec douleur de la perte de Lumumba. Ils saluent son courage et sont fiers de la dignité qu'il a pu garder jusqu'à son dernier soupir. De fait, il n'a pas voulu trahir le Congo et est mort comme le loup de Vigny, sans se plaindre ni parler, sachant que sa plainte n'allait rien faire changer à la résolution de ces forces, disposant de nombreux complices à travers le monde, qui avaient déjà décidé de l'arracher à l'affection de sa famille, du Congo et de l'Afrique, pour l'empêcher de faire ce qu'il avait prévu pour son pays et son continent.

Le sang du héros national, qui a été versé pour la cause du peuple congolais, reste toujours un solide ciment qui assure l'unité de notre pays. Les Congolais dignes de ce nom, comme aimait le souligner Lumumba lui-même, devraient œuvrer pour consolider cette unité. Ils devraient savoir que toute tendance à favoriser la résurgence du phénomène identitaire, du clientélisme ou d'une autre forme d'antivaleurs est malheureusement une manière de cracher sur sa mémoire.

La consolidation de l'unité nationale nécessite le rejet de toutes ces valeurs négatives qui pourraient anéantir le sentiment d'appartenir à une seule nation. Tel est le cas de la discrimination entre les citoyens congolais qui consiste à défendre uniquement les intérêts des compatriotes avec lesquels on a un lien quelconque et à combattre ceux qui appartiennent à d'autres tribus ou groupes sociaux, ignorant que la RDC dispose de plusieurs groupes sociaux ou tribaux, qui doivent vivre en cohésion entre eux, pour sauvegarder à jamais l'idéal unitaire qui fait notre force.

---

[29] Ibid., p 104.

Il n'est pas aisé d'infirmer ni de confirmer le patriotisme de tel ou tel citoyen congolais, étant donné que personne ne peut prétendre avoir le monopole de l'amour de la patrie. Tout le monde aime son pays. C'est par l'inconscience que certains compatriotes font le jeu de la division, qui peut être le fruit d'une véritable manipulation de la part des forces étrangères qui veulent profiter des richesses du Congo.

L'esprit de division peut aussi provenir des propres entrailles des Congolais, car il y a toujours des gens qui éprouvent du mal à vivre avec les autres, mais qui trouvent leur bonheur dans la division. Ce que nous devons combattre tous, nous les Congolais.

Lors de notre séjour à Kinshasa en 2012, nous avons été surpris par le nombre de drapeaux de pays étrangers que nous voyions dans la rue, contrairement à ce que nous voyons ailleurs. Nous nous réservons cependant de citer les noms des pays dont les drapeaux ont été les plus vus entre les mains de nos compatriotes. Néanmoins, nous nous posons toujours la question de savoir pour quelle raison certains Congolais préfèrent-ils porter des drapeaux étrangers quand ils n'ont jamais osé exhiber celui de leur pays ? Nous pouvons nous demander encore s'ils comprennent ce qu'ils font. Dans le cas contraire, qu'est-ce que l'Etat congolais attend, pour leur faire comprendre ?

Cela nous a aussi amené à nous demander ce que nous pouvons dire de ces compatriotes qui se réfèrent toujours aux maîtres à penser étrangers, pour vérifier la véracité de ce qui est conçu dans leur propre pays comme si ces derniers étaient infaillibles ?

Quelques compatriotes ne cessent de jeter des malédictions sur la RDC, souhaitant qu'elle soit vendue (*mboka wana, bateka'ango :* « Que ce pays soit vendu » disent-ils). Pour eux, ce pays doit disparaître à jamais, pour qu'ils continuent de vivre ailleurs, sans être contraints à y revenir un jour. Quel patriotisme ?

Les partisans de cette thèse semblent acquis aux idées défaitistes selon lesquelles rien de bon ne sera réalisé en RDC, ignorant de ce fait que tout est possible, notre pays peut aller de l'avant, pourvu que chacun de nous y contribue.

Ce n'est pas par la fuite en avant que l'on peut rendre service à son pays. Ce n'est pas non plus en se cachant quelque part dans le monde que l'on peut résoudre le problème de son pays ou s'estimer heureux quand la grande partie de sa famille (au sens africain du terme) croupit dans la misère. C'est plutôt en apportant chacun sa pierre à l'œuvre commune que nous pouvons aider notre pays à redresser sa situation socio-économique.

Tout Congolais devra se sentir très concerné par les problèmes de son pays. Il devra réfléchir sur les voies et moyens à les résoudre, tout en œuvrant pour sa propre survie. Raisonner autrement ne fait qu'éloigner de soi toute considération que l'on peut se faire sur sa personne.

Autrement dit, comment prendre en considération une personne qui envie l'état d'apatride à celui de ressortissant d'un pays au sol extrêmement riche, qui n'attend que son travail acharné pour que cette richesse devienne une réalité alléchante ? On ne peut pas perdre de vue un proverbe de nos Ancêtres qui dit : « *Kuetu kundela, nansha bakuamba nzala* » (j'aime chez moi, même s'il y a la famine), conseillant tout individu d'aimer son pays quelles que soient ses difficultés.

Certains observateurs considèrent les Congolais comme des gens dépourvus du patriotisme. Tel est cas d'une journaliste franco-africaine qui, au cours d'une émission d'Afrique Presse de la chaîne TV5 Afrique/Monde confirmait vers le début des années 2000 : « Moins patriote que Congolais/Zaïrois n'existe pas ». Cette journaliste exprimait à haute voix, ce que les autres disent en coulisse, estimant que nous n'aimons pas suffisamment notre pays.

Ce raisonnement est un fruit d'une longue observation du comportement de quelques compatriotes qui ne font rien pour défendre notre pays, ni rehausser son image, quand par contre, certains d'entre nous n'hésitent pas à le trahir, pourvu que leurs intérêts personnels soient garantis. C'est dommage.

En analysant de plus près la situation de la RDC, plus particulièrement en ce qui concerne les courants de division qui l'ont traversée et qui continuent de l'harceler, notre avis est partagé à ce sujet. Nous pouvons affirmer que l'unité du Congo, si elle est sauvegardée jusqu'à présent, c'est grâce au sentiment nationaliste qui anime la plupart de Congolais, qu'ils fassent partie des forces gouvernementales, de l'opposition ou de la rébellion, chacun luttant pour le contrôle du pays dans son ensemble. Il n'y a que des forces étrangères qui luttent pour l'émiettement du Congo.

Tout patriote congolais ne peut jamais perdre de vue cette triste réalité. Par contre, il devra s'organiser, au niveau qu'il se trouve, pour y résister et faire échouer ce complot.

Le 16 janvier 2001, le Congo a été de nouveau endeuillé par l'assassinat d'un autre nationaliste, Laurent Désiré Kabila, jugé dangereux par les forces étrangères qui veillent toujours à consolider leurs profits au Congo. Ces forces voyaient une menace certaine contre leurs intérêts dans l'engagement, « *Je ne trahirai jamais le Congo* », que le leader congolais ne cessait de répéter, et dans ses enseignements de conscientisation du peuple congolais en vue de l'amener à changer de mentalité et à se prendre en charge.

La conscientisation est nécessaire pour ce peuple dont certains de ses fils se laissent manipuler par les forces étrangères, animées par la ferme volonté de s'accaparer des richesses du Congo, tout en leur faisant croire qu'elles viennent pour les aider à avoir une bonne position dans leur propre pays. Ils y croient facilement par manque d'amour pour la nation et pour leurs compatriotes. Mais dès que l'objectif poursuivi par ces forces est atteint, ils seront les premiers à être surpris de perdre tout contact avec leurs mentors.

Le peuple conscientisé peut changer de mentalité pour donner au Congo des hommes nouveaux, prêts à le défendre à n'importe quel prix, pour assurer l'intégrité de son immense territoire et protéger ses richesses naturelles. Notre grand souhait est de voir le Ministère de la Nouvelle Citoyenneté, récemment créé, aider notre pays dans ce sens.

5. Intolérance

Le Nouveau Petit Robert définit l'intolérance comme étant une disposition hostile à la tolérance, une attitude consistant à ne jamais admettre chez autrui une manière de penser ou d'agir différente de la sienne, un manque d'indulgence à l'égard de l'opinion d'autrui, un refus de la liberté de cette opinion, une tendance à ne pas supporter ce qui déplait à son opinion et à condamner ou à rejeter toute idée contraire à la sienne.

Les adeptes de l'intolérance semblent ignorer qu'il est difficile d'avoir une communion de vues là où il y a deux ou plusieurs personnes. Ils ne savent pas que le rejet catégorique de l'opinion de l'autre conduit souvent à la division des gens et au manque de cohésion entre eux. Il est donc nécessaire de respecter le point de vue de chacun si on veut préserver l'unité et l'harmonie de la communauté.

Le respect de l'opinion de l'autre dénote de la considération que l'on a pour l'intéressé. Ce dernier, qui se sent ainsi réconforté par la confiance dont il jouit auprès des autres, fera de son mieux pour avoir des rapports de dignité dans la communauté qui le considère, car il ne doit jamais oublier qu'il n'est toujours pas aisé de tenir compte de l'opinion d'une personne que l'on ne supporte pas.

Le manque de confiance devrait se justifier par des raisons objectives. On peut y voir l'intolérance si son apparition est liée à des considérations d'ordre sentimental, tribal, racial, religieux, etc. Ce qui pourrait affecter l'évolution d'une communauté donnée.

De fait, l'intolérance peut conduire l'individu à des anomalies diverses, telles que :

- l'égoïsme, tendant à ne satisfaire que ses propres besoins, sans tenir compte des autres, ni des intérêts communs ;
- les discriminations de toutes sortes, amenant l'individu à ne s'approcher qu'aux gens répondant à ses critères subjectifs, tels que porter le même sang que lui, et à ceux auprès de qui ses intérêts sont garantis.

L'intolérance peut se manifester dans plusieurs endroits : un foyer, une famille, un milieu scolaire ou universitaire, un centre de travail, etc. Elle devient très dangereuse quand elle s'implante dans les domaines de la religion et de la politique.

Dans un pays comme le nôtre, où les églises et partis politiques naissent au jour le jour, il nous paraît impérieux de réfléchir sérieusement sur ce sujet, en vue de trouver les voies et moyens d'éviter tout débordement et prévenir des déchirements comme ce que l'on constate dans certains pays du monde où les gens s'entretuent pour des expressions différentes des mêmes opinions politiques ou religieuses.

La RDC reconnaît officiellement plus de 450 partis politiques. Ce qui est énorme et démontre qu'il est difficile d'avoir un seul point de vue dans le pays. En effet, chaque parti a son idéologie et peut avoir des alliances avec d'autres partis de son choix. Personne ne peut lui dénier ce droit. Cette réalité semble malheureusement échapper à de nombreux compatriotes qui, au lieu de convaincre par la parole, cherchent à imposer à tout prix leur point de vue, ignorant que le pays a opté pour la démocratie pluraliste, c'est-à-dire la gestion par le peuple, dans le respect des droits de chaque citoyen de s'exprimer librement. En voulant imposer l'identité d'opinion à tous, on risque de provoquer un conflit qui pourrait être difficilement maîtrisé.

Les élections présidentielles et législatives de 2006 et 2011 ont mis en évidence l'ampleur de l'intolérance en politique dans notre pays. Plusieurs incidents ont été enregistrés : des égards de langage, des bagarres, bref des violences de tous genres. Il y a eu même des morts, bien que les observateurs parlent toujours des incidents mineurs qu'ils ont eu à déplorer au cours de ces opérations.

Toutes ces violations gratuites pourraient être évitées s'il y avait l'esprit de tolérance, d'amour et de respect de l'autre. Ces bons sentiments sont malheureusement hypnotisés par le mépris de l'autre et de tout ce qu'il peut émettre comme opinion, ainsi que par le sentiment de méfiance que l'on peut avoir à son égard, pour ne s'approcher qu'avec ceux qui sont liés à soi par des critères sentimentaux, sans se donner la peine de savoir au préalable ce que ces derniers peuvent faire de constructif pour l'avenir de notre pays.

Comme en 2006, au lendemain des élections législatives de novembre 2011, la justice a été contactée pour juger des cas de flagrance avérée des violences faites aux autres à travers toutes les provinces du pays. Les individus cités ne semblaient cependant pas inquiets, comme s'ils étaient sûrs que des sanctions qui allaient être prises contre eux, à la suite de leurs méfaits, ne seront pas sévères.

Cela s'expliquerait par le fait qu'en sa grande majorité, la population juge et apprécie avec le cœur tout jugement judiciaire fait à son fils. Elle ne se donne pas la peine de savoir où se trouve la vérité des faits lui reprochés. Il est nécessaire que tout Congolais sache que l'intolérance est un fléau pour l'avenir de notre pays et que la justice rendue convenablement constitue un moyen efficace de la combattre. L'Etat devra veiller à ce que la justice soit appliquée correctement et que l'intolérance soit sévèrement punie.

On peut se demander si les auteurs des actes de violences, déplorés au cours des opérations de vote, savent que dans le système démocratique que nous avons tant souhaité, il existe un cycle électoral de cinq ans, et que ceux qui sont battus aujourd'hui peuvent gagner demain, à condition de s'organiser d'avance et en conséquence, pour mieux participer à la prochaine échéance électorale. Se laisser distraire par des considérations sentimentales consistant à ne compter que sur son appartenance tribale ou sur ses apparences sociales ne peut conduire qu'à l'échec de toute son entreprise.

C'est douloureux de constater que les incidents électoraux susmentionnés n'ont pas suffi à faire réfléchir nos compatriotes sur les voies et moyens de sauvegarder l'intérêt supérieur de notre pays face à la menace qui pèse sur son intégrité territoriale.

L'appel du gouvernement pour cette réflexion est diversement interprété : certains y voient le moyen de mettre fin au calvaire que traverse le pays en proie à de multiples guerres ; d'autres y trouvent l'occasion bien indiquée d'obtenir un positionnement sur l'échiquier national. Ce qui ne surprend pas l'observateur de la vie politique congolaise où l'intolérance est perceptible à de différents niveaux avec ses corollaires d'égoïsme, de cupidité, d'impunité.

Il est nécessaire pour les Congolais de se supporter les uns les autres, quelles que soient les opinions que chacun d'eux pourrait avoir, et de savoir qu'agir autrement équivaudrait à mettre de l'huile sur le feu dans ce pays fragilisé par plusieurs années de guerre. Ce qui risquerait d'embraser notre maison *Congo* dans les jours à venir. C'est impérieux, pour tout Congolais, d'œuvrer pour la protection de notre pays. C'est notre devoir à nous tous : acteurs politiques, intellectuels, artistes, bref, tous les Congolais, hommes et femmes, d'œuvrer pour la prospérité nationale.

Il est aussi préoccupant de constater que dans le domaine de la religion, l'intolérance continue à diviser nos compatriotes, ou plutôt ceux qui s'intéressent à la propagation de la parole de Dieu, offrant au pays une prolifération des communautés religieuses dont le nombre est aujourd'hui estimé à plus de huit cents. Nous y reviendrons.

D'une manière générale, on ne perçoit pas la cohésion entre ces diverses communautés qui prétendent donner le même enseignement : « *Aimez-vous les uns les autres* », tiré de la parole de Jésus Christ inscrite dans la Bible. « *L'intérêt personnel prime sur l'intérêt de la communauté de croyants* », peut-on conclure.

L'intolérance se remarque plus facilement dans les rues de nos différentes villes, à travers l'attitude qu'adoptent les conducteurs de taxis ou de minibus qui ont du mal à cacher leur principale préoccupation : *avoir une grande recette financière* par jour. Les mouvements des piétons et d'autres conducteurs de véhicules, semblant freiner ou ralentir leur course, les irritent facilement comme une provocation faite à leur égard. Ils ne réagissent souvent que par des insultes gratuites à l'endroit des présumés gêneurs. On voit là, comment l'amour du lucre dans notre société a anéanti tout esprit de tolérance qui devrait en tout moment guider nos rapports.

Un jour, à Kinshasa, nous avons été cependant soulagé par l'intervention d'un client d'un taxi en commun, qui interpella notre taximan au sujet des injures gratuitement proférées contre le chauffeur d'un autre véhicule qui venait de nous céder le passage car, pour notre homme, il devait le faire plus tôt, pour lui permettre d'aller vite (en vue d'augmenter ses recettes financières). Notre coéquipier provisoire a fait des reproches au taximan, lui faisant comprendre la gravité des injures publiques qui pouvaient conduire à sa traduction devant des juridictions judiciaires.

L'interpellation de ce taximan par l'un de ses clients n'a pu que confirmer l'idée que nous nous faisions de la majorité de conducteurs de véhicules publics : *des amateurs dépourvus de notions primaires des règles de droits.* Des remarques de son client semblaient lui apprendre ce qu'il ignorait encore.

Même s'il est vrai que nul n'est censé ignorer la loi, il serait impérieux, au niveau national, que l'Etat congolais instaure un programme d'information et d'éducation en faveur de ceux qui exercent des activités de ce genre, en vue de leur apprendre comment vivre et se comporter envers les autres. Des leçons de ce genre pourraient s'adresser non seulement à ceux qui s'intéressent aux trafics de transports publics, mais aussi aux différentes catégories de nos compatriotes, notamment ceux qui ne se gênent pas d'insulter la mère de l'autre, le plus souvent sans la connaître.

Il est douloureux de constater qu'un bon nombre d'accidents de circulation enregistrés chez nous est le fruit de précipitation de la part des chauffeurs qui veulent toujours passer devant les autres, sans se donner la peine de respecter des règles de circulation sur la chaussée ni de tenir compte des droits des piétons et encore moins des ordres des agents chargés de superviser la circulation dans la ville.

Tel est le cas que nous avons eu à déplorer plusieurs fois, dans les rues de Kinshasa, de voir des ordres de la Police de roulage souvent foulés aux pieds par les conducteurs de bus et de voitures de transports en commun qui se permettaient de passer quand le policier en service accordait le droit de passage aux autres.

Tout ceci milite dans le sens de la nécessité de renforcer des mesures de protection des citoyens dans la rue contre ces conducteurs, en adoptant par exemple des sanctions très sévères à l'égard de tout celui qui écraserait un piéton, sanctions marquées par l'imposition d'une lourde peine de prison et d'importantes amendes en faveur de la famille éprouvée, ou la prise en charge totale en faveur de l'accidenté, jusqu'à son rétablissement.

Cette prise en charge peut durer le temps des soins, pour le sinistré qui se remet de ses blessures, ou le reste de la vie, pour celui qui n'est plus en mesure de travailler à la suite de cet accident.

De fait, tout celui qui est au volant d'un véhicule devra apprendre à s'arrêter pour laisser passer des piétons, tout en ayant à l'esprit que quelque soit la vitesse de son véhicule, la progression de ces derniers sera toujours limitée et qu'ils ne pourraient jamais arriver avant lui.

Il est aussi nécessaire que tout piéton fasse attention avant de traverser la route, se rassurant que des véhicules de passage se soient arrêtés avant d'entreprendre sa traversée. De toutes les façons, en cas d'accident, la justice devra être très sévère et sanctionner sans complaisance le conducteur responsable de l'accident, quelles que soient les circonstances de sa production.

Dans le domaine des sports, plus particulièrement en ce qui concerne le football, l'intolérance est devenue très préoccupante : des compétitions, qui devraient être des moments de divertissement pour les joueurs et surtout pour les spectateurs, sont devenues des moments de graves tensions. Ignorant qu'outre un match nul, toute compétition doit aboutir à la victoire pour les uns et la défaite pour les autres, personne n'admet une défaite pour son équipe. Seule la victoire est bien accueillie. Le fair-play qui devrait être le leitmotiv de toute assemblée sportive n'effleure ni les joueurs ni les supporteurs.

Il nous revient toujours à l'esprit le spectacle auquel nous avons assisté un samedi soir dans le quartier Matonge de Kinshasa : c'était la fin d'un match de football de deux équipes de la place qui s'était soldé par la victoire de l'une sur l'autre. L'équipe battue n'ayant pas digéré sa défaite, une bagarre généralisée a éclaté immédiatement, dès le dernier coup de sifflet.

Cette exhibition des muscles, qui avait commencé au stade des Martyrs entre les fanatiques de deux équipes, devait se poursuivre dans tous les quartiers environnants, les uns pour montrer aux autres qu'ils sont plus forts qu'eux, malgré la victoire (contestable d'après eux) qu'ils venaient de gagner, d'autres pour leur prouver le contraire. Le quartier Matonge, non éloigné du stade, a été aussi affecté malgré sa réputation de lieu des soirées festives.

Nous, qui nous y trouvions pour une rencontre avec un ami, avons été amené à quitter difficilement ce lieu, entièrement envahi par des gens surexcités à la suite d'un match de football et qui ne supportaient que ceux qui appartenaient à leur club. Les autres devraient être frappés. Aucun signe de tolérance n'était perceptible. Nous avons dû téléphoner à notre ami pour un nouveau rendez-vous. Ce qu'il accepta avec aisance, lui-même étant bloqué dans sa progression vers le lieu de rendez-vous par des scènes des violences de la même origine.

Les cas d'intolérance sont innombrables dans notre pays. Ils touchent aux divers domaines de vie sociale. Il ne sera pas possible de les examiner tous.

Bien que l'on trouve l'esprit d'intolérance dans d'autres pays, il serait nécessaire de chercher les voies et moyens de tempérer son ardeur chez nous. Pour ce faire, nous croyons par exemple qu'il ne sera pas superflu de rappeler à l'intention de tout citoyen que chacun devra savoir qu'il a des droits et qu'il a aussi des obligations ; et que les droits de chacun se limitent là où commencent ceux des autres. De ce fait, toute personne doit savoir respecter les droits des autres, pour que les siens soient aussi respectés.

6. Cupidité

Le désir excessif de l'argent et des richesses est un fléau qui ronge de nombreuses sociétés humaines. La RDC en souffre du fait de l'existence en son sein des gens qui, par un égoïsme à outrance, ne songent qu'à leurs propres intérêts, à remplir leurs poches, à amasser des richesses, sans songer aux autres, foulant aux pieds des règles de bonne conduite et perdant du coup le sens des responsabilités, l'amour du prochain, et l'esprit de sacrifice pour l'intérêt général et l'image de marque de la nation.

L'esprit de cupidité enlève à celui qui le possède le bon sens qui le pousserait à faire du bien, pour ne voir uniquement que le profit à tirer de ses propres actes ou des réalisations des autres. Tel est le cas d'un médecin de garde dans une clinique de Kinshasa qui a mis du temps à répondre à l'appel d'une infirmière qui lui signalait un cas d'urgence d'une femme amenée à la suite d'une double fracture au niveau de la jambe. Cherchant d'abord à avoir des assurances au sujet du profit à tirer, il lui demanda s'il s'agissait d'une vraie ou d'une fausse tête. Quel langage codé ?

Une vraie tête est une personne capable de lui payer ses honoraires, tandis qu'une fausse tête est l'un des *badianyanya*[30] qui, apparemment n'est pas à même de lui garantir un intérêt quelconque. Si le premier cas est intéressant pour lui, le second ne l'encourage pas à venir faire son travail, pour apporter l'assistance nécessaire à l'infortunée. Heureusement la malade en question faisait partie du premier groupe, celui qui attire notre médecin. Ce qui le décida alors à venir la traiter.

Nous avons malheureusement constaté que le cas susmentionné n'était pas isolé. Nous sommes parvenu à cette conclusion lorsque nous avions suivi, quelques jours plus tard, un entretien téléphonique entre un médecin de garde d'un autre hôpital et une infirmière de permanence. Quand celle-ci lui annonçait l'arrivée d'un malade en urgence, l'autre conditionna sa venue à l'arrivée d'un deuxième malade. Pourtant il n'ignorait pas que le retard des soins pourrait lui être fatal. Ce qui l'intéressait était avant tout le profit à tirer : simple pour un malade, double pour les deux.

Il est regrettable d'observer la similitude qui existe entre les deux cas que nous venons de rappeler : l'intérêt personnel passe avant le devoir de sauver la vie des malades, auquel tout médecin s'engage, conformément au serment d'Hippocrate qu'il fait avant de s'engager dans le corps.

Quand on déplore des constructions anarchiques dans nos villes, plus particulièrement à Kinshasa, on devrait chercher à connaître le processus complet de l'octroi des terrains sur lesquels ces bâtisses sont érigées. Le plus souvent, on arrive à l'évidence que l'envie de l'argent a amené certains responsables du service des cadastres à distribuer des terrains, comme s'ils avaient des yeux fermés, sans se préoccuper des retombées de leurs actes sur les habitants des lieux environnants et sur l'Etat congolais. Tel est le cas de ceux qui distribuent des parcelles sur des terrains avérés de passage d'eau de ruissellement, permettant à certains compatriotes de bâtir leurs logis sur des

---

[30] *Badianyaya* est une locution proverbiale *baluba* désignant des personnes misérables, qui ne disposent de rien sauf de leurs oncles pour se gratter. Ce qui ne peut pas plaire à ceux qui ont un esprit de lucre, préférant des contacts avec ceux qui ont plus de moyens matériels à leur offrir.

canalisations. Ce qui perturbe l'écoulement des eaux de pluies, toujours abondantes dans notre pays, et provoque des inondations dans de nombreux quartiers des villes congolaises, notamment dans la capitale du pays.

Concernant la perte des biens publics, il y a lieu de noter que l'homme ou la femme cupide n'hésite pas à s'approprier des biens qui ne lui appartiennent pas, surtout quand ces derniers font partie du patrimoine de l'Etat, étant donné que dans notre pays, les gens considèrent ces biens comme s'ils étaient sans maître. C'est ainsi qu'on entend ceux qui disent : « Ce sont des biens de l'Etat », comme pour justifier l'usage abusif qu'ils en font, de la même manière que l'on peut faire des biens qui n'appartiennent à personne, ignorant que le domaine de l'Etat est commun à tous les citoyens du pays et demeure toujours inaliénable.

C'est cette attitude négative qui expliquerait l'existence aujourd'hui des maisons d'habitation en plein jardin zoologique de Kinshasa, ce patrimoine commun à tous les Congolais, appartenant à l'Etat congolais, mais morcelé par ceux qui ne voient que leurs intérêts, pour satisfaire les besoins de leurs clients. Des mesures annoncées pour déloger les envahisseurs des lieux et permettre à l'Etat de rentrer dans ses droits traînent à se concrétiser.

L'aliénation d'un domaine public devra interpeller tous les citoyens congolais et émouvoir leur conscience. Chacun devrait sentir comme s'il avait perdu son propre bien et chercher à le récupérer et à le protéger.

Au cours du 3e trimestre 2012, nous avons suivi les déclarations encourageantes du Premier ministre Matata Ponio Mapong qui annonçait la résolution de son Gouvernement de poursuivre ceux qui se sont accaparés des biens de l'Etat et de récupérer ces derniers pour servir d'intérêt commun. Nous lui souhaitons une bonne chance et espérons que son acte pourrait amener nos compatriotes à respecter les biens publics.

Le législateur devrait sans tarder élaborer des lois contraignantes, prévoyant des sanctions très sévères contre toute tentative d'expropriation des biens de l'Etat. Cela pourrait contribuer suffisamment à protéger les domaines publics dans notre pays, que ce soit des jardins zoologiques, des parcs publics, des routes, des avenues, des rues ou d'autres réserves de l'Etat, qui sont aujourd'hui disséqués et occupés à volonté par ceux qui ont de l'argent pour soudoyer des fonctionnaires et agents de l'Etat non respectueux des règles régissant leurs attributions.

Ces derniers devraient être judiciairement poursuivis même après la récupération par l'Etat du domaine qui était déjà occupé par des particuliers. Ce qui pourrait amener ceux qui ont la charge, de gérer un domaine public, de ne pas s'amuser de le distribuer aux autres, ni de l'occuper comme si c'était son propre bien.

Les personnes qui, par la passion éhontée du profit, agissent comme si elles avaient perdu tout le sens des responsabilités, ne se préoccupent pas des malheurs engendrés par leurs actes : des enfants qui perdent les lieux de leur scolarisation, des familles qui perdent leur logis, des gens qui meurent des soucis d'avoir perdu leurs biens, des collecteurs publics qui sont bouchés, ouvrant la voie à l'inondation des quartiers. Rien de tout cela ne les effleure. Encore moins la souffrance des autres.

Pour contraindre ces gens à changer de comportement, l'Etat devrait prendre des sanctions exemplaires à leur égard. Il y a lieu de saluer ici les efforts déjà entrepris par le Ministère de la Justice de notre pays d'aider ceux qui ont perdu leurs biens immeubles à rentrer dans leurs droits. Mais il est important que cela se pérennise.

Par ailleurs, les audiences publiques instaurées par ce ministère sont porteuses d'espoir de voir un climat de sérénité se renforcer autour de chaque citoyen, quelle que soit sa situation sociale ou physique. Nous espérons que ces efforts vont se poursuivre, en vue de rassurer nos compatriotes et de renforcer le sentiment d'espoir et de protection qui a commencé à se raciner en eux.

La poursuite de ces efforts exige que l'Etat combatte l'impunité et traduise en justice tout celui qui se serait comporté contrairement aux prescriptions de la loi. Les fonctionnaires et agents de l'Etat qui seraient impliqués dans la distribution désordonnée des terrains à la population devraient être traduits en justice, pour servir d'exemple de la détermination de l'Etat de sanctionner ceux qui enfreignent aux lois du pays. Cela pourrait également permettre aux punis de se rendre compte du mal qu'ils auraient fait à la nation.

Ce travail devra être permanent et perceptible à tous, pour que tout le monde soit conscientisé au sujet des risques que l'on court quand on n'agit pas conformément à la loi, quelles que soient les fonctions exercées ; ou quand on confond les biens de l'Etat avec ceux du domaine personnel ; ou encore quand on marche sur les droits des autres.

C'est avec douleur que nous nous sommes rendu compte que même des étrangers en séjour chez nous connaissent déjà la propension de certains compatriotes à sacrifier les intérêts communs, ceux de l'Etat, au profit des intérêts personnels.

Un jour d'octobre 2005, nous nous trouvions dans un aéroport d'un pays anglophone d'Afrique de l'Ouest. Un Européen, qui a constaté que nous parlions français, s'est approché de nous pour nous demander d'où nous venions. Quand nous lui avons dit que nous étions ressortissant de la RDC, notre interlocuteur s'exclama : « Vous venez du pays de 50 % ! » Soudain, comme il était temps pour l'embarquement, il monta dans l'avion et occupa son siège. Nous devions occuper le nôtre, loin du sien. Nous prenions le même avion que lui pour rejoindre notre lieu de travail. Mais, il est descendu à la première escale.

Nous étions franchement ébahi et très mal à l'aise durant tout le parcours. Nous ne comprenions rien au sujet des propos de notre interlocuteur. C'est deux jours après notre retour dans notre poste que nous avons pu comprendre cette assertion quand, en recevant nos compatriotes venus nous saluer après notre voyage, nous leur avons fait part des propos de l'Européen. Ils nous ont dit que ce dernier faisait allusion à la pratique déplorable qui s'est presque institutionnalisée dans notre pays où des investisseurs sont contraints de traverser plusieurs barrières, moyennant finances, avant d'obtenir l'autorisation d'implanter leurs établissements. C'est ce qui expliquerait le découragement de la plupart d'entre eux qui sont allés construire leurs usines dans des pays voisins, pour traiter des matières premières venant de la RDC.

Cette pratique serait sérieusement combattue aujourd'hui, comme on le dit dans les milieux officiels, notamment avec la création d'un guichet unique et la réduction sensible de temps pour la création d'une société ? Une chose reste cependant certaine : cette pratique a fait perdre au pays la possibilité d'avoir de nombreuses usines qui créeraient de nouveaux emplois pour sa jeunesse.

On peut se poser la question de savoir si, par leurs agissements intéressés ou par leur complicité égoïste, ces compatriotes sont fiers de ce qu'ils ont fait contre la nation, en permettant la construction dans des pays voisins, à proximité de nos frontières, des usines de traitement des matières premières, en provenance du Congo, que les fils et filles de ce pays vont régulièrement vendre pour assurer leur fonctionnement ?

Nous savons que cela leur a permis d'en tirer un grand profit. Mais nous ne savons pas où ils ont placé l'intérêt et l'avenir du Congo, ce pays nanti qui demeure malheureux à cause de la cupidité de certains de ses fils et filles.

Avec un comportement de ce genre, comment peut-on être étonné de voir surgir en RDC des contrats léonais répondant, non aux intérêts de l'Etat congolais ni à ceux de son peuple, mais plutôt à l'avidité de ses représentants qui y trouvent l'occasion de renflouer leurs bourses.

Déterminé à avoir les moyens nécessaires pour poursuivre son programme de reconstruction et de modernisation du pays, l'Etat congolais cherche maintenant à revisiter ces contrats, en vue de jouir des bénéfices convenables. Cette tâche n'est pas toujours aisée, compte tenu de la résistance des parties signataires qui tiennent à jouir des avantages acquis. Pouvons-nous être surpris de voir notre Etat traîné devant des tribunaux internationaux par ces investisseurs qui tiennent à préserver leurs droits, quelle que soit la manière de leur acquisition ? Il est important que le peuple congolais soutienne son gouvernement dans cette situation née de la cupidité de ses enfants.

Toujours préoccupé par l'envie excessive d'amasser la richesse, l'homme cupide n'hésite pas à contribuer au pillage des ressources naturelles de son pays. Il ne se soucie jamais des effets néfastes que cela peut avoir sur l'économie nationale. La préoccupation d'avoir plus d'argent guide ses pas à tous les postes des responsabilités qui peuvent lui être confiés. Il n'y voit que l'occasion d'augmenter son bonheur, même si cela peut entraîner l'expropriation des droits des autres, fonctionnaires et agents mis à sa disposition.

La corruption devient un moyen d'accéder au bénéfice de certains avantages tels que le travail, le voyage, la promotion sociale, la montée de classe, la sélection pour une compétition internationale. Ce qui décourage et obscurcit toutes les voies de la compétence et de la capacité de l'individu, pourtant nécessaires pour le développement d'un pays.

Dans tous les cas de ce genre, il est nécessaire que l'Etat, qui a d'ailleurs proclamé « la tolérance zéro », réagisse rapidement et sans complaisance, en traduisant tout suspect en justice, pour des sanctions nécessaires et justes. Il devra également veiller à ce qu'aucun coupable ne bénéficie d'impunité, cette anomalie qui peut être considérée comme un encouragement au mal.

De fait, seules les sanctions sévères peuvent contribuer à dissuader les gens de continuer à poursuivre la voie des erreurs, pour embrasser le chemin de la justice. Il y a lieu de reconnaître par ailleurs que sans la justice, le pays ne peut faire aucun progrès.

L'étude de la cupidité nous rappelle une historiette imaginée par un humoriste africain en rapport avec ce fléau qui mine dangereusement l'Afrique Noire.

Il parlait d'un ministre d'un pays d'Afrique subsaharienne qui, en visite de travail dans un pays d'Europe, a été invité par son collègue dans sa villa de campagne. Après un repas copieux, celui-ci se mit à la fenêtre de son salon et l'invita à voir une de ses réalisations. Pointant du doigt les véhicules en circulation, il lui demanda : « As-tu vu cette autoroute-là ? » Quand le ministre africain répondit : « Oui », il enchaîna : « C'est ça », en pointant le doigt sur le pavé de son salon, comme pour dire qu'il avait construit sa maison avec le reste de la somme d'argent lui confiée pour la construction d'une autoroute.

Six mois plus tard, le ministre africain invita son collègue européen à effectuer une visite officielle dans son pays. A cette occasion, il offrit dans sa villa privée un dîner en son honneur. Au moment où l'on attendait une tasse de café, en vue d'une bonne digestion de ce qu'ils avaient mangé, il amena son collègue à la fenêtre du salon de sa villa et pointa du doigt la broussaille environnante, en lui posant la question : « Est-ce que tu vois cette autoroute ? » Son collègue, ne voyant rien, rinça ses lunettes avec son mouchoir de poche et les porta de nouveau, pour mieux voir. Ne voyant que des herbes, il se tourna vers le ministre africain pour lui dire qu'il n'avait rien vu. Sur ce, son hôte, le doigt pointé sur le pavé de sa villa, lui dit : « C'est ça ».

Le ministre africain voulait dire à son collègue européen qu'il avait utilisé tout l'argent que l'Etat avait mis à sa disposition, pour construire une route d'intérêt général, à se faire construire sa propre maison. Pour lui, l'intérêt personnel prime sur l'intérêt national.

Avec un tel comportement, comment les pays concernés peuvent-ils entreprendre leur marche vers le chemin du progrès ? Il est douloureux de constater que la RDC fait partie de ce lot.

C'est cette attitude négative de certains de nos compatriotes qui aurait amené les dirigeants du pays à recourir à l'expertise étrangère pour diriger quelques entreprises de l'Etat.

Pour assainir notre société et faire revenir les gens à l'ordre, permettant ainsi au pays de mettre convenablement à exécution son programme de développement, nous croyons toujours dans la nécessité des sanctions sévères contre les responsables des dérapages. Ce qui pourrait atténuer l'ardeur de la cupidité dans notre pays.

Il est regrettable de noter que c'est la cupidité qui aurait étouffé un esprit de continuité dans de nombreuses familles congolaises. En effet, à la mort d'un initiateur d'une activité lucrative, les héritiers se livrent, volontairement ou sous pression de divers prétendants à l'héritage, au partage des biens et actions du défunt. Ils freinent ou font disparaître les activités qui étaient florissantes du vivant du regretté.

Ce qui est dommage pour notre pays, par rapport à ce que nous voyons ailleurs où les gens œuvrent pour le développement de ce que le défunt aurait laissé à sa mort. Tel est le cas de nombreuses usines que l'on trouve dans le monde.

Elles sont toujours prospères, bien que leurs initiateurs soient morts depuis plusieurs siècles.

7. Fonction publique peu motivée

L'administration publique assure le fonctionnement d'un Etat. Comme dans tous les pays du monde, le gouvernement congolais a besoin d'une administration efficace, pour faire appliquer et contrôler ses lois, ses règlements et toutes les mesures qu'il peut prendre, dans n'importe quel domaine de la vie nationale, notamment la sécurité du territoire, la perception des impôts et taxes, l'éducation des jeunes, la santé de la population, la circulation des personnes et des biens à travers le pays, l'identification des citoyens chez eux et à travers le monde, l'entretien des routes, le suivi de son programme de développement du pays, la vulgarisation de ses activités, la coopération avec d'autres peuples.

C'est grâce à une bonne administration que la RDC peut mieux mettre en pratique sa politique de développement. L'avenir de la nation en dépend.

Grâce à son administration, tout Etat fait fonctionner ses organes et contrôle leur gestion. Ce rôle est assuré par des personnes qui ont accepté d'être à son service. On les appelle « *les fonctionnaires et agents de l'Etat* ». Elles constituent ensemble la « *Fonction Publique* » nationale.

Pour que celle-ci puisse avoir un bon rendement, chaque pays lui réserve une attention soutenue, allant des conditions sévères et objectives fixées pour le recrutement de ceux qui peuvent faire partie du personnel de l'Etat à leur rémunération, en passant par leur logement, leur transport et leur santé.

De fait, l'Etat doit définir la politique à suivre dans la Fonction Publique nationale, déterminer comment celle-ci doit être animée, dans l'intérêt supérieur de la nation, traiter dignement son personnel, en lui assurant des salaires convenables, soumis à une bonne périodicité et dépourvus de toute forme de tension, en veillant à ce qu'il soit bien logé et qu'il puisse bénéficier de bons soins de santé.

Comme dans d'autres pays du monde, le gouvernement congolais devra chercher à connaître le nombre exact des personnes qui travaillent dans des services de l'Etat, leurs occupations réelles, leurs conditions de vie, le niveau de leur rémunération.

Autrement dit, Kinshasa devra maîtriser la composition de sa Fonction Publique, connaître le nombre et le profil de ceux qui ont des charges publiques et qui en assurent le fonctionnement, disposer des statistiques viables de ces personnes, hommes et femmes, qui œuvrent jour et nuit, pour faire preuve de l'existence de l'Etat congolais dans de différents domaines, savoir ce qu'ils font réellement et comment ils vivent avec des moyens mis à leur disposition.

La maîtrise des effectifs de la Fonction Publique nécessite la mise en place d'un organigramme définissant les postes dont l'Etat a besoin pour assurer son fonctionnement, tout en précisant le nombre des fonctionnaires et agents par poste, en déterminant ce qui devra être fait par chacun d'eux dans un domaine bien déterminé.

De ce fait, on peut croire, sans trop de risque de se tromper, que tout engagement des gens non justifié, c'est-à-dire celui qui serait dicté par un plaisir quelconque ou un abus de pouvoir, est nuisible à l'avenir de la nation qui, dans ce cas, sera appelé à faire des dépenses superflues pour un rendement précaire.

Ce genre de recrutement des animateurs publics, basé sur les relations familiales ou amicales est, non seulement une violation flagrante de la Constitution et des lois de la RDC qui excluent toute forme de discrimination dans les services publics, mais aussi un grand frein à l'évolution et au développement du pays.

Dans la conclusion de son livre, « *Le calvaire d'un diplomate du Congo-Zaïre* », l'auteur réserve une bonne place à l'utilisation rationnelle des cadres. Il conseille de tenir compte de leur formation de base et de leur expérience avant de leur confier des charges publiques. L'image de la nation en dépend. Tout comme il déconseille de recourir aux personnes dépourvues de la qualité nécessaire et qui n'ont aucune expertise, pour s'occuper des services publics[31].

C'est un fait indéniable que tout Etat a besoin des hommes capables d'approfondir des études dans le domaine qu'il leur confie et d'exécuter correctement leurs charges. Ce qui ne peut pas être demandé aux gens sans formation ni expérience nécessaire, des gens qui, de surcroît, ne contribuent pas à l'amélioration de l'image du pays sur l'échiquier international.

En vue de mieux contrôler tous les secteurs de la vie nationale et de les rendre prospères, l'Etat congolais devra améliorer les conditions sociales et de travail de ceux qui sont à son service, en leur accordant notamment un salaire décent.

Toute négligence à ce sujet peut faire perdre beaucoup d'avantages à l'Etat. En effet, comme dit un adage, « *il ne faut jamais compter sur des affamés* », l'Etat devra d'abord songer à améliorer le social de ceux qui sont à son service, pour espérer augmenter ses recettes et améliorer son rendement.

De fait, comment l'Etat pourrait-il récupérer toutes les taxes qu'il a fixées, quand ceux qui doivent les percevoir ont des problèmes de nourriture ? On peut aussi se demander comment un agent de l'Etat peut-il se comporter dignement devant un homme d'affaires qui lui tend une enveloppe d'argent quand il n'a rien en poche, mais se sent par contre interpellé par la situation de sa famille restée chez lui, dans l'incertitude de se trouver à manger ?

Les questions de ce genre peuvent être nombreuses. Mais elles se ressemblent toutes dans leur objectif de viser l'amélioration des conditions de vie du fonctionnaire, pour un bel avenir de l'Etat congolais. Ce dernier devrait faire de son mieux, pour épargner ses fonctionnaires de l'humiliation et réinstaurer leur dignité. Il devra réserver une attention particulière à ses fonctionnaires et agents, les motiver en leur accordant des rémunérations dignes et équilibrées, pour qu'ils soient fiers de leur statut et prêts à rendre à leur pays le service qu'il attend d'eux.

---

[31] TSHIBASU MFUADI, Le Calvaire d'un diplomate du Congo-Zaïre, L'Harmattan, Paris, 2006, pp 175-180.

Lors de nos différents déplacements à Kinshasa, capitale de notre pays, il nous est arrivé d'assister à des scènes regrettables, telles que celles offertes par des agents de l'ordre qui, au lieu d'assurer la bonne circulation des véhicules, se mettaient à récolter de l'argent, pour remplir leurs poches. Certains en sortaient insultés ou humiliés par des chauffeurs à qui ils demandaient ce service. Tel fut le cas d'un policier, père de famille, qui s'était vu éconduit par un jeune garçon, chauffeur d'un taxi, qui criait : « *Lungua, moto pamba* » (quittez, un vaut rien).

Certes, il y a lieu de reconnaître que nous n'aurions pas assisté à de pareilles scènes si des agents concernés étaient mieux rémunérés. Il est aussi vrai que ces actes d'humiliation n'existent pas pour des agents qui tiennent à leur dignité personnelle.

En effet, même si on n'a pas suffisamment des biens matériels, l'homme congolais doit savoir que sa dignité n'a pas de prix. Il faut y tenir quelles que soient les conditions dans lesquelles l'on se trouve. L'amour de notre dignité peut nous empêcher de brader notre honneur.

L'amélioration des conditions sociales des fonctionnaires et agents de l'Etat entraînerait celle de la population congolaise dans son ensemble. D'où la nécessité pour l'Etat congolais de faire des efforts supplémentaires pour ce redressement. Ce qui pourrait largement contribuer à freiner la fuite des cerveaux et à encourager nos compatriotes, qui se trouvent en dehors de nos frontières, à rentrer chez nous, pour participer à la reconstruction et à la modernisation du Congo.

L'amélioration de la situation des fonctionnaires et agents implique également l'attention de l'Etat à leur santé, plus particulièrement quand ils sont malades et qu'ils doivent être pris en charge par le Trésor public, pour un traitement à l'extérieur du pays ou dans des hôpitaux locaux. Il nous paraît important qu'ils se sentent bien entourés de l'affection de l'Etat congolais, marquée par sa préoccupation au sujet de leur situation, et non comme des gens abandonnés à leur triste sort, semblables à des personnes gênantes dont on veut se débarrasser.

La procédure de prise en charge pour être soigné aux frais de l'Etat est normale. Elle voit la participation du Ministère de la Santé Publique, à travers le Conseil de médecins, du Ministère du Budget et de celui des Finances. Mais le temps mis à chaque étape (surtout à la dernière) est excessif ; il n'accuse aucun souci de mettre fin aux souffrances qu'endurent les autres à cause de leurs maladies. Ce qui nous rappelle un proverbe qui dit : « *Disama pambidi pa mukueba, ndishiya dia mayi* » ; que l'on peut traduire à peu près par : « *La maladie d'une autre personne est au-delà de la mer* ». Autrement dit : « *On ne la voit pas et on ne la sent pas ; ce qu'on peut en être indifférent.* » En effet, on ne peut rien voir ni sentir de ce qui se passe sur l'autre côté de la mer, opposé à celui sur lequel on se trouve.

C'est ce que le malade ressent quand les démarches pour la prise en charge de ses soins traînent, au moment où sa maladie se développe au risque de le conduire à la tombe. C'est après l'irréparable que l'on peut entendre des mots élogieux pour glorifier le sinistré, notamment au moment de l'enterrement. Pourtant, la catastrophe serait évitée si des soins appropriés avaient été administrés en temps opportun, conformément aux vœux de tout le monde d'être sauvé, en vue de vivre encore longtemps.

Une fois qu'il a été établi que nous souffrions d'hépatite C, cette envie d'être sauvé qui nous a contraint à solliciter le concours de notre Etat, pays au service duquel nous avons sillonné l'Afrique de l'Ouest à l'Est, bravant parfois des situations conflictuelles qui auraient pu nous être fatales, pour nous prendre en charge et nous permettre de recevoir en temps opportun[32] ces soins dont la cherté est unanimement reconnue : le pegasys, médicament de base injectable contre cette maladie, à prendre une fois par semaine, durant une année, revient à 321,41 euros l'ampoule en Europe Occidentale.

Ce prix n'inclut pas la charge d'autres produits associés, que le patient doit avaler chaque jour pendant toute la période de traitement. C'est ce que les médecins jugent objectivement

[32] L'hépatite C peut être soignée quand le foie est encore souple et sans plaie. Le traitement devient difficile quand le foie est dur ou très blessé.

impossible à supporter par un individu seul s'il ne bénéficie pas d'un soutien financier de l'Etat, ni d'un organisme d'assistance sociale.

Après plus de dix mois que notre dossier transmis à Kinshasa en octobre 2011 est resté sans suite, nous débarquions dans la capitale de notre capitale en août 2012, pour le suivre physiquement nous-mêmes. C'était une décision réaliste compte tenu de l'efficacité de la présence physique dans cette procédure. Elle nous a permis de relancer ce dossier qui était déjà classé parmi ceux à rejeter. Nous l'avons suivi avec assiduité au Ministère du Budget, pour obtenir son envoi au Ministère des Finances.

Nous croyions qu'il serait mis moins de temps à ce dernier service. La réalité était tout autre. Nous ne saurons pas dire exactement le nombre de semaines au cours desquelles nous avons eu à répondre aux rendez-vous de mardi et de vendredi[33]. Nous nous rappelons toutefois que nous étions nombreux à effectuer ces va-et-vient, en recevant des réponses quasi identiques : dossier non encore signé. Pouvaient se dire heureux ceux qui, un ou deux, faisaient exception du lot, en obtenant la fameuse signature.

Nous ne savons pas comment qualifier cette allure d'une ou de deux signatures par semaine, pour permettre aux gens qui luttent contre des maladies graves de se faire soigner, en vue de survivre encore longtemps. C'est pénible. Nous avons malheureusement fait partie de ce lot pendant une période de notre vie. Nous avons eu la vie sauve grâce au concours de nos enfants et des connaissances, toujours sensibles à notre situation. Nous n'avons cependant pas eu l'occasion de connaître les critères qui militent en faveur des choix de certains dossiers par rapport aux autres. Nous ignorons encore s'ils sont objectifs ou subjectifs.

Nous estimons toutefois qu'il est temps pour le gouvernement congolais de veiller non seulement à la bonne application des mesures prises, pour améliorer le quotidien du

---

[33] Chaque semaine, le mardi et le mercredi, le Ministère des Finances reçoit les fonctionnaires et agents de l'Etat malades, au sujet de la prise en charge de leurs soins médicaux.

peuple et du fonctionnaire, mais aussi de sanctionner sévèrement ceux qui, par leur action (détournement, discrimination, clientélisme ou autre antivaleur), créent un climat de frustration au sein de la population ou de l'administration, au risque de faire passer l'Etat congolais pour responsable de cette situation créée par son agent ou son représentant.

De fait, un climat de discrimination ou de clientélisme ne peut jamais être toléré au sein de l'administration publique. Celle-ci devrait apparaître comme une famille, regroupant les fils et filles appartenant au même père, « l'Etat congolais », et poursuivant le même objectif : « *Œuvrer pour la grandeur de la RDC dans le domaine de sa compétence* ». De même, les antivaleurs devraient être découragées.

Il est nécessaire que toutes les forces de la nation travaillent ensemble et dans l'unité, c'est-à-dire sans disperser leurs énergies, pour assurer le bon fonctionnement des institutions de l'Etat. Ce qui pourrait apporter de nombreux avantages au pays, notamment accélérer son développement, rassurer sa population, en la rendant fière du travail de ses fils et filles, encourager les citoyens étrangers qui vivent chez nous à y demeurer avec assurance et ceux qui viennent en visite à multiplier la fréquence de leurs déplacements, contribuant ainsi à améliorer des recettes touristiques du pays.

Il conviendrait également de suggérer à l'Etat congolais de restituer aux fonctionnaires et agents des avantages qui leur avaient été enlevés par la Deuxième République, notamment des avantages liés à leur ancienneté, à leur rendement et aux études faites, avec comme conséquence l'instauration d'un même niveau de salaires pour les nouveaux et les anciens, pourvu qu'ils soient revêtus du même grade statutaire.

Cette situation, qui ne favorise pas un dépassement de soi dans l'esprit des fonctionnaires et agents publics, est malheureusement encore en vigueur dans notre pays. Ce qui n'encourage pas certaines initiatives de bien s'exprimer. L'Etat congolais ferait de son mieux pour motiver des fils et filles du Congo qui ont choisi de se mettre à son service. Dans ce cadre, il devra réinstaurer la prime d'ancienneté, la prime de diplôme et les échelons.

Il devra également envisager la possibilité d'octroyer des médailles de l'Ordre National du Mérite à ceux qui se seraient distingués dans l'exercice de leurs fonctions. Cette récompense, faite en toute objectivité, sera un grand encouragement pour les bénéficiaires et une bonne motivation pour l'ensemble du personnel de l'Etat.

C'est aussi un devoir, pour les fonctionnaires et agents de l'Etat, de contribuer à la consolidation de la cohésion nationale. Pour ce faire, l'Etat devrait envisager de promouvoir leur permutation dans toutes les provinces du pays, où ils devront œuvrer en toute neutralité dans l'intérêt supérieur de la nation.

Cela éviterait au pays l'habitude des gens qui travaillent uniquement dans leurs provinces d'origine, au risque de ramener le Congo aux pratiques de cloisonnage, qu'avait connues notre pays à un certain moment, comme la situation qu'on a eu à déplorer au début de l'année 1960, de voir de nombreux leaders congolais se rencontrer pour la première fois à la *Table Ronde* de Bruxelles, pour débattre de l'avenir de leur pays.

La RDC ne semble pas se préparer suffisamment à occuper des postes importants dans la fonction publique internationale. Il y a quelques compatriotes qui, par des efforts personnels, exercent des d'importantes fonctions au sein des organismes internationaux. Cela ne suffit pas. Notre pays devra mener une politique répondant à ses ambitions dans le monde. Pour y parvenir, une préparation conséquente devra être faite.

L'administration interne est un creuset légitime de cette préparation : l'Etat congolais devra faire un grand effort pour l'utilisation rationnelle des cadres nationaux, en vue de recommander sur le plan international ceux d'entre eux qui répondent le mieux aux critères de recrutement fixés par l'organisme intéressé, sans se chercher à ne présenter ceux que l'on porte dans le cœur car, au niveau international, la compétition est rude. Aucune légèreté ne peut y tenir.

8. Résurgence du phénomène identitaire

La RDC est un vaste territoire dont les frontières sont héritées de la colonisation qui, elle-même, a eu à se conformer à la configuration donnée à l'Afrique par la Conférence de Berlin de 1885. Elle est une véritable mosaïque de tribus qui, ayant connu un même passé et les mêmes affres de la colonisation, constituent aujourd'hui un groupe conscient de son unité historico-culturelle et déterminé à vivre ensemble.

Cette conscience est une grande richesse pour laquelle tout Congolais digne de ce nom devra œuvrer pour sa consolidation et son épanouissement. La plupart de nos compatriotes luttent dans ce sens. Ce qui ne doit que nous réjouir.

Il y a par contre ceux qui posent des actes sectaires pouvant, à la longue, affaiblir l'idéal national et retarder l'évolution du sentiment d'appartenir à une même nation. C'est le cas notamment de l'apparition ou de la réapparition des associations tribales ou identitaires qui ne regroupent que des gens se réclamant d'un ancêtre commun ou possédant les mêmes souvenirs.

Il est certes vrai que tout individu peut contribuer à la sauvegarde et à la promotion de sa culture. Mais cela ne peut pas justifier les efforts de certains compatriotes de privilégier l'idéal identitaire au détriment du mobile national. Malheureusement, c'est ce que l'on remarque en matière de recrutement et de promotion du personnel dans les services publics et privés, ainsi qu'en cas de participation à des compétitions internationales ou pour le choix du personnel à qui confier un travail quelconque.

Dans tous ces cas, les arguments de la qualité et de la compétence, qui devraient orienter chaque sélection, semblent écartés par le désir de servir un frère de clan, de tribu ou d'ethnie et de satisfaire à la demande d'un ami ou d'une relation. On dirait que la nécessité de produire un travail de qualité est renvoyée aux calendes grecques. Ce qui est dommage pour l'avenir du pays qui a besoin d'un travail bien fait, profitable à toute la nation, mais qui a affaire aux arrivistes qui, par leur incapacité, risquent de lui faire rater de nombreux avantages.

Notre critique ne peut pas être perçue comme un rejet du principe de la représentativité, cette sorte de garantie pour la participation de divers groupes de citoyens à la gestion des affaires publiques.

Le pouvoir public devrait respecter ce principe et veiller scrupuleusement à son application, pour le bonheur du peuple. Ce qui ne pourrait qu'encourager tout citoyen congolais et atténuer en lui les sentiments de frustration dans ses rapports avec d'autres compatriotes.

Cette position ne peut être considérée que dans le cadre d'un encouragement à l'amour de la bonne qualité que nous devons tous rechercher pour l'épanouissement de notre pays car, ce qui compte c'est le progrès de la nation et non la prospérité de l'individu.

Au départ de nature culturelle, la tendance au regroupement ethnique ou régional devient de plus en plus un moyen de pression politique. En effet, certaines associations ethniques ou régionales n'hésitent pas à faire des revendications politiques, réclamant publiquement que leurs tribus ou provinces soient représentées à des postes publics. Ce qui augure des dangers pour l'avenir de ce pays qui compte déjà un nombre exorbitant de partis politiques, chacun d'eux cherchant à obtenir une charge publique en signe de reconnaissance à un appui quelconque ou en récompense d'un service rendu.

Cette façon de voir les choses fait passer la nomination d'un individu à un poste important de la vie nationale comme une affaire de la tribu ou de la province, au lieu de la percevoir sous l'angle d'attribution à son parti ou de reconnaissance de ses capacités personnelles, profitables au pays.

L'heureux nominé est plus fêté par sa tribu que par le parti politique qu'il représente, même si sa nomination a été faite en fonction de son appartenance à celui-ci.

Nous estimons que la radiodiffusion de ce genre de jouissance pourrait constituer un encouragement de certains groupes identitaires à agir comme les autres. Cette dynamique devrait nous interpeller tous et nous amener à nous poser la question de savoir où est-ce que cela va nous conduire.

En jetant un coup d'œil sur l'histoire de notre pays, plus particulièrement au cours des dernières années de la période coloniale, on remarque l'existence de quelques associations tribales, régionales et culturelles dont la naissance de la plupart d'entre elles aurait été encouragée par des Agents coloniaux qui, au service de leur pays, étaient soucieux d'affaiblir, sinon de retarder l'avènement de la conscience nationale congolaise, pourtant nécessaire pour pousser les Congolais à revendiquer l'indépendance de leur pays.

En analysant des révélations qui nous ont été faites récemment par des compatriotes vivant en Europe, nous nous sommes demandé s'il convient de conclure que la Belgique ne veut plus utiliser certains éléments culturels, comme à l'époque coloniale, qui favoriseraient la division de notre peuple.

Ces ressortissants congolais nous ont raconté que vers la fin de l'année 2011, ils ont demandé à des services compétents d'une mairie de Bruxelles une autorisation de faire fonctionner une association regroupant les femmes de leur tribu. Cette autorisation leur a été refusée. Les responsables belges leur ont suggéré de créer à la place une association regroupant les femmes congolaises en général, sans aucune discrimination, en vue d'obtenir une autorisation de ce genre. Ce qui n'a pas été fait et l'association n'a jamais été légalisée.

A Kinshasa, ce cas passerait facilement et que cette association tribale allait fonctionner normalement. Ses diverses rencontres seraient radiodiffusées avec aisance par des chaînes nationales de radio et de télévision, sans que l'on ne se rende compte de la contribution que l'on apporte à l'œuvre de la destruction de l'unité nationale.

Cette œuvre a pris tellement de l'ampleur et s'étend jusqu'aux cimetières, pour entendre des journalistes nationaux souligner que les « *Boudois*[34] » pleurent leur fils ou fille, comme si la présence d'autres compatriotes sur le lieu du deuil ou de l'enterrement était insignifiante.

Si on peut dire qu'à l'époque coloniale, certains fonctionnaires étrangers avaient suscité *le sentiment d'appartenance ethnique* et *la création des associations tribales*

---

[34] *Boudois* est un mot imaginaire désignant les ressortissants d'une quelconque tribu de la RDC.

et culturelles[35] en vue de retarder l'émergence de la conscience nationale chez les Congolais, on peut dès lors se demander pour quelle raison nous nous mettons aujourd'hui à créer ces éléments de division ? Pourquoi dans certaines régions du pays, chaque groupe tribal entretient-il sa milice pour défendre ses intérêts vis-à-vis d'autres groupes ? Pour qui roulons-nous sans nous inquiéter du danger qui guette notre pays ? Sommes-nous conscients du mal que faisons à notre pays ? Savons-nous que ce que nous faisons est un danger pour nous-mêmes et pour le Congo de demain ?

Ces questions ne mettent pas en doute l'amour que nos compatriotes éprouvent pour notre pays dont ils défendent l'unité. Ils l'ont démontré à plusieurs reprises et dans des occasions diverses. Il est néanmoins nécessaire d'attirer l'attention de chacun sur le danger que constitue ce phénomène identitaire qui tente bien des compatriotes, imbus ou non du nationalisme, ce sentiment qui « *implique que les individus se sentent membres d'une nation et d'une seule avant d'être membres d'un groupe plus étroit, et qu'ils soient prêts à faire les sacrifices nécessaires pour défendre les intérêts de leur nation*[36] ».

L'interpénétration de diverses tribus du Congo est palpable. Tout Congolais devra œuvrer pour son approfondissement et sa consolidation. Dans son livre, *Coutumes et traditions baluba,* l'auteur écrit que la différenciation des pratiques et traditions ancestrales du Congo « *ne peut en aucun cas être perçue comme un principe de division, mais plutôt comme un élément constitutif de la grande richesse de la République Démocratique du Congo qui englobe une formidable diversité de coutumes et traditions qui, par une agréable coexistence et une profonde promiscuité de sa population dans ses différentes villes, sont en train de s'entremêler et de s'interpénétrer pour (...) parvenir spontanément à s'uniformiser* ou *plutôt* à *se rapprocher davantage les unes des autres*[37]. »

---

[35] Crawford Young, Introduction à la politique congolaise, CRISP, Bruxelles, 1965, pp 131-135.

[36] Dictionnaire de la pensée politique, Paris, Hatier, p. 562.

[37] TSHIBASU MFUADI, Coutumes et traditions baluba, L'Harmattan, Paris, 2004, p 11

N'est-il encourageant de voir les Congolais, malgré les barrières ethniques qui existent entre eux, vivre ensemble à l'intérieur comme à l'extérieur de leur pays, habiter les mêmes quartiers urbains, fréquenter les mêmes établissements d'enseignement, lutter ensemble au sein des mêmes partis politiques, prier ensemble, se marier entre eux, enterrer leurs morts dans les mêmes cimetières ? Ce que l'on remarque difficilement dans certains pays.

Tout citoyen congolais a le devoir de contribuer à la consolidation des liens de fraternité entre les différents groupes tribaux de son pays et de combattre toute tendance à leur division. Il doit savoir éviter des actes et des paroles susceptibles d'avoir sur ses compatriotes un impact négatif, de nature à bouleverser leur comportement vis-à-vis de leurs concitoyens d'autres tribus et même vis-à-vis des institutions de leur pays.

C'est aberrant de constater que ceux qui occupent un poste public important, au lieu de chercher d'abord à poser des actes rassembleurs, se souviennent qu'ils sont nés dans un tel groupe identitaire dont ils ont le devoir de servir les membres. Pourtant ils sont au service de la nation et choisis en vue de travailler pour l'Etat, dans le cadre de la cohésion nationale. Ignorent-ils que dans toute société humaine, la discrimination est un facteur nuisible à l'unité des gens ? Songent-ils au tort qu'ils font au pays ?

Le phénomène identitaire entraîne la consolidation du sentimentalisme en faveur des membres de la coterie. Il détruit tout sentiment d'objectivité dans des jugements que l'on peut faire sur des actes posés par un membre du groupe. Si ces actes sont illégaux et qu'on lui fait des reproches, c'est le groupe qui sera le premier à le défendre, considérant le délit comme une manœuvre calomnieuse montée par ses ennemis. De même, si un procès est engagé contré un membre du groupe au sujet d'un forfait qu'il aurait commis, c'est tout le groupe qui fait pression pour que l'individu considéré soit blanchi. Ce qui ne permet pas à l'Etat, à travers ses organes judiciaires, de prendre des sanctions qui conviendraient à son égard.

Que deviendra donc l'Etat devant le développement de ce micro nationalisme injustifié qui ne fait pas le bonheur des nationalistes congolais ? Quel sera son avenir avec une multitude de groupes identitaires, chacun cherchant à protéger les siens et à les soutenir à tout prix vis-à-vis des autres, quels que soient les méfaits qu'ils auraient commis à l'égard de n'importe quelle communauté ou de l'Etat ? Le souci de la justice n'existe pas dans ce monde de discrimination où ne compte que ce qui appartient à son groupe.

Il est nécessaire que le peuple congolais, dans son ensemble, lutte contre ce fléau qui porte dangereusement des germes de notre division. Il devrait suivre les conseils de nos ancêtres qui disent : « *Katshidi ku lubalabala wajima, kakalua kufika ku mukutukutu munena* » que l'on peut traduire à peu près par : « *Eteignez le feu quand il est encore à une paille (à ses débuts). N'attendez pas qu'il atteigne la touffe* ». Autrement dit, c'est maintenant, au début du danger, que nous devons concentrer nos efforts, pour écarter le mal, au lieu d'attendre de chercher une solution plus tard.

Certes, tout Congolais devra œuvrer pour faire disparaître à jamais ce facteur de division à base sentimentale. Mais le Gouvernement, avec le concours du législateur congolais, devra prendre des mesures nécessaires, pour orienter le peuple vers une communauté d'esprit et mettre fin à ces pratiques honteuses et très dangereuses pour l'avenir du Congo. Il devra par exemple réglementer le recrutement dans des cabinets politiques, en excluant des proches parents du responsable parmi ses collaborateurs.

De fait, tout dirigeant d'un service de l'Etat devra éviter d'avoir comme collaborateurs les membres de son clan, de sa tribu, de son ethnie ou de sa province d'origine. Il devra par contre être entouré des collaborateurs issus de différentes provinces du pays. Nous croyons qu'une mesure de ce genre pourrait faire comprendre à l'intéressé qu'il est à ce poste pour servir l'Etat et toute la nation, et non pour se servir soi-même, encore moins pour son groupe identitaire ou sa coterie.

Il importe également que le législateur vote une loi sanctionnant tout comportement et des propos discriminatoires, vecteurs du tribalisme. Ce qui pourrait épargner les oreilles des paisibles citoyens des expressions telles que : « *Tala ye kuna*

X[38] *! Nyama* », que l'on peut traduire par : « *Regardez-le ! Sauvage* ».

Il est regrettable de constater que certains compatriotes œuvrent pour le développement de quelques affinités parentales avec les ressortissants d'autres pays africains qu'ils considèrent comme leurs proches parents, car appartenant à la même ethnie ou tribu qu'eux, oubliant que la Conférence de Berlin de 1885 a établi de nouvelles entités nationales que l'Organisation de l'Unité Africaine, devenue aujourd'hui l'Union Africaine, n'a jamais voulu remettre en cause, adoptant à son premier Sommet tenu au Caire en 1954 le principe d'intangibilité des frontières héritées de la colonisation, visant le respect des limites de chaque Etat au moment de son indépendance.

On ne trouve pas d'inconvénient à ce que les peuples africains s'entendent. Mais il n'est pas normal que ce rapprochement se fasse au mépris des frontières nationales de nos Etats. D'ailleurs, nul ne peut ignorer cette réalité des choses : bien que Monsieur X, ressortissant d'un Etat tiers, soit membre d'une même ethnie ou tribu, personne ne peut prétendre se sentir plus concerné que ses propres compatriotes d'autres ethnies ou tribus par ce qui lui arrive dans son pays.

Y aurait-il lieu d'espérer que les expulsions de nos compatriotes de quelques pays africains pourraient contribuer à nous aider à comprendre la nécessité d'œuvrer pour le raffermissement de la cohésion nationale et l'abandon de toute tendance qui orienterait nos pas en marge des textes juridiques de notre pays et ceux auxquels celui-ci a librement adhéré sur le plan international ?

9. Prolifération des communautés religieuses

Depuis quelques années, les communautés religieuses, plus particulièrement les églises chrétiennes dites de réveil, ne cessent de se multiplier en RDC. De nouvelles y apparaissent le

[38] X : la lettre x remplace le nom de n'importe quelle tribu ou ethnie de la RDC que certains compatriotes ne se gênent pas de citer, pour froisser gratuitement ceux qui y appartiennent.

jour au jour comme des champignons. Chaque avenue ou chaque rue de nos villes compte ses églises dont le nombre va toujours en croissant.

Certains chercheurs estiment ce nombre à plus de 8.000 églises de réveil pour tout le Congo. Ce qui est très inquiétant pour l'avenir du pays.

Nous pouvons alors nous demander si le pouvoir public s'est déjà donné la peine de vérifier ce nombre. Et quelles dispositions a-t-il prises pour les contrôler ? S'il ne l'a pas encore fait, qu'il sache qu'il est grand temps d'y songer, en vue d'écarter le spectre de la division qu'elles cultivent, pour séparer les uns des autres, ces hommes et ces femmes sur lesquels elles exercent leur influence.

Dans toutes les grandes villes du Congo, Kinshasa en tête, le phénomène est toujours le même. Chaque quartier abrite plusieurs lieux de culte. A travers le monde, partout où résident des ressortissants congolais, on trouve le plus souvent un nombre considérable des communautés religieuses qu'ils fréquentent. Tel est le cas de ceux qui habitent un pays du Moyen-Orient : leur nombre ne dépasse pas deux cents individus, mais ils ont sept églises de réveil. Si on y ajoute des compatriotes musulmans, catholiques et protestants, nous pouvons être en droit de confirmer que la petite communauté congolaise vivant dans ce pays est répartie entre une dizaine de groupes religieux.

On peut alors chercher à découvrir les raisons réelles de cette prolifération des communautés chrétiennes qui, basées sur la Bible, devraient travailler dans la cohésion, en vue de démontrer qu'elles poursuivent le même objectif : *annoncer la bonne nouvelle, pour sauver le peuple de Dieu*. Mais en réalité, les intentions sont divergentes. De fait, il est difficile de remarquer dans certaines d'entre elles la volonté réelle d'assurer la propagation de cette bonne parole du Seigneur Dieu Tout Puissant, mais plutôt la détermination de leurs initiateurs de contrôler à leur profit des intérêts matériels qu'elles génèrent.

En l'an 2000, quand nous avions assisté à Kinshasa à un culte d'une importante église de réveil qui nous avait invité, nous avons été émerveillé non seulement par le nombre des personnes qui participaient à la cérémonie, mais aussi par la quantité des billets de banque donnés en offrande par les participants.

C'était notre première fois de voir une telle foule de personnes assister à un culte religieux. Quand il était temps de donner des offrandes, l'estrade où se tenait l'orateur du jour était couverte des billets de banque. Il a fallu de grands sacs, généralement utilisés pour conserver des produits alimentaires – par quantité de 50 kg par exemple-, pour ramasser la récolte du jour. Une situation alléchante pour toute personne qui serait tentée de s'enrichir grâce à la Bible.

N'étant pas membre de cette communauté religieuse, il ne nous a pas été facile de connaître la destination et l'usage des fonds récoltés. Des gens interrogés à ce sujet nous ont réservé des réponses presque identiques : « *Pour les œuvres de l'église* » disaient certains ; « *Pour les œuvres de Dieu* » disaient les autres. Nous n'avons pas eu l'occasion de connaître ces œuvres ni de voir quelques-unes d'entre elles. Nous savons tout simplement que cette situation n'est pas différente de celle que l'on rencontre au sein d'autres églises. C'est donc le désir d'avoir le droit de contrôle sur l'argent récolté qui conduirait souvent à des scissions des églises existantes et à la formation de nouvelles autres.

Cette situation, nous l'avons connue il y a plus de 10 ans. Elle est toujours la même et se serait renforcée aujourd'hui que le nombre d'adeptes a largement augmenté. Mais les œuvres des églises demeurent rares, sinon invisibles. Pourtant, la plupart de ces groupements ont la possibilité de créer et d'entretenir des œuvres sociales pour leurs membres. On notera par exemple des centres de santé et des écoles. Ce qui pourrait augmenter leur popularité dans le pays et enrichir le profil de leurs dirigeants.

De fait, les promesses faites par les pasteurs d'améliorer le quotidien des fidèles ne se concrétisent le plus souvent que pour les dirigeants des communautés eux-mêmes et pour leurs familles. Rien de concret ne semble se réaliser pour les fidèles. Pourtant, ce sont ces belles promesses qui les auraient attirés, dans l'espoir de trouver par la prière des solutions à leurs problèmes.

Malgré des contradictions et des échecs enregistrés, les adeptes ne se découragent pas. Ils rejettent les mauvais résultats sur Satan, avec ses tentatives pour les décourager, et continuent à croire en l'église au sein de laquelle ils prient, ainsi qu'en son dirigeant qui leur indique la conduite à tenir dans leur vie quotidienne, en vue de recevoir un jour le bonheur espéré du Très Haut.

Quand on approche chacune de ces églises, on constate que le document de base utilisé pour prêcher la parole de Dieu est le même, *la sainte Bible.* On ne comprend pas pourquoi ces frères et sœurs en Christ, comme ils veulent s'appeler le plus souvent, ne peuvent pas se mettre ensemble, au sein d'une seule communauté religieuse, pour renforcer leur lutte contre le pouvoir du Satan, en vue de la victoire de la parole de Dieu.

Si on a du mal à trouver la réponse à cette question, on peut cependant savoir que le métier de prédicateur est devenu une carrière intéressante au Congo. Chaque initiateur d'une église veille à tirer profit de son œuvre, profit qu'il veut contrôler tout seul, sans jamais partager avec les autres.

Dans notre pays, les pasteurs s'autoproclament au jour le jour, sans passer par l'école de théologie, comme cela se faisait autrefois, chacun déclarant avoir reçu du Seigneur Dieu Tout Puissant la *mission de conduire son peuple dans la prière.* Ce qui est difficile à vérifier. Même certains artistes musiciens en Christ s'improvisent pasteurs et évoluent en tant que tels.

Comme si le titre de pasteur ne suffit plus, il y en a qui s'autoproclament « évêques » ou « prophètes ». Le contact avec le monde extérieur, notamment anglophone, a permis à nos églises d'avoir d'autres titres tels que « *bishop* » et « *archbishop* » qui sont des mots anglais, signifiant respectivement « évêque » et « archevêque ».

L'épouse de l'auteur du présent ouvrage a été un jour choquée par des propos de deux jeunes gens qui, comme elle, attendaient un bus de transports en commun à un arrêt de Kinshasa. Ils causaient en leur langue maternelle, ignorant que leur voisine occasionnelle comprenait ce qu'ils disaient. L'un se plaignait auprès de son ami de ne plus être en mesure de subvenir aux besoins primaires de sa famille, ni de supporter la scolarité de ses enfants. Et son ami de rétorquer en lui demandant s'il n'avait pas de Bible à la maison.

- Il répondit : « *Bien sûr que oui.* »
- Son ami lui demanda encore : « *Tu ne sais pas lire et interpréter la Bible ? Ton épouse et tes enfants ne savent-ils pas chanter ?* »
- Sa réponse était affirmative.

Son ami enchaîna : « *Tous les éléments sont réunis, pour former une église avec ton épouse et tes enfants. Les gens viendront nombreux, pour prier et agrandir l'église. Les dîmes qu'ils verseront te serviront à régler tes multiples problèmes. C'est ça le business de ces jours* ».

Cette histoire démontre bien qu'il y a des églises, malheureusement nombreuses, qui sont créées dans le but de parvenir à des jouissances personnelles, sous des prétextes fallacieux d'œuvrer pour l'expansion de la parole de Dieu.

Il y a cependant des groupes qui travaillent d'une manière honnête. Une chose est certaine : personne n'a la possibilité de distinguer des communautés religieuses qui sont meilleures par rapport aux autres. Les bons pasteurs eux-mêmes le savent. Au cours de certains entretiens, ils ne manquent pas de se plaindre de l'existence dans leurs rangs des faux pasteurs, qui ne font que salir l'image des hommes de Dieu.

L'idée n'est pas éloignée de l'appel contre la pauvreté lancé par un compatriote autoproclamé pasteur qui, après avoir créé son église, devient de plus en plus florissant quand la situation de ses adeptes reste immuable.

Malgré des contrastes de ce genre qui ne cessent de se multiplier à travers le pays, l'affluence des fidèles vers les lieux de culte ne faiblit pas. Par contre, le nombre de nouveaux membres de l'église est en perpétuelle augmentation et les besoins pour élargir des lieux d'accueil et de prière sont toujours croissants.

En essayant de comprendre ce phénomène, nous nous sommes posé la question de savoir pourquoi, malgré les déceptions rencontrées quelque part par certains fidèles face aux pasteurs peu recommandables, on les retrouve ailleurs, derrière un autre leader, sans que personne ne cherche à connaître le passé de ce dernier.

Comme cette histoire qu'un collègue d'un pays d'Afrique Centrale nous a racontée au sujet d'un ressortissant de son pays qui, arrêté pour escroquerie pendant une période, a commencé à prêcher à partir de sa cellule de prison. Il est aujourd'hui compté parmi les richards de son pays.

Nous ne sommes pas hostile au regroupement des gens pour la prière. Mais nous n'apprécions pas certains actes qui nous semblent en contradiction avec des exigences de la société moderne, notamment l'amour du travail et l'harmonie familiale.

On peut rappeler ici l'apparition au sein de nombreuses églises d'une nouvelle activité dite « de permanence » qui mobilise des gens, des journées entières, à passer tout leur temps à l'église, sans rien faire pour eux-mêmes, ni pour leurs familles, encore moins pour leur pays. Ce qui est inquiétant pour le Congo, mais que les adeptes de l'église trouvent normal, arguant que les intéressés sont au service de Dieu. Pourtant l'Être Suprême demande à tout le monde de travailler durement, pour trouver à manger. On dirait qu'au Congo, les gens espèrent toujours revivre l'époque des « *mannes du Ciel* ». Ce qui ne semble pas facile.

L'emprise de l'église sur les fidèles est tellement grande, qu'à sa demande, certains d'entre eux abandonnent leurs anciens noms, portés depuis plusieurs années, car jugés porte-malheur par le pasteur, pour trouver un autre nom dans la Bible ou porter ceux qui signifient la joie ou le bonheur. Toutes les significations qui peuvent être traditionnellement liées à un nom donné n'ont aucun sens à leurs yeux. Ils n'hésitent pas d'attribuer à Satan l'origine de ces noms.

Il y a lieu de déplorer aussi des cas de dissolution de quelques unions conjugales jugées par tel ou tel pasteur non conformes à la volonté de Dieu. Pourtant, ces mariages ont été célébrés au nom du même Dieu, devant des témoins, les prétendants se promettant de « *vivre ensemble, pour le meilleur et pour le pire, jusqu'à ce que la mort les sépare* ».

Comment qualifier aujourd'hui l'action de ces hommes dits « de Dieu » qui, au lieu d'encourager l'harmonie et l'unité au sein des familles, œuvrent pour l'exclusion de tel ou tel autre membre, jusqu'à l'explosion totale des foyers qui vivaient unis ?

Il est étonnant de constater que même si cette explosion se fait au profit du pasteur, son instigateur, les membres de l'église ne semblent pas perturbés par le scandale observé. Par contre, ils jugent l'acte comme étant une expression de la volonté divine. Pourtant, Dieu est juste. Il aime tout le monde et est content de voir les gens vivre en harmonie et non dans la division.

Personne au sein de l'église ne semble se préoccuper du sort du conjoint abandonné, ni de l'avenir des enfants issus de l'union dissoute. Ces derniers sont souvent déversés dans la rue où ils sont exposés à tous les dangers, sans aucun espoir pour leur avenir. Ils y côtoient d'autres enfants, chassés du toit paternel car jugés sorciers par l'église que fréquentent leurs parents, ou suite à une autre raison, souvent sentimentale, telle que trop encombrants pour le conjoint remarié, jaloux de leur père ou de leur mère.

Comment l'église, qui prêche l'amour, peut-elle avoir un cœur si dur envers des enfants, ces êtres fragiles, sans défense ? On sait que parmi les principes fondamentaux de la foi chrétienne, la charité occupe une place primordiale. Nous pouvons nous demander si les actes de ce genre, consistant à rejeter des êtres chers, sans leur apporter un secours quelconque, ni songer à leur existence dans la rue, un cadre inapproprié, répondent aux recommandations de la Bible qui prône l'amour pour son prochain. Comment l'église peut-elle avoir uniquement le pouvoir de découvrir des enfants sorciers, sans aucun pouvoir de mettre fin à leur sorcellerie, ni de la réparer ?

Nous ne sommes pas opposé à la création des groupes religieux. Nous croyons toutefois que leur principal objectif étant le même, *promouvoir la parole de Dieu pour le bien-être des croyants*, on devrait œuvrer pour leur regroupement, en vue d'en réduire le nombre et de former de grandes communautés religieuses, au lieu de vivre toujours le contraire, comme cela est le cas aujourd'hui, avec la prolifération effrénée de ces églises dans notre pays.

Il est temps que le Gouvernement de la RDC réorganise ce secteur des communautés religieuses sur toute l'étendue du territoire national, en vue d'y mettre de l'ordre et d'éviter au pays des conséquences imprévisibles que pourrait générer leur prolifération incontrôlée.

L'Etat devrait donc renforcer les conditions d'octroi des autorisations d'ouverture des lieux de culte. Il pourrait par exemple exiger que chaque postulant présente un bon casier judiciaire, donne la preuve de l'existence d'un immeuble pouvant accueillir des assemblées de prière, au lieu de les organiser en plein air, et de l'inexistence d'autres lieux de culte aux environs de la place sollicitée. Cela pour éviter d'éventuels conflits que susciterait l'accumulation aux mêmes endroits des activités identiques et parfois contradictoires.

L'Etat congolais devra par ailleurs revoir à la hausse le taux de la taxe d'autorisation de l'ouverture des lieux de culte. Il devra créer cette taxe, si elle n'existe pas, et veiller à limiter le nombre des communautés religieuses dans le pays, en favorisant leur regroupement, sans empiéter sur la liberté de culte ; ce qui ne pourrait pas donner l'occasion à certaines personnes et organisations de lancer inutilement des pamphlets contre la RDC.

Pour être efficace, l'action de l'Etat devrait bénéficier du soutien de la population dans son ensemble. Le Gouvernement devra y travailler acharnement pour faire comprendre à tous les Congolais la nécessité de vivre en harmonie avec leurs compatriotes, chacun devant se sentir fier d'être congolais, entouré des frères et sœurs ressortissants du Congo, avant d'être adepte ou membre d'une telle ou telle autre communauté religieuse.

Un bruit courait dans les rues de Kinshasa que le Gouvernement congolais aurait décidé de subventionner les communautés religieuses. Nous n'avons vu rien de concret. Toutefois, cela ne nous a pas empêché de chercher à connaître les critères sur lesquels l'Etat se serait basé pour sélectionner ces communautés religieuses, leur nombre étant toujours croissant.

Nous nous sommes par ailleurs demandé comment un Etat qui a besoin des moyens financiers consistants, pour reconstruire le pays et motiver ses fonctionnaires, peut-il se permettre le luxe d'octroyer des moyens de subvention à ceux qui en ont moins besoin que sa population ?

10. Clientélisme

Le succès de toute opération est tributaire de la qualité de ses acteurs. Les Etats qui l'ont compris mettent l'accent sur la qualité des animateurs de leurs diverses activités, en vue d'atteindre les objectifs poursuivis.

De fait, il est difficile à tout service de conception de réaliser des progrès, sans tenir compte des qualités intellectuelles et morales de ceux qui en assurent le fonctionnement. Autrement dit, si les considérations d'ordre sentimental priment sur les valeurs objectives, intellectuelles et morales, le pays ou le service en question ne pourrait que patauger dans sa médiocre situation sans connaître aucun progrès.

Dans le même cadre, lors du recrutement des agents dans des institutions publiques, l'accent devrait être mis sur la qualité des personnes à engager. Chaque candidat devrait répondre aux critères fixés en toute objectivité. Les considérations subjectives devraient être écartées. Les mêmes préoccupations devraient prédominer en cas de leur promotion, si on veut enregistrer de bons résultats dans de diverses actions de l'Etat.

Le clientélisme, cette pratique sentimentale, ne vise qu'à réunir autour de soi des fanatiques et des personnes avec lesquelles on a des liens de fraternité ou d'amitié, principalement pour la sauvegarde de ses propres intérêts. L'intérêt supérieur du service ou de la nation échappe à l'attention des membres de la clientèle qui n'obéissent qu'aux ordres de leur mentor et ne travaillent que conformément à sa volonté. Ce qui est dangereux et ne peut permettre à l'Etat de réaliser un quelconque progrès.

Il est malheureux de constater que le clientélisme est aujourd'hui bien enraciné dans la société congolaise et constitue une menace sérieuse pour l'avenir du pays.

Dans beaucoup de services publics, parmi les employés, on rencontre des agents qui ne répondent pas aux critères objectifs fixés pour tout engagement, mais qui ont été recrutés car proches parents des responsables des services en question ou disposant des liens particuliers avec eux. On ne voit pas ce que ce genre de collaboration pourrait apporter de positif à la nation ou au service considéré. On ne le voit nulle part ; par contre, c'est la régression et la désolation que l'on enregistre.

Cette déplorable pratique, nuisible à l'avenir du Congo, outre la division qu'elle provoque entre les membres du cartel et d'autres compatriotes, considérés à tort comme des ennemis, conduit souvent à la frustration de ces derniers. Ce qui ne peut qu'affaiblir sensiblement l'action de l'Etat qui a pourtant besoin de l'union de tous, pour atteindre les objectifs poursuivis, comme dit l'adage : « *L'union fait la force* ».

Il est impérieux que tous les Congolais se sentent unis et liés par les mêmes droits et les mêmes devoirs, chacun d'eux devant travailler pour l'émergence de la cohésion nationale, garante de l'avenir du pays.

En RDC, à chaque installation officielle d'un haut cadre, il lui est recommandé de gérer l'institution placée sous son autorité « *en bon père de famille* » ; c'est-à-dire comme quelqu'un de raisonnable gère sa propre famille, avec amour, équité et un esprit de protection, pour la prospérité de cette institution.

Plusieurs cas enregistrés au lendemain de la plupart de ces cérémonies semblent en contradiction avec cette recommandation. Ce qui nous amène à nous poser la question de savoir si les destinataires du message le captent comme un simple slogan ou comme une recommandation à suivre et à respecter, pour la bonne marche de l'institution, et par ricochet pour un bel avenir du pays.

Pourquoi ne pas nous poser une question de ce genre quand on voit des dirigeants de nombreuses institutions publiques cultiver le tribalisme et le clientélisme ? Ce qu'un bon père de famille ne peut pas faire avec ses propres enfants, qu'il doit considérer sur le même pied d'égalité. Le message sous-entend que le dirigeant responsable devra considérer l'institution qu'il dirige comme une seule famille et que ses membres devront se considérer comme des frères et sœurs qui doivent avoir de l'amour entre eux et jouir des mêmes avantages et du même traitement.

C'est douloureux pour la RDC de constater que de nombreux gestionnaires des services publics ont perdu le sens des responsabilités, privilégiant la satisfaction personnelle au détriment de l'intérêt général, faisant le contraire de ce qu'ils devraient faire et recrutant ou responsabilisant des personnes sans qualité nécessaire pour le travail qui leur est confié.

On dirait qu'ils agissent les yeux fermés, uniquement pour servir ceux qui ont des liens spéciaux avec eux, sans se préoccuper des résultats que cela pourrait donner à la nation. C'est ce qu'on dit en *lingala* : « *batalaka bilongi liboso bapesa moto mosala* » (ils regardent le visage des candidats avant de les recruter ou de leur accorder une promotion ou un avantage quelconque). Ce qui est malheureux pour le Congo.

Le clientélisme ouvre la voie au favoritisme, à l'impunité et à la promotion de la médiocrité au détriment de l'excellence. Il est douloureux de constater que ce regrettable fléau a profondément atteint tous les secteurs de la vie nationale. Aucune institution publique ne semble épargnée.

Dans certaines d'entre elles, on remarque la présence des fonctionnaires et agents que l'on peut qualifier de spéciaux, non à cause de leur capacité exceptionnelle, mais plutôt à cause de leur étrange recrutement ou promotion, qui ne répond pas aux règlements régissant la carrière de la Fonction publique de notre pays, notamment la présentation des papiers nécessaires, pour prétendre à un tel poste, l'initiation aux pratiques administratives avant de connaître une promotion au sein du service.

Ce qui démontre bien que l'objectif principal poursuivi par ceux qui se donnent à ce genre de pratiques n'est pas la recherche des intérêts de l'Etat congolais, mais plutôt la volonté de défendre ou de protéger des intérêts personnels, intérêts qui ne pourraient être garantis qu'en s'entourant de ses propres recrus même s'ils sont dépourvus de l'expérience nécessaire pour le service. Le bon rendement qu'il faudra rechercher pour l'Etat constitue leur moindre préoccupation.

Tous les Congolais devront savoir qu'avec un comportement clientéliste, nous ne pouvons pas être étonnés de voir notre pays, malgré ses richesses et la compétence de ses nombreux cadres dans divers domaines, continuer à patiner sur place, quand d'autres pays, moins nantis que lui, sont en train de progresser.

Est-ce que nous nous sommes déjà posé la question de savoir si nous sommes conscients du tort que nous causons à la nation par des actes de ce genre ? Il nous revient encore de nous demander quel genre de cadres nous sommes en train de former pour l'avenir de notre pays ? Pour quels résultats travaillons-nous ? Pouvons-nous être surpris si ces derniers sont médiocres ? Un adage ne nous prévient-il pas que l'*on ne récolte que ce qu'on a semé ?*

Nous avons eu l'occasion d'apprécier l'intelligence de certains peuples dans la défense de l'intérêt supérieur de leur nation. Ils le mettent au-dessus de toute autre considération et n'hésitent pas à taire leurs divergences internes, en vue de lutter ensemble pour la victoire de leur nation.

L'appartenance à tel groupe ethnique ou à tel parti politique ne constitue même pas leur moindre souci. C'est ce que nous avons eu à observer dans un pays d'Afrique de l'Ouest, quand le Gouvernement de ce pays a été informé d'une vacance d'un poste important au sein d'une institution internationale, il a cherché à proposer un fils du pays qui répondait le mieux aux critères de recrutement, sans tenir compte de sa tendance politique, ni de son influence tribale. La victoire de ce candidat a été saluée avec joie par tout le peuple concerné.

Tel fut aussi le cas de la République française qui, au moment où elle était dirigée par un Gouvernement de l'UMP (Union pour un Mouvement Populaire), a désigné Mr Dominique Strauss-Kahn (DSK) pour occuper le poste de Directeur Général du Fonds Monétaire International. Pourtant ce dernier, membre du Parti Socialiste, parti d'opposition, était présumé candidat de son parti à la magistrature suprême de son pays.

Le geste du Gouvernement français et celui des dirigeants d'un pays d'Afrique de l'Ouest constituent des exemples à suivre par ceux qui veulent placer l'intérêt national au-dessus de tout autre intérêt. Dans chacun de ces cas, c'est le pays qui a gagné, au grand enchantement du peuple.

Il est important que notre pays travaille dans le même sens, qu'il recoure à la qualité nationale, chaque fois qu'il doit prendre part à un concours ou à une compétition internationale, sans tenir compte des clivages politiques, ethniques, religieux et autres. Ce qui lui permettrait de faire d'innombrables progrès et d'être vu avec beaucoup plus de considération par d'autres nations du monde.

Pour ce faire, tout responsable de l'Etat ou d'une institution quelconque du pays devra, à chaque occasion, privilégier la formation reçue et l'expérience acquise par le candidat à recruter, à promouvoir ou à retenir pour une compétition internationale. Cela permettrait à l'Etat congolais d'utiliser rationnellement des cadres compétents, bien formés et expérimentés, et lui éviterait non seulement ceux qui sont toujours à son service dans des institutions publiques, et qui s'approcheraient de la retraite sans être utilisés convenablement (pour des raisons liées à des considérations sentimentales, profitables aux individus moins compétents que le clientélisme porte rapidement au sommet de la hiérarchie de l'administration, uniquement pour le bonheur des bénéficiaires de cette pratique et de leur leader, l'intérêt du pays ne les effleurant pas) mais d'autres cadres qui se trouvent ailleurs et qui remplissent des conditions requises.

La sélection en toute objectivité des représentants du pays aux compétitions internationales permettra au Congo de participer dignement à ces assemblées mondiales, avec des athlètes et autres sportifs qu'il faut dans l'intérêt du pays et non pour faire plaisir à tel ou tel autre individu. Dans ce cas, les résultats seront encourageants, et non humiliants comme ce que l'on enregistre quand on fait participer des néophytes à la place de ceux qui en ont l'habitude.

La situation devient de plus en plus préoccupante : les bénéficiaires et les victimes du clientélisme ne semblent pas prêts à le combattre, les premiers tenant à perpétuer ce qui fait leur bonheur, les seconds déterminés à se venger ou à faire porter un jour aux autres ce qu'ils endurent.

Dans ces conditions, si rien n'est fait pour y remédier, il sera regrettable pour le Congo de demain. L'Etat et tous les citoyens congolais, chacun à son niveau, devraient travailler pour mettre fin à cette pratique déplorable pour le pays.

Parmi les mesures à prendre pour bannir ou tempérer le clientélisme, ce mal qui a pris des allures très inquiétantes pour l'avenir du pays, on peut par exemple citer des lois limitant la présence des proches-parents et des relations quelconques parmi les membres d'un cabinet ministériel ou parmi les proches collaborateurs d'un responsable d'une institution publique.

De même qu'il devrait être interdit d'avoir parmi ses proches uniquement des ressortissants de sa province d'origine. Des sanctions contre ceux qui ne veulent pas s'adapter à ces règles devraient être prévues et convenablement appliquées.

En vue de promouvoir l'idéal de la cohésion nationale et de consolider le désir de travailler ensemble et dans l'unité, il est aussi nécessaire que tout citoyen congolais prenne conscience du mal que le favoritisme et le clientélisme peuvent faire au pays, et se résolve à bannir fermement dans son comportement tout acte pouvant susciter chez d'autres compatriotes un sentiment de division ou d'exclusion.

11. Distraction

Quand nous parlons de la distraction, nous ne faisons pas allusion à une détente, un soulagement nécessaire à l'issue d'une longue activité physique ou intellectuelle, pour nous ressourcer en vue d'un nouveau départ.

Par contre, nous considérons la distraction dans le sens du *manque d'attention aux choses dont on devrait normalement s'occuper* comme le décrit le Nouveau Petit Robert. Ce qui conduit généralement aux mauvais résultats, préjudiciables à l'ensemble d'une communauté donnée.

Le fait de réserver son attention à ce qui ne le mérite pas est une grave erreur d'appréciation ou d'estimation. Cette erreur est souvent causée par une fausse apparence de ce que l'on considère, ou une interprétation erronée que l'on peut se faire au sujet d'un individu, d'une situation donnée, d'un problème à régler.

La distraction, c'est aussi le fait de se nourrir d'espoir d'obtenir ce dont on a besoin, sans rien faire soi-même, comme si on était à l'époque où Dieu Créateur faisait descendre des mannes sur ceux qui avaient faim.

Maintenant tout le monde doit compter sur son travail pour avoir la possibilité de résoudre de multiples problèmes qui se posent dans la vie. Il en est de même pour ceux qui font confiance en ce que disent les autres, sans être en mesure de vérifier leurs véritables intentions.

La distraction plonge l'individu concerné dans un état regrettable de sommeil profond, pour ne se réveiller que quand il sera tard, avec un grand retard dans son programme, par rapport à ceux qui sont éveillés.

C'est ce qui arrive à nos compatriotes qui s'illusionnent d'un développement rapide de notre pays, grâce à ses fabuleuses richesses et à sa position géographique, quand ils ne font rien pour y parvenir. Pourtant la voie la mieux indiquée, pour développer tout pays du monde et y améliorer les conditions de vie de sa population, c'est le travail, cet ensemble d'activités que l'on doit aimer et faire avec acharnement, en vue d'atteindre des objectifs poursuivis.

Le développement de notre pays dépend du changement de notre comportement, en œuvrant pour le respect des lois et l'amour du travail bien fait ; lequel travail devrait être conduit, dans tous les domaines, par ceux qui répondent positivement aux critères rigoureux objectivement fixés dans chaque sélection des animateurs pouvant aider le pays à atteindre ses objectifs.

Malheureusement pour la RDC, de nombreux compatriotes, quel que soit le niveau de leur responsabilité, ne semblent pas discerner convenablement des catégories des valeurs indispensables à responsabiliser dans la recherche du redressement socio-économique de notre pays. Ils se fient souvent à l'apparence de certains d'entre eux, sans se rendre compte que celle-ci les désoriente dans leur jugement, jusqu'à accorder plus d'importance à des futilités qui ne pourraient servir à rien dans la stratégie de développement de la nation.

D'une manière générale, cette apparence physique semble jouer un grand rôle dans la catégorisation des gens dans la société. On accorde plus d'audience à ceux qui apparaissent mieux que les autres. C'est ce qui nous a conduit un jour à tenir un raisonnement ci-après à l'égard des amis qui qualifiaient de grand homme d'Etat, un politicien de grande taille. Nous leur disions ceci : *« La grandeur de l'homme ne se mesure pas en fonction de sa taille, ni de la largeur de sa poitrine ; mais elle s'exprime plutôt en fonction du travail qu'il peut réaliser ou avoir réalisé dans sa vie pour la nation. »*

A l'instar d'autres pays du monde, la RDC a besoin de ses fils et filles, pour réaliser son programme de développement et de modernisation. Mais ces derniers doivent être des valeurs réelles choisies en fonction de leurs capacités et non par la nécessité de satisfaire certains groupes d'individus. Le non-respect de ce principe relève du domaine de la distraction qui amène souvent le décideur à accorder plus d'attention ailleurs et non à l'endroit qu'elle devrait être. Ce qui perturbe considérablement l'avancée du pays dans divers domaines de la vie nationale.

En mettant un accent sur la qualité des compatriotes à recruter dans chaque service et pour l'exécution des plans de redressement du pays, nous n'excluons pas des Congolais sans qualification, car le pays a besoin du concours de tous pour son développement. Chacun doit certes apporter sa contribution à l'œuvre commune ; mais chacun doit être à sa place et faire ce qui ne dépasse pas ses capacités, pour ne pas gêner l'évolution des choses. Ceux qui n'ont aucune formation peuvent être formés sur le tas ou dans des centres de formation où ils peuvent apprendre un métier.

C'est aussi une distraction le cas de ces compatriotes qui croient toujours que le bonheur de notre pays viendra de l'extérieur. Pourtant, sans aucun effort de notre part, la RDC ne fera aucun progrès. Cessons de rêver et réveillons-nous. Nous devons savoir qu'aucun Etat dans le monde ne peut faire à notre place ce qui est bon pour nous. Ce qui prime dans les relations entre les Etats, c'est l'intérêt national. Chaque Etat, chaque puissance est à la recherche des intérêts pour sa nation. Nous devons travailler pour redresser la situation socio-économique de notre pays. Nous devons rechercher l'intérêt du Congo.

Ceux de nos compatriotes qui reçoivent des charges publiques devraient garder présent à l'esprit leur devoir de servir l'Etat, mais non de se servir. Pour ce faire, ils devraient mobiliser le maximum de forces vives nationales, en tenant compte de leur compétence, en vue de travailler ensemble dans l'intérêt supérieur du Congo, le pays pour lequel chacun de nous devra œuvrer pour son ascension dans le concert des nations, sans en aucun moment confondre les services de l'Etat, ces biens communs, avec des propriétés privées.

Autrement dit, tout compatriote ne doit jamais confondre un mandat reçu de l'Etat, pour rendre un service déterminé à la nation, une cession à titre temporel faite en sa faveur par le même Etat dans le cadre de son service, avec une activité privée ou un bien personnel pouvant lui permettre de résoudre ses propres problèmes. Il faudrait éviter cette confusion erronée qui fait passer les biens communs pour des biens individuels, perturbant malheureusement des plans de développement de notre pays, le développement que certains d'entre nous espèrent toujours provenir des autres.

Un entretien qu'on a eu un jour dans un pays d'Europe avec quelques compatriotes nous a mis très mal à l'aise de constater qu'après plus de cinquante ans de souveraineté nationale et internationale, on trouve des Congolais qui croient que le pouvoir de leurs dirigeants provient de l'extérieur du pays. Ils parlaient avec conviction et allégresse, comme si cela était normal, sans aucune proposition, pour faire changer des choses dans notre pays. Et leur réponse positive à notre question de savoir si la RDC était placée sous la tutelle des puissances étrangères nous a contraint à abandonner la discussion.

Cette réponse nous a permis de comprendre la tendance qui anime certains Congolais d'écrire aux dirigeants d'autres pays du monde et à ceux des institutions internationales, accusant les dirigeants de leur pays, comme si ces derniers dépendaient des autres. C'est pénible de voir nos compatriotes continuer à réfléchir à l'envers.

En parcourant l'histoire de notre pays, nous remarquons en toute sincérité que le colonisateur avait jeté des bases nécessaires pour le développement du Congo. L'analyse approfondie de cette histoire nous donne une idée sur certaines réalisations économiques de la puissance coloniale.

Celle-ci avait tenu compte des intérêts qu'elle poursuivait au Congo, lesquels intérêts étaient bien définis d'avance et poursuivis avec un travail acharné. C'est dans ce sens que l'on peut comprendre la fameuse phrase d'Henri Morton Stanley qui disait : « *Sans chemin de fer, le Congo ne vaut pas un penny* ». Il s'agissait d'un chemin de fer, pour l'évacuation des produits congolais vers la métropole et non pour le déplacement des Congolais. Ce qui est normal pour cette entreprise.

Aujourd'hui que les Congolais ont détruit une grande partie de cette base économique, il est important qu'ils se ressaisissent. Ils devront chaque fois déterminer les objectifs à poursuivre pour notre pays et travailler avec acharnement pour les atteindre, tout en plaçant l'intérêt de la nation au-dessus de tout.

Nos compatriotes devront également savoir qu'ils ne peuvent rien faire de bon s'ils n'ont pas confiance en eux-mêmes ; et que garder les yeux largement ouverts en direction d'éventuels bienfaiteurs qui viendront travailler à notre place, pour nous développer, est une stupide utopie.

Il est nécessaire que le peuple congolais prenne conscience de son avenir car, celui-ci ne dépend que de lui et de lui seul. Il doit cesser d'être naïf, en fondant son espoir sur les apports des autres. Notre distraction doit prendre fin. Et nous devons nous mettre tous au travail. C'est ça qui fera notre grandeur.

C'est aussi pénible de constater que de nombreux compatriotes n'ont pas le courage de vérifier la conformité de certains actes avant d'y adhérer. C'est le cas notamment du grade de ministre Plénipotentiaire donné au diplomate le plus gradé de la carrière diplomatique. Le Petit Robert le définit comme étant « *le titre immédiatement inférieur à celui d'Ambassadeur* ». Dans notre pays, ce grade est reconnu comme tel. Mais pour honorer certains diplomates, le grade de ministre Conseiller leur est accordé, le plus souvent à leur départ de Kinshasa pour un poste à l'extérieur.

Actuellement, qu'est-ce que l'on constate ? C'est ce dernier titre qui a tendance à se généraliser. Et les diplomates congolais, ou du moins la plupart d'entre eux, comme s'ils étaient obnubilés par un quelconque esprit du suivisme, se plaisent à n'utiliser que ce titre. Même ceux qui se trouvent sur un décret présidentiel les nommant au grade officiel de ministre Plénipotentiaire ne le contestent pas.

En toute sincérité, nous ne sommes pas opposé à ce grade de ministre Conseiller. Nous savons que du point de vue des avantages matériels, les deux grades sont équivalents. Quand on observe ce qui se passe ailleurs, on se rend rapidement compte que certains pays utilisent l'expression ministre Conseiller, d'autres préfèrent le titre de ministre Plénipotentiaire. Nous nous rappelons encore que dans les années 1990, dans un pays d'Afrique de l'Ouest, le titre de ministre Conseiller à la Présidence de la République a été donné à un ancien dynamique et brillant ministre des Affaires étrangères. C'était avec joie que cela a été ressenti par lui-même, sa famille et toutes les personnes qui l'avaient connu.

Notre problème demeure d'ordre juridique. Nous savons que ce qui a été décidé avec un acte juridique par un Chef de l'Etat ne peut être changé que par un autre texte juridique signé par Lui. Personne n'a le droit de changer à sa guise ce qui a été décidé par un Chef de l'Etat. Si une assemblée quelconque ou n'importe quel citoyen juge nécessaire de changer les dispositions de ce document, la procédure de ce changement devrait être engagée, pour proposer un nouveau texte à la signature du Chef de l'Etat. C'est après sa signature que ce texte entre en vigueur.

Agir autrement, c'est mettre dans l'embarras ceux qui ont l'habitude d'agir conformément à la légalité. Il serait souhaitable à ce sujet d'avoir présent à l'esprit un article qui revient comme un rappel dans la plupart de décrets présidentiels et qui stipule : « *Sont abrogées toutes les dispositions antérieures contraires au présent décret* » ?

12. Carence du sens des responsabilités

Avoir le sens des responsabilités c'est être conscient de ses obligations et agir dans le sens qu'il faut, pour mettre des choses à leur place, dans l'ordre qui peut être accepté par la majorité de gens parmi lesquels les observateurs, les membres de la famille, les dirigeants de la société dans laquelle l'on vit, les chefs et subalternes du service où l'on évolue ; c'est refuser de faire ce qui peut entraver la bonne marche de la société, rompre l'unité des choses, bouleverser le bon sens. C'est également savoir prendre des décisions et des mesures pouvant conduire à des conséquences qui ne présenteraient pas de danger pour soi-même et pour les autres, que ce soit dans le temps présent que pour les jours à venir.

On peut dire par exemple qu'un père ou une mère de famille a le sens des responsabilités quand il (elle) place les intérêts de sa famille avant toute chose et se préoccupe de la vie et des études de ses enfants, en vue de garantir leur avenir.

Quand on parle de père de famille, il y a lieu de se rappeler de la confusion ou plutôt de la contradiction qui existe dans notre pays au sujet de la filiation de l'enfant entre ceux qui croient que *le père de l'enfant est le mari de sa mère au moment de sa naissance* et ceux pour qui *tout enfant a un père*, c'est-à-dire son auteur.

Les premiers privilégient le mariage, une union entre deux individus de sexe opposé qui, répondant à des règles bien définies, est acceptée par leurs familles respectives, en vue de vivre ensemble et d'avoir éventuellement des enfants. Pour les seconds, le père de l'enfant est son auteur. Ce qui suppose que même les violeurs peuvent un jour réclamer leur paternité sur les enfants qu'ils ont eus avec leurs victimes, même s'ils n'ont pas eu l'occasion de s'occuper de leur subsistance ni de leur éducation.

En dehors de la famille, on reconnaît le sens des responsabilités d'un dirigeant, dans une entité quelconque, à travers des actes qu'il pose dans l'intérêt de son institution. Il pourra par exemple mettre en place des hommes et des femmes qu'il faut et à la place qu'il faut, en mettant l'accent sur la qualité des personnes à responsabiliser et sur le rendement qu'elles pourraient produire dans l'intérêt général, sans se laisser entraîner par le courant clientéliste qui privilégierait des relations personnelles.

Chaque pays a besoin des gestionnaires et des cadres qui ont le sens profond des responsabilités et qui sont à même de prendre en considération des charges qui leur sont confiées, ceux qui peuvent se préoccuper de la bonne marche des institutions mises à leur disposition et qui savent que le pays ne peut pas progresser s'ils ne songent qu'à leurs propres intérêts, en foulant aux pieds ce qui peut servir d'intérêt général.

Les cadres compétents devraient travailler, pour la réalisation des objectifs poursuivis par l'Etat. La RDC n'en manque pas. Pour atteindre ses objectifs, notre pays devrait les repérer et les utiliser rationnellement, en mettant chacun à la place qui lui convient, c'est-à-dire là où il peut fournir un travail sérieux, porteur des résultats escomptés.

Certains gestionnaires des services publics ne se donnent pas la peine de faire des recherches et des innovations dans les domaines de leur compétence, de travailler sérieusement et en toute sincérité, en vue de permettre au Congo de mettre en exécution son programme de reconstruction. Ils se contentent néanmoins du statu quo et des avantages liés à leurs fonctions. Ce qui ne peut malheureusement que retarder le redressement du pays.

On se rappellera de la paralysie qu'a connue le secteur des transports publics de la ville de Kinshasa au début de l'année 2012, quand l'Association de Chauffeurs congolais avait décrété une grève, en vue d'éviter de payer des taxes à l'administration publique. Nous croyons que l'Etat congolais en est sorti diminué devant ces privés qui ont réussi à imposer leur volonté car, ne disposant pas à l'époque d'une compagnie de transports en commun, l'Etat n'a dû que satisfaire les revendications des grévistes, pour qu'ils reprennent le travail, en vue de permettre aux habitants de la capitale de retrouver des moyens de vaquer à leurs occupations.

C'est cette grève qui aurait poussé l'Etat congolais à créer une nouvelle compagnie de transports publics, disposant de nouveaux bus, à même de répondre positivement aux besoins de déplacement d'un grand nombre de gens à Kinshasa, avec la possibilité d'étendre ses activités à l'intérieur du pays. C'est un acte encourageant pour le peuple congolais.

Il serait souhaitable que, compte tenu de cette situation, l'Etat prenne les dispositions nécessaires pour éviter de connaître à l'avenir une pareille perturbation dans d'autres domaines publics, notamment dans celui des transports aériens dans lequel, par manque d'aéronefs, Kinshasa se contente des sociétés privées, plus particulièrement celles créées par des étrangers.

Nous ne sommes pas opposé aux services des privés dans l'exploitation des transports publics. Notre principale préoccupation est de voir l'Etat diriger tous les domaines des services publics, l'apport des privés devant être le supplétif de l'action du gouvernement et non son principal moteur.

La RDC ne peut pas fonder son espoir sur l'action des privés qui sont normalement à la recherche du profit personnel, contrairement aux services de l'Etat qui visent la satisfaction générale de la population.

Ce constat un peu amer est valable pour toutes les entreprises de l'Etat. Celui-ci devra réfléchir mille fois avant de céder aux privés un domaine quelconque lui appartenant.

Au lendemain de la grève des chauffeurs des bus et taxis, l'Etat s'est aussi mis à travailler pour la réhabilitation du réseau ferré de la ville de Kinshasa, en vue de la reprise de la circulation des trains, pour l'amélioration de la mobilité de la population dans cette mégapole congolaise.

Cette réhabilitation est un programme très prometteur qu'il faudrait encourager et soutenir. Notre souhait est de le voir s'étendre à d'autres quartiers et espaces environnants de Kinshasa, par la construction de nouvelles voies ferrées, en vue de rendre le transport plus facile et moins coûteux pour un grand nombre de personnes dans la capitale de notre pays.

Concernant diverses opérations de commandes des bus destinés aux transports en commun, il serait plus intéressant pour l'Etat d'entrer en contact direct avec des usines productrices des bus, pour l'achat au comptant ou à crédit, au lieu de passer par des concessionnaires qui travaillent normalement pour avoir des intérêts. Ce qui serait moins avantageux pour l'Etat congolais.

De pareilles dispositions devraient être prises en direction des usines de production des avions, telles que Airbus et Boeing, pour avoir des avions moyennant un paiement cash ou à crédit, en vue de reconstituer une grande compagnie nationale de transports aériens.

La promesse du Gouvernement de doter rapidement le pays d'une nouvelle compagnie de transports aériens est très réconfortante. Notre souhait est de voir à cette occasion l'Etat prendre des dispositions qu'il faudra, pour en assurer une bonne gestion. Pour ce faire, nous croyons que le choix de ses gestionnaires se fera en toute objectivité, en privilégiant la compétence, l'expérience et la probité morale, des qualités nécessaires pour permettre à la compagnie nationale de bien progresser.

C'est un choix difficile. Mais il faut le faire et punir en cas de dérapage. Oui, le choix est difficile dans ce pays où le Chef de l'Etat, Mr Joseph Kabila Kabange, n'a pas réuni une quinzaine de personnes autour de Lui, pour réaliser rapidement son programme de redressement du Congo. Il s'agit des hommes honnêtes et compétents.

Autrement dit, pour son développement, le Congo a besoin des hommes de qualité et conscients des obligations que leur impose la charge publique qui leur est confiée. Il ne peut pas compter sur des hommes malhonnêtes, prêts à dilapider ses biens pour satisfaire leurs intérêts égoïstes.

Concernant les impôts et taxes de l'Etat, les citoyens congolais devront les payer avec enthousiasme, en vue de lui donner les moyens financiers nécessaires pour assurer son fonctionnement, payer ses fonctionnaires et agents, poursuivre son programme de développement, notamment dans le domaine de la construction des routes et ponts, des voies ferrées, des écoles, des hôpitaux.

Pour augmenter ces recettes fiscales, l'Etat congolais ferait mieux de revoir à la baisse le taux de quelques taxes, impôts et imprimés de valeur, en vue de permettre à une grande partie de la population de s'acquitter aisément de ses obligations. Cela pourrait écarter certaines magouilles qui existeraient entre les assujettis et les agents chargés de percevoir ces taxes. Ces derniers récolteraient pour leur propre compte plus que ce qui entre dans la caisse de l'Etat.

Et comme on dit : *Trop d'impôts tue l'impôt*, en cas de haute imposition, de nombreuses personnes trouveraient mieux de s'arranger avec des agents d'impôts, moyennant quelques pots de vin, pour payer moins que ce qu'elles doivent normalement à l'Etat. Cela au détriment de ce dernier, et par ricochet à celui du peuple congolais.

Le cas des passeports biométriques ordinaires peut être évoqué parmi des imprimés de valeur dont la fixation de prix n'aurait pas tenu compte des disponibilités financières de la population. A sa sortie en 2009, il coûtait 150 dollars américains, le prix du formulaire de demande non compris.

Deux ans plus tard, tenant peut-être compte du poids des difficultés rencontrées par des postulants pour réunir la somme exigée, ce prix a été rabattu à 100 dollars. Ce qui serait encore élevé pour la plupart de nos compatriotes, qui ont pourtant besoin de ce document d'identité.

Quand on parle du sens des responsabilités, le regard ne doit pas être sélectif, c'est-à-dire tourné uniquement vers la classe dirigeante de la société. Il faudrait voir les choses dans leur ensemble, inclure toutes les catégories de personnes qui composent la société, voir ce que chacun fait en conformité ou en contradiction avec ce qui devrait être fait.

Toute la population en est concernée. Les conducteurs des véhicules, par exemple, n'en sont pas exclus. Les dégâts qui se produisent souvent dans des rues de nos villes et sur des routes de l'intérieur du pays accusent souvent le manque de conscience dans le chef de certains d'entre eux qui roulent sans tenir compte du Code de route, comme des poissons qui vaquent dans la mer.

Il serait souhaitable que l'Etat congolais renforce la vigilance et multiplie des mesures dans ce secteur, en imposant par exemple des conditions non complaisantes dans l'octroi des *permis de conduire*, le contrôle technique régulier de l'état du véhicule et la limitation de vitesse des véhicules en ville et en dehors de celle-ci. Des panneaux de signalisation devraient être mis à contribution sous la surveillance de la Police nationale, qui ne pourrait intervenir que quand c'est nécessaire. Les contrevenants devraient être sévèrement punis, pour que cela serve d'exemple aux autres.

La population devra être conscientisée, pour qu'elle devienne capable d'assister l'Etat dans son travail de maintien de l'ordre. Un programme de sa conscientisation devrait être mis en place, en vue d'éviter de la maintenir dans l'ignorance, mais de lui permettre au contraire d'apporter sa contribution à cette importante mission.

Nous croyons que le cas que nous avons vécu à Kinshasa en novembre 2012 nécessiterait un encadrement de ce genre. En effet, quand un garçon pourchassé par quatre policiers est entré dans une maison où il a été arrêté par ceux qui le poursuivaient, les habitants du quartier reprochaient à ceux qui habitaient la maison d'avoir laissé le garçon tomber entre les mains des policiers qui l'ont amené.

Nous avons essayé de comprendre le vœu des gens du quartier : voulaient-ils voir les habitants de la maison se bagarrer avec les policiers, en vue d'arracher celui qui venait d'être appréhendé chez eux, pour une cause qu'ils ignoraient ? Savent-ils qu'une telle bagarre est un délit punissable par la loi ?

Nous avons compris que l'ignorance serait la léthargie qui empêcherait une grande partie de la population congolaise de comprendre la nécessité d'assister les agents de l'ordre qui ont besoin de leur concours dans l'exercice de leurs fonctions.

Nos compatriotes devraient se départir du sentimentalisme et du fanatisme qui ne pourraient pas leur permettre de faire des analyses objectives des actes posés par les autres, tout en leur enlevant au contraire la lucidité de voir dans tout criminel un danger non seulement pour les inconnus, mais aussi pour ses amis et sa propre famille.

Tel est le cas d'un monsieur qui a tué sa mère, dans la Commune de Bandalungwa à Kinshasa, au début de l'année 2012, pour pouvoir bénéficier tout seul de l'argent que ses frères et sœurs, vivant à l'étranger, envoyaient régulièrement à sa mère. Pourtant cette dernière le défendait toujours en couvrant son mauvais comportement et ses diverses fautes, pour préserver son image et éviter qu'il ne soit interpellé par la police.

L'amour du prochain est une vertu pour laquelle nous travaillons toujours. Mais cela ne peut pas nous empêcher de reconnaître la nécessité de punir pour éduquer. D'ailleurs, la plupart des personnes qui ont réussi dans la vie ont connu des parents qui ont été sévères à leur égard. L'arrestation des criminels par l'Etat devrait être perçue comme un moyen de les rééduquer et non comme une voie de les rejeter de la société. D'ailleurs, la Prison Centrale de Makala a été rebaptisée *Centre de Rééducation Civique de Kinshasa (CRCK)*, pour démontrer que l'objectif principal poursuivi par l'Etat est de rééduquer et non de punir. Rééduquer, pour avoir de bons citoyens, prêts à travailler consciencieusement pour leur pays et à protéger ses biens.

Des mesures fortes devraient être aussi prises au sujet de la propreté du domaine public de notre pays, notamment dans la capitale, Kinshasa. L'état de certains quartiers constitue un casse-tête pour tout citoyen soucieux de voir le Congo, notamment sa capitale, être compté parmi les pays les plus propres du monde. En réalité, rien n'est impossible pour atteindre ce niveau. Mais il importe que chaque Congolais se sente concerné par la propreté de son pays en général, et du milieu dans lequel il vit en particulier, sans attendre que le gouvernement y mette des moyens spéciaux pour y parvenir. Chacun devra éviter de jeter des ordures n'importe où et de veiller à ce que le lieu où il se trouve ne soit sali par des inconscients.

D'innombrables actes, accusant l'inconscience de nos compatriotes, ont eu à blesser profondément nos yeux durant notre séjour dans la capitale de notre pays. Outre des ordures éparpillées un peu partout, c'est surtout en jetant des coups d'œil dans des caniveaux que nous avons compris le bien-fondé de la démarche du gouvernement congolais d'interdire la production des emballages en sachet, optant pour des emballages dégradables.

Les parois de ces ouvrages sont encore en état neuf mais leurs fonds sont couverts de nombreuses ordures, parmi lesquelles des sachets, qui gênent bien sûr l'écoulement des eaux de pluie, l'objectif principal visé par leurs constructeurs.

Nous croyons cependant que les sachets ne peuvent pas porter seuls le chapeau des saletés qui minent l'image de notre pays, encore moins celle de notre capitale. La population congolaise en général ou kinoise en particulier est la principale responsable de cette situation qui fait notre honte. En effet, elle ne se gêne jamais de jeter sur la voie publique ou dans des caniveaux tout ce dont elle ne peut plus se servir : des épluchures de toutes sortes, des emballages sales ou ayant déjà servi, du sable des maisons ou des cours de différentes parcelles, ou encore toutes sortes de saletés qui traîneraient le long des rues.

C'est avec douleur que nous assistons impuissant à la dégradation des ouvrages récemment réhabilités ou construits par le gouvernement. Cette destruction a pour principale cause l'inconscience de nos compatriotes qui, par leurs actes, ignorent qu'ils détruisent l'environnement dont nous avons tous besoin.

Un jour de septembre 2012 à Kinshasa, nous avons été choqué de voir trois filles, apparemment élèves finalistes d'un collège de la capitale, jeter des sachets d'eau pure, qu'elles venaient de consommer, sur la voie publique (l'avenue Pierre Mulele ou du 24 novembre), à l'une des places très fréquentées de la capitale congolaise, juste en face du géant bâtiment de la RTNC (Radio et Télévision Nationale Congolaise).

Nous croyons que des efforts supplémentaires devraient être rapidement faits par le Gouvernement en vue de la conscientisation du peuple congolais, pour un changement profond de mentalité, pouvant se traduire par un usage rationnel des ouvrages que l'Etat a mis à sa disposition et par un comportement soucieux de la nature.

Cela pourrait aider notre pays à avoir des villes et paysages en état de grande propreté. Ce qui pourrait satisfaire la curiosité des visiteurs qui viendront nombreux chez nous et nos compatriotes qui trouveront des lieux de détente et de loisir, comme la population kinoise se recueille aujourd'hui autour de la Place du Cinquantenaire, de la Place du 30 Juin et celle de l'Echangeur de Limete, ainsi que le long de larges avenues et des boulevards réhabilités.

La propreté de nos villes serait mieux assurée si chacun de leurs dirigeants créait un service chargé de la gestion des ordures ou renforçait celui qui existerait déjà. De ce fait, la ville ne peut pas croiser les bras et se contenter des services organisés par des particuliers, des amis du Congo, d'où qu'ils viennent, ou d'autres services de l'Etat non appropriés car, nous estimons que le domaine de la gestion des ordures est capital dans toutes les villes du monde.

Loin de nous toute idée d'exclusion de bonnes volontés qui veulent apporter leur assistance à notre pays. Nous attirons néanmoins l'attention des responsables de nos villes sur les dangers que l'on court en négligeant la gestion de ce domaine. Ce qui expose la population à de nombreuses maladies et à des saletés qui attirent des mouches et produisent des insectes nuisibles à la santé humaine.

Partout dans le monde, la gestion des ordures occupe une place importante dans la vie de la nation. Toute défaillance de cette gestion est ressentie avec amertume dans tout le pays. On se rappellera des cas de grèves des chiffonniers dans certaines villes du monde qui ont affecté la vie de tous ces pays dans leur ensemble.

Le placement de quelques poubelles le long de quelques artères de la ville de Kinshasa est une bonne chose, même si leurs dimensions sont réduites. Leur apparition dans d'autres coins de la ville, notamment aux arrêts des bus et à des endroits de grandes concentrations des citadins, pourrait aider à assurer la propreté de notre capitale et à pousser les passants à recourir à ces bacs pour se débarrasser des objets qui traîneraient inutilement dans leurs mains. Ce qui corrobore la nécessité, pour la ville, d'avoir un service organisé de gestion des ordures.

Un jour, sous un soleil ardent, quand nous nous rendions à un marché de Kinshasa, nous avions acheté une petite bouteille d'eau minérale que nous avons rapidement consommée. Mais nous avons eu du mal à nous débarrasser de la bouteille vide, car nous ne voulions pas utiliser des caniveaux comme poubelles à la manière de certains compatriotes, des poubelles publiques n'existant pas le long de cette avenue, pourtant un lieu de passage de nombreux citoyens. Notre peine a été allégée par un boutiquier qui nous a autorisé à faire usage de sa poubelle, pour nous débarrasser de cette charge encombrante.

Combien de compatriotes pourraient-ils se donner de la peine de trimbaler des ordures à la recherche des poubelles ? Une question difficile à répondre. Mais quelle que soit la situation, il est nécessaire que l'autorité urbaine organise un service de gestion des ordures, fonctionnant d'une manière autonome.

Certes, la création et le fonctionnement de ce service exigent des moyens conséquents. L'autorité urbaine devra chercher à les réunir, pour préserver l'environnement de la ville. Elle pourrait par exemple créer la taxe des ordures. Celle-ci pourrait être de 50 francs congolais (soit environ 0,50 $US) pour certaines parcelles et de mille francs (soit un peu plus d'un dollar américain) pour les autres. La perception de cet argent peut se faire avec le concours de la REGIDESO ou de la SNEL, qui pourrait ajouter le montant de la taxe dans ses factures mensuelles et virer la somme versée dans le compte bancaire de l'institution créée.

La notion du sens des responsabilités doit être comprise à tous les niveaux de la vie nationale. S'il est vrai que les dirigeants du pays ont un rôle à jouer dans l'orientation de la nation, le devoir qu'a chaque individu pour conduire sa famille vers des lendemains meilleurs demeure une réalité indéniable. On doit toujours se rappeler que la famille primaire est la cellule mère de la nation. Si elle n'existait pas, la nation ne serait pas constituée. On peut donc s'imaginer quel genre de nation on pourra former avec des familles constituées de la médiocrité. Il importe que chaque individu comprenne la nécessité qu'il y a de faire un effort à tous les niveaux, pour faire doter le pays des personnes capables de l'aider à améliorer sa situation socio-économique et sécuritaire.

Quel tort un père de famille peut-il faire à sa propre famille et à la nation toute entière s'il prend des décisions uniquement pour satisfaire ses sentiments en renvoyant par exemple sa femme, la mère de ses enfants, en lui retirant ces derniers, pour confier leur garde à la seconde femme, sans aucune assurance de la bienveillante attention de celle-ci à leur égard ?

Dans la plupart de cas, les résultats ne sont pas encourageants : les enfants sont maltraités et certains d'entre eux finissent par quitter le toit paternel, pour se retrouver dans la rue, augmentant ainsi le nombre de ces enfants à l'avenir incertain.

L'irresponsabilité de ce genre de quelques individus aggrave des problèmes sociaux de l'Etat. Il convient d'y réfléchir. De fait, il ne serait pas trop demander aux couples en rupture, ayant des enfants, de garder entre eux quelques liens, en vue de préserver l'avenir de ces êtres chers qui représentent l'espoir du Congo de demain.

Nous croyons que pour le cas susmentionné, le père pourrait autoriser la mère non remariée de s'occuper des enfants dans la maison qui était la leur, et se mettre volontairement en dehors de celle-ci, en vue de garantir l'avenir des enfants. De même, une mère qui se remarie, si elle n'a aucune assurance que ses enfants sont récupérés par leur père, pour s'occuper d'eux, devra convaincre son futur mari d'accepter ses enfants et de s'occuper d'eux comme leur propre père. En cas de refus de la part de ce dernier, la mère ferait mieux de ne pas accepter cette union qui ne veut pas tenir compte de l'avenir de ses enfants.

Par ailleurs, le législateur congolais devra sérieusement se pencher sur des cas de la maltraitance des enfants et renforcer des mesures pour leur protection, plus particulièrement pour ceux dont la cohabitation des parents pose problème. Ceci pourrait contribuer à préserver l'avenir des enfants dont la situation serait menacée par la mésentente entre leurs parents. Nous croyons que de pareilles dispositions pourraient encourager certains individus à prendre leurs responsabilités vis-à-vis de leurs enfants et d'eux-mêmes.

L'Etat a un grand rôle à jouer dans la protection des enfants, en vue de freiner ce phénomène regrettable des enfants de la rue, dont l'origine n'est pas uniquement la rupture des mariages. Pour chaque cas, il serait nécessaire de prévoir des sanctions sévères contre toute violation des dispositions de cette loi.

Il nous semble également que la grande difficulté pour les couples en rupture résiderait dans l'esprit d'intolérance qui aurait captivé ces personnes qui avaient cohabité ensemble pendant un temps et leur éventuelle détermination à se faire du mal l'un à l'autre. *« Akoyoka »* (il sentira)! entend-on souvent des compatriotes dire de leurs anciens conjoints auxquels ils souhaiteraient le plus grand malheur possible. Pourtant la présence de leurs enfants communs, s'ils existaient, constituerait un lien impérissable entre ces personnes qui étaient liées à un certain moment de leur vie.

Les Congolais devront savoir se comporter en responsables dans n'importe quel domaine d'activité de leur vie, c'est-à-dire savoir poser des actes et prendre des décisions ou des dispositions conformément aux lois, aux règles établies et aux principes défendables, et savoir en mesurer les conséquences. Ils devront chercher à se conformer aux règles qui régissent les fonctions exercées et la société dans laquelle ils vivent, sans aucune intention de privilégier l'intérêt personnel au détriment de l'intérêt général.

En nous promenant un jour dans un quartier de Kinshasa, nous nous sommes réjoui de remarquer un espace bien aménagé, avec une belle pelouse en voie de croissance et de jeunes fleurs. Mais quel fut notre choc quand, lors de notre passage du lendemain, nous découvrions des huiles noires sur la même pelouse. A notre première vue, nous avions pensé au travail d'un mécanicien peu respectueux de la nature qui y aurait réparé un véhicule. Quand nous avons constaté que ces huiles avaient touché toute une bande le long d'un caniveau, nous avons essayé de comprendre ce qui s'était passé.

Nous avons compris que quelques mécaniciens, travaillant le long de ce caniveau, y versent l'huile usée qu'ils vident des moteurs de véhicules qu'ils réparent. Ce qui passerait inaperçu si l'eau coulait facilement dans le caniveau. Cela n'enlèverait rien à la pollution de l'atmosphère et de nos cours d'eau provoquée par cet acte qui accuse une grande irresponsabilité dans le chef de ses auteurs et qui interpelle l'Etat congolais, plus particulièrement les dirigeants de la ville de Kinshasa.

Tous les pays du monde sont concernés par les problèmes de l'environnement. Chaque pays prend des mesures nécessaires pour sa propre protection en vue d'éviter certaines catastrophes à l'Humanité toute entière. C'est dans ce cadre que la RDC, qui fait partie de cette communauté internationale, œuvre pour sa protection.

Tout celui qui représente l'Etat, à quel que niveau que ce soit, devra prendre la mesure de ses responsabilités avant de prendre des engagements au nom du pays. Il devra éviter de faire du tort au Congo, uniquement pour bénéficier des avantages personnels, sans se préoccuper des conséquences pour la nation toute entière, ni de ce que ses partenaires pourraient tirer comme profit au détriment de son pays.

C'est douloureux de constater que des slogans tels que *« Nakolia yo ? » (Est-ce que je vais te manger, toi ?)* et *« Ya ngayi nini ? » (Où est mon problème ?),* que l'on croyait liés à la Deuxième République (du Zaïre) sont encore en vogue et en pleine expansion dans notre pays. Leurs adeptes ont même renforcé leur ardeur, pour se satisfaire eux-mêmes.

En suivant un jour un reportage à la Télévision Nationale, nous avons été choqué par les propos tenus par un compatriote qui répondait aux questions des journalistes sur le programme de la reconstruction de notre pays. Il disait : *« Etali bango »* (Ce sont eux les seuls concernés).

Qui sont concernés par l'avenir de leur pays et qui ne le sont pas ? Ce raisonnement va dans le sens de la confusion que les Congolais se font de la notion de *l'Etat*, lui attribuant un sens erroné, proche d'un bien sans maître. Le plus souvent, on entend un grand nombre de nos compatriotes dire : *« Ezali biloko ya l'Etat »* (Ce sont des biens de l'Etat), comme s'il s'agissait des biens qui n'appartiennent à personne, des biens dont on peut se servir au besoin, sans aucune opposition.

Pourtant, le Petit Larousse définit un Etat comme étant un *« groupement humain fixé sur un territoire déterminé, soumis à une même autorité et pouvant être considéré comme une personne morale »*. Tout Congolais devra savoir qu'il est directement concerné par l'existence de l'Etat congolais et que, de ce fait, il a l'obligation de le défendre et de protéger ses intérêts et ses biens.

Tout compatriote devra également savoir que les biens de l'Etat relèvent du domaine public et appartiennent à tous les citoyens congolais ; aucun individu n'a le droit d'en aliéner une partie.

C'est en comprenant le sens de sa charge dans la défense de l'Etat et la protection de ses intérêts que les citoyens congolais pourraient parvenir à se battre pour lui. D'où la nécessité de renforcer le cours de civisme aux différents niveaux des responsabilités dans le pays, comme nous l'avons souligné ci-haut.

Il serait également nécessaire que des brochures de civisme soient apprêtées et mises à la disposition des fonctionnaires et agents de l'Etat, pour qu'ils puissent se ressourcer régulièrement en ce qui concerne les biens communs, que tous les citoyens ont le devoir de protéger et de respecter. Ces dispositions devraient être prises plus particulièrement vis-à-vis des agents de l'ordre.

Des efforts en direction des fonctionnaires et agents de l'Etat ne devront pas être négligés en ce moment où il est plus que nécessaire d'améliorer la gestion des services publics et du domaine de l'Etat.

Si elle était faite en temps opportun et comprise par les destinataires, cette sensibilisation aurait pu aider le pays à éviter par exemple l'apparition des quartiers d'habitation dans des ravins, la construction des maisons d'habitation ou des écoles sur des caniveaux ou des collecteurs d'eau de pluie ; bref, on aurait évité tout ce qui est aujourd'hui à la base de multiples problèmes que connaissent de nombreux quartiers de certains centres urbains du pays, problèmes marqués notamment par l'inondation des maisons dans cette région de grandes pluies, la perturbation de la circulation.

Pour être efficaces, ces dispositions devraient s'accompagner des sanctions sévères contre des agents qui tenteraient encore de distribuer des terrains sans état d'âme, foulant aux pieds des règles de gestion de tout ce qui relève du domaine public. Ce qui pourrait permettre à l'Etat de remettre de l'ordre dans le secteur et décourager des agents véreux, pour épargner la population de cette voie qui s'éloigne du développement harmonieux de la société.

Cela nécessiterait l'instauration d'une loi nouvelle par le législateur congolais, loi prévoyant la responsabilité pénale de tout agent de l'Etat qui tenterait d'aliéner une portion du domaine réservé aux œuvres d'intérêt général ou de distribuer des parcelles sur des terrains réservés à l'évacuation de l'eau de ruissellement.

13. Déficience du sens de la dignité et de l'honneur

Le Nouveau Petit Robert définit la dignité comme étant le respect que mérite quelqu'un, c'est-à-dire la considération ou les égards que mérite toute personne, indépendamment de son âge, de son sexe, de son état de santé physique ou mentale, de sa condition sociale, de sa religion, de son origine ethnique ou raciale, comme le souligne la Déclaration Universelle des Droits de l'Homme de 1948 en son article 1er que tous les êtres humains "*naissent libres et égaux en droits et en dignité*".

Mais cette grandeur d'âme, qui est la dignité humaine, est tributaire de l'attitude respectueuse que chaque individu adopte et de la manière dont il se comporte vis-à-vis de soi-même et vis-à-vis des autres. Si son attitude n'inspire pas le sentiment de respectabilité ni ne correspond pas à la valeur qui est supposée sienne dans la société, sa réputation et sa fierté se détériorent.

Le comportement d'un individu peut enlever l'honneur et la dignité à sa famille et même à tout un pays, étant donné que l'homme est le miroir ou la vitrine d'un peuple. Ce dernier peut être jugé avec considération ou mépris à travers la manière d'agir de l'un de ses ressortissants.

Dans les rues de Kinshasa, on entend souvent la question « *Lokumu ya famille otiya wapi* » (Où as-tu placé l'honneur de la famille), chaque fois que l'on fait des reproches à quelqu'un qui déshonore sa famille par des actes.

La considération d'un pays dans le concert des nations dépend de la manière dont se comportent ses ressortissants par rapport à eux-mêmes et par rapport aux autres, la manière dont ils sont perçus par d'autres personnes, plus particulièrement leurs pairs, au cas où ils travaillaient ensemble. Les gens respectueux des valeurs des autres sont considérés avec dignité et respect dans cette société qui n'hésite pas d'adopter une attitude contraire si leur comportement s'écartait de bonnes manières qu'elle recherche.

Ceux de nos compatriotes qui appellent d'autres peuples au secours, ou les invitent à investir chez nous, n'ont pas tort. Mais ils devraient chaque fois mettre l'accent sur ce qui est déjà fait chez nous et solliciter de leur part un concours supplémentaire, en vue d'améliorer de ce que nous avons et de réaliser de ce qui nous manque.

Il ne nous semble pas indiqué de prétendre que nous n'avons rien, ni de mettre en exergue l'incapacité du pays de revaloriser ses différents secteurs, comme si on voulait flatter la sensibilité d'éventuels investisseurs, ignorant que cela ronge notre dignité et notre honneur devant les bienfaiteurs supposés qui seront stupéfaits de constater que malgré de multiples potentialités dont dispose notre pays, nous ne sommes pas capables de nous prendre en charge, ni de produire nous-mêmes ce dont nous avons besoin.

La réhabilitation de quelques usines décidée et initiée par le gouvernement a commencé à donner des résultats encourageants. Si ces efforts se poursuivaient bien, la considération de notre pays dans le monde pourrait augmenter sensiblement. Il est donc important que les citoyens congolais se sentent concernés par la réorganisation de tous les secteurs de la vie nationale et qu'ils soient conscients de la nécessité du travail que chacun d'eux devrait fournir pour la reconstruction nationale, eux qui sont les premiers artisans de la mise en valeur de différentes potentialités du pays.

Nous devons savoir que d'autres peuples du monde nous observent et nous jugent, non en fonction des potentialités de notre pays, mais en fonction du fruit de notre travail. En effet, sans un travail bien fait, les autres auront toujours moins d'estime à notre égard.

Nos compatriotes ont le devoir sacré de travailler acharnement et en toute dignité, pour que notre pays aille de l'avant, comme l'avait souligné le Héros national Patrice Emery Lumumba dans sa dernière lettre à son épouse : « *A mes enfants que je laisse, et que peut-être je ne verrai plus, je veux qu'on dise que l'avenir du Congo est beau et qu'il attend d'eux, comme il attend de chaque Congolais, d'accomplir la tâche sacrée de la reconstruction de notre indépendance et de notre souveraineté, car sans dignité il n'y a pas de liberté, sans justice il n'y a pas de dignité, et sans indépendance il n'y a pas d'hommes libres* ».

La dignité et l'honneur devraient avoir un espace de choix dans l'esprit de chacun de nous, partout et en tout moment, en ayant à l'esprit que ces vertus impliquent la discipline dans notre comportement, l'exemplarité dans ce que l'on fait, le respect de soi et du lieu de son travail ou de sa résidence.

Il est regrettable de constater que cela ne constitue pas la préoccupation de nombreux compatriotes.

En 2012, après avoir vécu pendant plusieurs années à l'étranger, nous avons eu à séjourner plus de quatre mois dans la capitale de notre pays. A cette occasion, nous avons eu à nous réjouir de la disparition des restaurants à la sauvette qui étaient implantées un peu partout dans la commune chique de la Gombe. Mais notre joie a été un jour brusquement stoppée, emportée par des spectacles auxquels nous avons assisté dans certains bureaux de l'Etat, où nous avons trouvé des fonctionnaires et agents de l'Etat, pendant des heures de service, en train de bouffer du *fufu* ou des *kuanga*[39] pour certains, du riz ou des frites pour les autres, avec des poissons, de la viande ou du poulet, sans pouvoir se préoccuper des conditions d'importation, de conservation et de cuisson de ces denrées alimentaires.

Jusqu'à ce jour, nous continuons à nous interroger sur le sens que ces agents et fonctionnaires se font de leurs lieux de travail et sur la considération dont ils jouissent de la part de leurs visiteurs, surtout étrangers dans notre pays, qui ont été comme nous accueillis par l'odeur de la nourriture, lors de leur passage dans ces bureaux.

De fait, les consommateurs de ces repas ne savent pas contenir l'odeur, désagréable en ces lieux, qui traverse des portes, comme pour saluer ceux qui passent dans le corridor. Notre première sensation de l'odeur des poissons et d'autres aliments nous a mis mal à l'aise, nous contraignant de nous imaginer encore l'existence, en ces hauts lieux de travail, des restaurants à la sauvette dont nous avions déjà salué la disparition dans les rues de la Commune de Gombe. Nous avons toutefois essayé de comprendre ce qui se passait exactement.

Nous avons été accablé par la découverte de l'origine de l'émanation volatile qui nous étourdissait dans le corridor du bâtiment dont la beauté et la réputation s'effriteraient à petit feu à la suite du comportement de ses occupants. L'ouverture de la porte d'un bureau nous donna l'occasion de découvrir cette nouvelle manière adoptée par des fonctionnaires et agents de l'Etat de prendre des repas sur leurs tables de travail, des dossiers à traiter pour l'Etat cédant place à la nourriture revendiquée par le ventre.

Un coup d'œil intelligemment jeté dans les environs immédiats des bureaux nous a fait découvrir des vendeuses de

[39] Le *fufu* et le *kuanga* sont des nourritures de base de certaines tribus congolaises. Le premier est produit à partir de la farine de manioc seul ou en mélange avec celle de maïs dans l'eau bien bouillie, pour avoir une patte consommable avec des légumes, de la viande ou du poisson ; le second est produit avec des cossettes de manioc que l'on laisse dans l'eau pendant quelques jours, pour en éliminer la toxine et les rendre malléables, en vue de bien les piler, avant de les bouillir dans l'eau.

ces repas qui attendaient à récupérer leurs assiettes ou à servir des clients retardataires. Elles semblaient satisfaites de leurs conditions de travail.

L'existence des ces restaurants ambulants serait liée à la destruction des lieux de « *malewa*[40] » qui s'étaient proliférés à travers le centre de l'Administration publique de la capitale de notre pays. Pourtant, leur destruction serait dictée par la volonté de l'Etat congolais de restaurer l'image de la ville. Ce qui a été salué par de nombreux compatriotes.

Nous croyons qu'il serait indiqué de refaire un examen approfondi de ce dossier. Des huttes qui abritaient des restaurants de la honte ont été détruites, en vue de restaurer l'image de notre pays, plus particulièrement celle de sa capitale qui s'était largement dégradée et faisait la honte de la nation vis-à-vis de nous-mêmes et des étrangers qui vivent chez nous ou y viennent pour quelque temps.

Cette image est aussi réduite en lambeaux par des restaurants ambulants qui amènent la honte dans des bureaux publics. Il est nécessaire que l'Etat congolais intervienne, pour y mettre fin et restaurer son honneur. Il est important que les citoyens congolais soutiennent la décision du gouvernement à travers des actes responsables de nature à sauvegarder l'image de notre capitale.

Pour ceux des fonctionnaires et agents qui ne peuvent pas attendre leur retour chez eux, en vue de se nourrir en famille, l'Etat congolais ferait mieux de doter chaque bâtiment abritant ses services d'un restaurant, dont la gestion devrait être confiée à un privé, pour ne pas charger l'Administration publique des dépenses supplémentaires.

L'horaire d'ouverture de ces restaurants devrait tenir compte du fonctionnement des services de l'Etat. Celui-ci pourrait voir dans quelle mesure modifier son horaire, pour donner un temps de repos convenable à ses fonctionnaires et agents, en vue de permettre à ceux qui veulent manger quelque

---

[40] *Malewa* est un mot lingala (une des langues congolaises) qui a été donné à tous les aliments préparés traditionnellement, mais exposés en plein air, pour être consommé directement après paiement.

chose au cours de la journée de le faire dans des conditions dignes et acceptables.

14. Faiblesse ou manque d'esprit de solidarité

Le mot *solidarité* a plusieurs sens. Nous l'évoquons dans le présent ouvrage comme étant la « *relation entre plusieurs personnes ayant conscience d'une communauté d'intérêts, qui entraîne pour les unes l'obligation morale de ne pas desservir les autres mais de leur apporter assistance* » et vice-versa.

C'est ce sentiment d'obligation morale de ne jamais contrecarrer la progression de nos compatriotes, mais de leur apporter l'assistance et le soutien nécessaires, pour qu'ils aillent de l'avant dans leurs bonnes entreprises, qui fait cruellement défaut dans notre société, où chaque individu voudrait avoir plus que les autres ou être mieux placé qu'eux. Ce qui retarde fatalement la progression des compatriotes concernés et par ricochet la prospérité du pays. Il y en a même ceux qui se plaisent à combattre les autres.

Tel est le cas que nous avons eu à déplorer, dans une ville d'Europe Occidentale que nous avons visitée au cours de nos vacances, de voir nos compatriotes bouder, sans raison apparente, une boutique que l'un d'eux venait d'ouvrir pour vendre des produits exotiques en provenance d'Afrique. Ils préféraient aller acheter les mêmes produits ailleurs, quelle que fût la distance qui les séparait de ce lieu.

Ce qui nous poussa à nous entretenir un jour avec certains de ces compatriotes, en vue de comprendre leur attitude, qui nous paraissait un peu étrange. A cette occasion, nos interlocuteurs ne se sont pas gênés de nous révéler qu'ils ne souhaiteraient pas voir le compatriote initiateur de la boutique en question prospérer beaucoup plus vite qu'eux, préférant faire fructifier les affaires d'autres personnes qu'ils ne connaissaient pas.

Quelques mois plus tard, cette boutique a été fermée, ses produits périssables n'ayant pas résisté à la rigueur de la moisissure. Par contre celles des environs, tenues par les ressortissants d'autres pays africains, pour l'écoulement des produits alimentaires venus d'Afrique, continuent de prospérer dans cette partie d'Europe Occidentale.

Nous croyons que si ces compatriotes avaient un esprit de solidarité, ils soutiendraient l'initiative de l'un d'eux, pour qu'elle soit couronnée de succès, comme un reflet de la dignité, de l'honneur et de la prospérité de notre pays.

En souhaitant plus de solidarité entre les Congolais, nous ne songeons pas à l'intervention de l'Etat, comme pourvoyeur des biens aux nationaux, ni à la formation des associations bénévoles, fournisseuses de la nourriture à la population congolaise. Nous visons par contre le sentiment d'amour devant exister entre les compatriotes, qui doivent se considérer comme les fils et filles d'une même mère, la nation congolaise, et se porter mutuellement assistance.

D'ailleurs, nous n'apprécions pas toute forme d'assistance tendant à fournir gratuitement des biens matériels et autres aux citoyens congolais, au risque de les voir toujours solliciter le concours des autres pour résoudre leurs propres problèmes. On dirait qu'ils ne tiennent pas compte de l'adage qui souligne : « *Aide-toi, le Ciel t'aidera* ».

Ce qui va dans le même sens que la recommandation des Ancêtres selon laquelle « *Muena buebe wabuamba bikola, nenku bena panshi bakuambishabu* » que l'on peut traduire à peu près par : « *Celui qui est directement concerné par un fait quelconque doit se donner de la peine à le résoudre, pour que l'assistance le soutienne et lui apporte son concours* ». Ce qui signifie que l'on doit d'abord compter sur soi-même avant de recourir au concours des autres.

Les Ancêtres nous apprennent également qu' « *un seul anneau porté au bras n'émet pas de son* ». Il est donc nécessaire qu'il y ait deux ou plusieurs anneaux au bras pour entendre leur son. De même, dans le monde des affaires, nos compatriotes devraient s'associer et mettre leurs énergies ensemble, pour constituer de grandes entreprises, à même de contribuer efficacement au développement socio-économique de notre pays.

La mise en place de ce genre d'entreprises nécessite le respect des règles qui régissent leur fonctionnement, notamment le respect des biens communs mis ensemble, sans chercher à dribler les autres, pour en devenir le seul maître ou l'associé le plus important, ignorant que la déviation de son comportement à l'égard des autres pourrait conduire à l'échec de l'entreprise.

Le respect des biens communs devrait guider les pas de nos compatriotes partout et dans tous les domaines qui leur sont accessibles en public, en privé ou en famille. Chaque compatriote devra savoir que la réussite d'une affaire dans chacun de ces domaines est un pas en avant pour notre pays ; tandis que son échec nous fait régresser.

15. Impunité

Le nouveau Petit Robert définit l'impunité comme étant le caractère ou l'état de celui qui est impuni ; ou encore l'absence de punition, de sanction ou de châtiment.

De fait, on peut dire qu'un individu agit dans l'impunité s'il n'est pas pénalement mis en cause pour toutes les violations de droit qu'il aurait commises vis-à-vis des autres, de l'Etat ou de n'importe quelle institution, publique ou privée.

L'impunité peut être légale ou de fait. Elle est légale si elle relève d'une loi, c'est-à-dire si elle est voulue, acceptée et tolérée par l'Etat qui, dans l'intérêt de la cause nationale, passe officiellement l'éponge sur tous les actes et faits contraires aux lois, produits par des individus qui s'étaient opposés à son autorité ou auraient fait du mal à la nation. Elle est de fait si elle existe à cause de la faiblesse ou de la négligence de ceux qui devraient sanctionner les auteurs des actes commis en violation des règles établies dans le pays ou encore ceux consistant à satisfaire des intérêts individuels en lieu et place de l'intérêt général.

L'impunité légale est donc la résultante de la volonté politique du Gouvernement qui, voulant arriver à la paix et à la réconciliation dans le pays, prend une loi d'amnistie décrétant la non-poursuite judiciaire des personnes qui seraient impliquées dans des violations des droits de l'homme ou dans des actes de haute trahison de la nation tels qu'un complot contre la sécurité et l'intégralité du pays, la rébellion contre l'autorité publique. Elle détermine souvent la période concernée et les faits pardonnés.

Cette action gouvernementale, visant la réconciliation nationale, ne parvient cependant pas à effacer de la mémoire de la population des actes dont elle a été victime de la part des individus amnistiés. C'est dans ce sens que Mme Gilberte Deboisvieux, ancienne avocate française au Barreau de Paris et ancienne responsable de l'Amérique Latine à la Fédération Internationale des Droits de l'Homme (FIDH) (morte en août 2010), souligne dans un article intitulé « Impunité de fait, impunité de droit », publié en mai 2008 au n° 22 de la Revue Volcans, que « *La loi d'amnistie, qui protège les auteurs des violations des droits de l'homme de la sanction pénale, ne les met pas à l'abri du jugement de l'histoire*[41] ». Ce qu'on s'en souviendra toujours.

Toutefois, quel que soit le souvenir que l'on peut garder des anciens événements, les différents groupes d'individus, jadis opposés, sont tenus de vivre ensemble comme si de rien n'était, conformément à la volonté de l'Etat et dans l'intérêt supérieur de la nation. Ce qui peut bien aider le gouvernement à promouvoir la paix et la réconciliation qui sont indispensables pour la reconstruction nationale. Une entreprise tributaire de la sincérité de toutes les parties.

L'Etat devrait néanmoins veiller à ce que ce processus de réconciliation et de paix ne se fasse pas au détriment de l'intérêt supérieur de la nation. En effet, les exigences des groupes à amnistier devraient être examinées en tenant compte de leurs retombées sur le peuple, pour ne pas froisser ce dernier, lui qui juge, parfois sévèrement, tous les actes faits en son nom.

Autrement dit, les avantages et privilèges sollicités par lesdits groupes ne devraient être approuvés que s'ils ne portent aucun préjudice au pays. Une attention particulière devrait être portée sur les cas des récidivistes qui semblent voir dans le trouble de l'ordre public un moyen le mieux indiqué de forcer leur positionnement dans l'échelle nationale.

---

[41] DEBOISVIEUX G, Impunité de fait, impunité de droit, Revue Volcans n° 22, Paris, 2008.

Un coup d'œil sur l'histoire de l'amnistie dans le monde nous a permis de nous rendre compte que celle-ci peut être tardive ou hâtive. Elle est tardive si elle intervient après la disparition de ce monde de la plupart de ses bénéficiaires. Elle est hâtive quand elle intervient un peu tôt, avant que les bénéficiaires aient définitivement renoncé aux actes dont ils sont reprochés ou que la situation qu'ils avaient créée ne se soit pas complètement stabilisée.

Ce qui conduit malheureusement à la résurgence des faits, qu'on a parfois du mal à surmonter. D'où la nécessité pour les décideurs de bien approfondir l'examen de chaque demande d'amnistie, avant de prendre des décisions y afférentes. De fait, aucune décision ne peut être prise pour satisfaire un ou plusieurs groupes de demandeurs, ni suite a une pression quelconque.

L'impunité de fait, qui nous intéresse le plus dans le présent ouvrage, concerne tous les actes contraires aux dispositions des lois et règles établies dans le pays, qui ne sont pas suivis des sanctions à l'endroit de leurs auteurs. Ce qui apparaît comme un encouragement pour ces derniers de réitérer leurs actes, et pour d'autres citoyens de se comporter de la même manière que les premiers.

Dans tous les cas, la non-application des sanctions peut donner l'impression de l'existence des lois fictives, qui n'existent que dans l'imagination de certaines personnes, ou des lois annulées ou abandonnées qui, de ce fait, ne présentent plus de valeur juridique.

D'une manière générale, les lois non exécutées, donnent l'impression d'arbitraire, de frustration et d'insécurité au sein de la population. Celle-ci ne voit plus d'assurance pour son avenir, étant donné que les lois qui devraient le garantir ne sont pas appliquées.

Cet état des choses peut aussi être perçu comme une manifestation de la faiblesse de l'Etat. Ce qui ne peut que gêner la réalisation du programme national de développement, les cadres qui devraient y contribuer manquant la tranquillité d'esprit.

Il est vrai que notre pays dispose de nombreuses lois et règles dans tous les secteurs de la vie nationale. Mais il est nécessaire que celles-ci soient effectivement appliquées sur toute l'étendue du territoire national, en vue de rassurer tous les habitants ainsi que les investisseurs nationaux et étrangers.

Certes l'Etat a le devoir de veiller à l'application des lois et règlements du pays. Mais nos compatriotes devront aussi savoir que tout le monde a l'obligation de respecter ces règles même si on les trouve moins favorables à ses propres intérêts. Chacun devra avoir présent à l'esprit le principe juridique qui stipule : « *La loi est dure, mais c'est la loi* ». Autrement dit, tous les citoyens sont tenus de respecter les lois et règlements du pays et de s'y soumettre, même s'ils lèsent leurs intérêts.

Au cours d'une promenade à travers la capitale de notre pays, nous avons été émerveillé par le nombre des véhicules aux vitres teintées. On dirait que toutes les couches de la population les préfèrent. Ce qui nous a poussé à nous poser la question de savoir si la loi qui interdit la circulation de ce genre des véhicules a été abolie ou bien les gens en ignorent l'existence. Cette question est restée sans réponse.

Mais nous nous sommes senti exhorté dans notre conviction, de percevoir cette façon de vivre très dangereuse, par des mesures prises par les autorités de la Province du Nord-Kivu, interdisant la circulation de ce genre des véhicules sur toute l'étendue de leur province. Cette réglementation serait destinée à prévenir d'éventuelles actions des agents infiltrés au service du mouvement armé dit M23.

On peut dès lors se demander si la décision des autorités provinciales du Nord-Kivu va continuer à être mise en application après la normalisation de la situation dans cette partie de notre pays. La continuité serait une bonne chose.

Il conviendrait encore de se demander si cette réglementation pourrait inspirer Kinshasa à réanimer la loi susmentionnée qui reste nécessaire pour la sécurité nationale. Ou bien la capitale congolaise préfère vivre sa propre expérience. Pourtant un sage du village disait : « *On ne regrette jamais d'avoir été prudent* ». Ce dicton n'est-il pas encore d'actualité ?

Pour assurer le bon déroulement de ses services et faire mieux respecter les lois et normes du pays dans tous les domaines de la vie nationale, l'Etat devrait suivre leur exécution par tous, contrôler ce que font ses fonctionnaires et agents dans leurs services respectifs et conformément à la responsabilité de chacun. De fait, il est nécessaire de savoir comment celui qui a accepté de se mettre au service de la nation se comporte vis-à-vis de lui-même, d'autres personnes et de son pays.

L'Etat devra chaque fois sanctionner toute tendance à la déviation ou à la recherche de la satisfaction de l'intérêt personnel, et prendre des sanctions exemplaires à d'endroit de tout fonctionnaire ou agent qui se mettrait à trafiquer des avantages quelconques, à faire des pratiques discriminatoires, bref à se conduire à l'encontre de la loi.

On notera par exemple le cas d'un enseignant qui trafiquerait des points avec ses élèves ou étudiants, celui d'un fonctionnaire ou de toute autre personne, travaillant pour l'Etat, qui privilégierait ses intérêts personnels ou ceux de ses proches et de ses relations au détriment de l'intérêt général, ou en causant du tort aux autres.

Le rapport que le Groupe d'experts de l'ONU a adressé en novembre 2012 au Président du Comité du Conseil de Sécurité sur la RDC, créé par la résolution 1533(2004) et en application du paragraphe 4 de la résolution 2021(2011), mérite une attention soutenue de la part de l'Etat congolais compte tenu des révélations qui y sont contenues, non seulement sur l'agression de notre pays, mais aussi sur la collaboration de nos compatriotes avec nos agresseurs ou avec d'autres forces négatives auxquelles ils auraient vendu des matériels militaires et quelques biens destinés aux Forces Armées de notre Pays.

Tous ces actes ignobles appellent l'Etat congolais à organiser, à l'intention de ceux qui sont cités dans ce rapport, un procès juste et équitable qui devrait servir d'exemple aux générations futures, procès qui pourrait attirer l'attention des compatriotes sur le fait que l'impunité est non seulement un frein au développement et une ouverture à l'insécurité dans le pays, mais aussi une menace sérieuse pour l'avenir de celui-ci en tant que nation et que de ce fait, des actes posés méritent des sanctions sévères, pour que leurs auteurs ne les reproduisent plus jamais.

Pour une bonne applicabilité de toutes les lois en vigueur dans le pays, il serait nécessaire qu'elles soient suffisamment vulgarisées, en vue de les porter à la connaissance d'un grand nombre de gens, même s'il est vrai que nul n'est censé ignorer la loi. Chaque citoyen en aura ainsi la maîtrise et devra s'y conformer en tout moment et partout sur le territoire national. Ce qui épargnera tout le monde de certaines questions comme celle qui nous a préoccupé un jour, dans la capitale de notre pays, de savoir si de nombreux chauffeurs des minibus et des taxis que nous voyions faire le transport en commun des personnes et des biens à Kinshasa et à l'intérieur du pays, avaient étudié le Code de route, qui est d'usage universel, et connaissaient des règles élémentaires régissant la circulation des personnes et des véhicules en RDC.

Cette question nous est venue à l'esprit à la suite de l'inattention, affichée par de nombreux conducteurs, aux ordres donnés par des policiers commis à la réglementation de la circulation routière. Nous avons par exemple remarqué que certains passaient quand ils n'avaient pas le droit de le faire, l'ordre de passer ayant été donné à ceux qui allaient dans un autre sens. Chaque fois que l'on voyait cela, on était épaté et sans commentaire.

Nous nous sommes toutefois posé la question de savoir si ces compatriotes connaissaient l'existence des lois sur la circulation routière dans notre pays. Nous nous sommes aussi demandé s'il n'y avait pas de gens qui pourraient leur apprendre cette existence si eux-mêmes l'ignoraient.

En réfléchissant sur la réponse à la deuxième question, nous avons songé aux agents de la brigade routière ou police de roulage. Nous nous sommes cependant vite rétracté en nous souvenant d'autres observations au cours desquelles nous avons vu ces agents ne faire montre de leur travail qu'aux passages des taxis et minibus. Ils stoppaient des conducteurs de ces engins non pour les interpeller sur l'état de leurs véhicules, ni pour leur faire des remarques instructives sur leur manière de conduire, mais pour recevoir des salutations aux mains fermées.

Nous croyons que cet important service de l'Etat mérite un véritable assainissement et une profonde réforme. Cela pourrait être fait en maintenant des bons éléments bien sûr, tout en écartant ceux qui font la honte du pays et ne travaillent que pour se servir, sans aucun souci de la dignité nationale. La réforme devrait toucher tous les niveaux du service, pour extirper tous les éléments qui ne se conforment pas aux lois et règlements du pays. La population devrait remarquer la nouvelle manière d'ester dans les rues de nos villes. Ce qui pourrait faire notre fierté.

Des cas analogues sont nombreux et nécessitent la même sévérité de la part de l'Etat congolais. Les habitants de notre pays, nationaux ou étrangers, ainsi que ceux qui nous observent de loin devront le remarquer et ressentir que le principe « *Tolérance zéro* », prôné par le gouvernement congolais, est une réalité dans tous les domaines de la vie nationale et non un simple slogan. Cela donnerait au monde l'image d'un Congo nouveau, pays de droit et de justice, où il fait bon vivre.

Où qu'il se trouve en RDC et quels que soient son rang social et ses relations familiales ou amicales, aucun délinquant ne pourra se sentir à l'abri de la loi.

Cette fermeté, qui devrait devenir l'une des caractéristiques de la Justice de notre pays, pourrait donner plus d'assurance à la population qui sentirait sa sécurité garantie, l'impunité qui lui donnait l'impression du règne de l'arbitraire étant écartée, et l'anarchie qui pousserait tout celui qui le désire à chercher les moyens de se protéger ou de se rendre justice soi-même ayant pris fin. Autrement dit, tout le monde aura l'impression que l'autorité judiciaire compétente a repris ses droits partout dans le pays.

Les efforts que le Gouvernement congolais déploie pour réhabiliter le secteur judiciaire, qui était longtemps oublié, méritent d'être salués. Nous espérons que les juges et magistrats nouvellement recrutés ainsi que tous ceux qui ont la charge de dire la loi vont couvrir toutes les juridictions judiciaires du pays. L'Etat devrait tout faire pour assurer leur protection dans l'exercice de leurs fonctions et garantir leur indépendance vis-à-vis du pouvoir exécutif et du pouvoir législatif, conformément à la Constitution en vigueur dans notre pays, et pour leur permettre d'appliquer convenablement la loi.

Ce domaine est très vaste et appelle de nombreux sacrifices, en vue de garantir de l'ordre dans tout le pays et écarter diverses embûches qui s'érigeraient sur la voie de son développement. Un effort supplémentaire devrait être fait par l'Etat, pour veiller à l'application équitable et sans discrimination de la loi, en vue de ne pas donner aux gens l'occasion de s'imaginer de l'existence des lois sélectives, celles qui ne s'appliqueraient que dans des cas bien déterminés ou avec des réserves vis-à-vis d'une catégorie des personnes. Cela risquerait de diminuer la rigueur de ces lois aux yeux des citoyens qui sont appelés à les respecter.

Tout délinquant dont l'arrestation est décidée par une juridiction compétente devra être mis dans un lieu d'incarcération. Les responsables de ce lieu devront veiller à ce que le prisonnier fasse la peine fixée par le tribunal, sans lui donner l'occasion de se soustraire.

De fait, l'arrestation d'un délinquant devra être perçue comme un moyen d'instaurer de l'ordre dans la société et non comme un moyen de répression. Son relâchement avant la fin de sa peine risque d'encourager d'autres hors-la-loi de commettre des délits plus graves, car convaincus qu'ils ne pourraient pas faire longtemps en prison, leur libération pouvant intervenir comme celle de l'autre.

De son côté, la population ne peut pas considérer la prison comme un moyen officiel de faire souffrir les délinquants, car l'objectif poursuivi par l'Etat est d'assurer leur rééducation, pour qu'ils deviennent beaucoup plus utiles à la nation.

Dans ce cadre, l'Etat devra veiller à avoir des maisons d'arrêt en bon état, à même d'assurer le logement de prisonniers et leur rééducation.

La population de notre pays a beaucoup augmenté. Elle n'est plus ce qu'elle était autrefois. Le nombre de délinquants aussi. Mais les maisons d'arrêt, si elles ne se sont pas détériorées, leurs dimensions sont devenues restreintes eu égard au nombre actuel de ses locataires.

Ce délabrement date de plusieurs années comme Mr Kengo wa Ndondo, alors Président du Conseil Judiciaire de la Deuxième République, l'avait bien souligné en 1979 à Nsele, à la troisième session ordinaire de l'Institut Makanda Kabobi, école du Mouvement Populaire de la Révolution, MPR, Parti-Etat. Reconnaissant avec regrets l'état des prisons qu'il avait visitées, il révéla à cette occasion ce qu'il écrivit dans le livre d'or d'une prison : « *C'est par patriotisme que les prisonniers sont encore dans cette prison* ». Ce qui signifie que les murs des lieux visités n'étaient plus en état d'empêcher les prisonniers de prendre le large ; seul l'amour de la nation pouvait les retenir à l'intérieur.

La reconstruction des maisons d'arrêt sur toute l'étendue du territoire national est nécessaire. Tout comme il est impérieux de construire des nouvelles prisons. Cela pour ne pas donner l'occasion aux locataires de certaines maisons d'arrêt d'être étouffés, ni d'être libres de se soustraire quand ils veulent.

Nos compatriotes feraient mieux de soutenir l'action de l'Etat, comprendre ses objectifs et ne jamais essayer de poser des actes de nature à faire voir qu'ils aiment des individus poursuivis par l'Etat, pour leurs fautes, mieux que ceux qui se donnent la peine de les récupérer, pour les rendre plus utiles à la nation.

Nous croyons que ceux qui apportent, de manière spectaculaire, à manger aux prisonniers le font uniquement pour leur montrer qu'ils ne sont pas rejetés par la société, mais qu'ils sont soumis à des séances de rééducation, pour mieux servir leur pays. Ceux qui agissent autrement ou chercheraient à faire passer l'Etat pour une force de répression qui, sans raison avérée, renferme dans des geôles des innocents citoyens perturbent son action et rendent un mauvais service à leur nation.

De son côté, l'Etat ferait mieux de veiller à l'amélioration de l'applicabilité des lois dans le pays, avec un bon suivi de diverses décisions, en vue de faire sentir à tous que la politique de *tolérance zéro* qu'il a prônée est une véritable option et non un simple slogan.

Par ailleurs, les délinquants retenus dans des prisons et centres de rééducation du pays devraient être jugés et punis, sans que le corps judiciaire ne se laisse distraire par des interventions d'où qu'elles viennent. Ce qui permettrait d'éviter des relâchements de complaisance qui apparaîtrait aux yeux des citoyens comme des défis qui leur seraient destinés et multiplierait des cas de récidivisme.

16. Phénomène « *kuluna*[42] »

Depuis une dizaine d'années, un phénomène nouveau, appelé *kuluna*, a vu le jour en RDC. Des jeunes gens désœuvrés, filles et garçons, opèrent ensemble, surtout la nuit, en s'attaquant à ceux qui sont supposés posséder de l'argent ou d'autres biens de valeur, sur la voie publique ou dans leurs maisons, pour les dévaliser et, en cas de résistance, les blesser, voire les tuer. Cette activité est pour eux un gagne-pain.

Ce phénomène s'est répandu à travers tout le pays, partout où il y a une grande concentration de la population, plus particulièrement dans de grandes villes. Il semble prospérer malgré les efforts de l'Etat se traduisant par l'arrestation d'un bon nombre d'entre eux, dont certains ont été placés dans des prisons éloignées de leur ville d'origine et d'autres dans des prisons de la place.

Les tentatives de quelques autorités publiques d'approcher les *kuluna*, pour les faire revenir à la raison, ne semblent pas les convaincre à abandonner cette voie de la dépravation. Par contre, ils continuent à déstabiliser de nombreuses villes de la RDC. Les nuits paraissent longues dans des quartiers où ils opèrent et les gens restent cloîtrés dans leurs maisons, de peur de tomber entre leurs mains.

De fait ils frappent atrocement, pillent et dépouillent sans pitié. Ils n'hésitent pas à blesser ni à tuer, pour avoir ce qu'ils désirent et que détiendraient leurs victimes. Ils adoptent la même attitude quand ces dernières n'ont rien à leur offrir ou pour échapper à la vigilance des agents de l'ordre et de tous ceux qui tenteraient de les empêcher de fuir.

Quand on analyse les cas d'agression qu'ils opèrent à Kinshasa ou ailleurs, on remarque que ces hors-la-loi sont beaucoup plus actifs dans des quartiers obscurs, dépourvus d'éclairage public ou

---

[42] Le terme *kuluna* serait dérivé du mot portugais "colona", signifiant "marcher en fille indienne" vers un champ de bataille, en considérant toute perturbation venant d'un tiers comme une provocation. C'est au début des années 2000 qu'il serait introduit en RDC, en provenance de l'Angola, pour désigner des gens qui agressent les autres, chez eux ou dans la rue, en vue de leur ravir ce qu'ils possèdent. Il s'est étendu à ceux qui profitent de leurs fonctions, pour détourner de l'argent et d'autres biens matériels appartenant à l'Etat ou à l'entreprise qui les emploie. On les appelle les "*kuluna* en cravate".

en délestage, pour la plupart habités par une population démunie et éprouvant d'énormes difficultés à satisfaire ses propres besoins et encore moins à répondre à leurs exigences.

Ces analyses nous ont également permis de comprendre que ce phénomène est souvent alimenté par la misère et le désespoir de ces jeunes congolais qui, sans aucune activité rémunératrice, estiment qu'ils n'ont rien à attendre de bon dans leur vie et que, de ce fait, leur avenir est complètement gâché. Ils se voient embourbés dans le sable mouvant de la misère dont ils ne peuvent jamais s'en sortir. Ainsi sont-ils prêts à toute forme de sacrifice, pourvu qu'ils parviennent à arracher, aux passants ou à ceux qui occupent des maisons supposées prospères, de l'argent ou tout ce qu'ils peuvent vendre, pour avoir la possibilité de se payer à manger et autres choses dont ils ont besoin.

Ces études démontrent bien que les *kuluna* ne se recrutent pas nécessairement parmi les enfants de la rue, la plupart d'entrée eux habitant chez leurs parents. On peut alors se poser la question de savoir ce que font ces derniers devant l'égarement de leurs enfants.

Il existe des faits qui permettent de croire qu'il y a des parents qui sont complices des actions illégales de leurs enfants, actions grâce auxquelles ces derniers sont devenus pourvoyeurs de l'argent et de la nourriture nécessaires pour leur survie. On citera par exemple des parents qui cacheraient leurs enfants recherchés par la Police, pour leurs actes illicites, en vue de les soustraire à des poursuites judiciaires.

D'autres faits indiquent le contraire, mettant en exergue l'exemplarité des parents qui n'hésitent pas d'accuser leurs enfants poursuivis par l'autorité judiciaire ou par la Police, pour marquer leur désaveu à la voie de la perversion empruntée par ces derniers.

Il est regrettable de constater que certains parents ont complètement perdu de l'autorité sur leurs progénitures. La sensibilité d'amour qu'ils manifestent en cas d'arrestation de leurs enfants ne peut s'expliquer que par l'existence du même sang qui circule dans leurs veines. Cette compassion parait malheureusement comme leur soutien aux actions illégales de leurs enfants.

La préoccupation de l'Etat congolais de régler définitivement ce dossier qui perturbe la paix sociale du peuple congolais est perceptible. Son appel à cette catégorie de nos compatriotes de s'enrôler massivement au sein de l'armée est encourageant. Il serait néanmoins nécessaire d'accompagner leur recrutement avec un bon programme de rééducation, en vue d'en faire de bons patriotes au service de la nation, pour le bonheur de tous les Congolais.

Notre soutien à cet appel n'efface pas de notre mémoire la déclaration faite à la Conférence Nationale Souveraine en mai 1992 par feu Général Mahele, alors ministre de la Défense nationale et Chef d'état-major général des Forces Armées Zaïroises (FAZ), qui soulignait que *« l'armée ne peut pas être considérée comme un dépotoir où l'on peut jeter des enfants mal éduqués »*. Mais notre souhait le plus ardent est de voir ces jeunes compatriotes être transformés et prêts à défendre notre pays à n'importe quel prix.

La pensée du Général Mahele est souvent rappelée par nos compatriotes. Certains faits de l'histoire de notre pays lui donnent raison. C'est le cas par exemple de l'arrestation à Kinshasa en décembre 2013 des policiers parmi les délinquants qui n'ont pas hésité à faire couler le sang des Congolais, avec des armes mises à leur disposition pour assurer la protection des citoyens.

Il serait donc impérieux qu'à chaque recrutement des jeunes congolais au sein de l'Armée et de la Police Nationale, une attention particulière soit portée sur les casiers judiciaires des candidats. Ceux qui auraient déjà eu des problèmes avec la Justice devraient être écartés. L'attention devrait être également portée au cours de la formation et de l'initiation des recrus, en vue d'extirper des brebis galeuses qui auraient échappé aux mails des filets de leur recrutement.

En grand visionnaire, M'Zee L.D. Kabila avait bien compris la nécessité de précéder ce fait social *kuluna* qui ronge aujourd'hui la société congolaise et constitue un casse-tête pour les dirigeants du pays. Il créa le *Service National*, pour donner l'amour du travail aux jeunes congolais désœuvrés, en vue de les rendre plus utiles à la nation, en les formant dans un métier bien déterminé, comme par exemple la menuiserie, l'agriculture, l'élevage, la mécanique, le bâtiment, la plomberie.

Par ailleurs, le Service National devait préparer des jeunes congolais à bien aimer leur nation, à s'auto-défendre et à rejeter des divisions tribales ou régionales, grâce à l'opération de brassage qui mettait ensemble des jeunes gens venus de différentes provinces du pays.

Cette formation, qui devait être assurée à travers trois centres du Service National par province, allait permettre à la RDC de disposer d'un nombre important d'ouvriers qualifiés auxquels elle pourrait recourir pour de grands travaux de sa reconstruction, sans chercher à faire venir la main d'œuvre de l'étranger ni à recourir aux ouvriers sans qualification. Grâce au brassage, le pays allait également avoir une jeunesse plus tournée vers des idées nationales qu'à des considérations régionales ou tribales.

Certes, grâce à la connaissance d'un métier, ces jeunes pourraient devenir des éléments nécessaires pour la relance économique du pays et avoir de nombreuses opportunités d'emploi, à l'intérieur comme à l'extérieur du Congo, multipliant ainsi la possibilité de satisfaire leurs besoins et d'avoir la tranquillité d'esprit.

Il ne serait pas exagéré de croire que la réalisation de ce programme pourrait empêcher le phénomène *kuluna* d'apparaître, de nombreux jeunes gens désœuvrés devant trouver des occupations à l'issue de leur formation. Malheureusement pour la RDC, M'Zee L.D. Kabila a été assassiné avant que ce programme n'ait atteint sa vitesse de croisière. On peut alors se demander si, dans sa forme actuelle, ce service poursuit les objectifs envisagés par son initiateur.

Il conviendra de saluer les efforts de la Ville de Kinshasa et d'autres provinces de faire former des jeunes désœuvrés par l'Institut National de Préparation Professionnelle (INPP) et par d'autres centres de formation, dans le cadre de la lutte contre le chômage. Ces efforts traduisent le souci des responsables du pays, pour ces jeunes gens qu'ils cherchent à rendre beaucoup plus utiles à la société au lieu de les laisser apparaître comme des éléments destructeurs.

Nous croyons que l'opération *likofi*[43], initiée par le gouvernement congolais, pour éradiquer à jamais le phénomène

---

[43] *Likofi* : c'est un mot lingala signifiant "coup de poing". Il serait utilisé pour marquer la volonté du gouvernement congolais de frapper sans amertume tous ceux qui font partie d'une bande de *kuluna*, en vue de mettre fin à l'existence de ce phénomène qui a semé la désolation dans le cœur de la population paisible de la RDC.

kuluna sera couronnée de succès. Les résultats déjà enregistrés semblent encourageants : la peur aurait changé de camps, des jeunes gens qui terrorisaient la population ont commencé à fuir ou à se cacher, pour ne pas être repérés par la Police, d'autres renoncent publiquement à cette voie de l'illégalité.

La tranquillité est retrouvée dans des quartiers et rues de nos villes. Ce qui a fait le bonheur de la population congolaise qui a vite salué l'action de la Police Nationale. Les gens ont repris leurs habitudes de vaquer à leurs besoins. Notre souhait est de voir la nouvelle situation durer dans le temps.

Certains compatriotes se sont rapidement mobilisés, pour accompagner l'Etat dans son combat contre ceux qui ont choisi cette voie. Leur action est diversement accueillie par la population : les uns la jugent tardive, car elle intervient après plusieurs années de souffrance, d'autres la trouvent comme un moyen de gêner la réaction de l'Etat et d'épargner de la prison ceux qui n'ont jamais eu pitié de leurs victimes.

De toutes les façons, il est nécessaire d'éradiquer à jamais ce phénomène. Pour y parvenir, il serait souhaitable, qu'outre les efforts susmentionnés, de réanimer le Service National jusqu'à lui faire atteindre des objectifs que son initiateur lui avait confiés, c'est-à-dire mettre régulièrement ensemble des jeunes de différentes régions du pays, pour leur inculquer l'amour du travail en leur apprenant un métier sur lequel chacun d'eux devrait s'appuyer le reste de sa vie. Ce qui les épargnerait de retomber dans une situation de désespoir qui pourrait les tenter de reprendre cette activité illicite, en vue de retrouver des moyens de satisfaire leurs besoins.

Le Service National rénové et d'autres efforts de l'Etat seront toujours indispensables, pour assurer l'encadrement des adolescents de demain qui seront exposés aux mêmes besoins que leurs grands frères et sœurs qui secouent notre société aujourd'hui.

CONCLUSION

La stigmatisation des menaces qui pèsent sur la RDC ne peut en aucun cas être interprétée comme un appel aux Congolais de se mettre à pleurnicher, ni à criailler « au secours », car personne ne viendra assurer leur sécurité, ni améliorer leur avenir, si eux-mêmes ne font rien pour y parvenir.

Elle ne peut non plus être considérée comme une mobilisation à la vengeance contre les auteurs des tortures diverses et des exactions infligées au peuple congolais.

Elle peut au contraire être perçue comme un appel à la prise de conscience collective et responsable de tous les Congolais, où qu'ils se trouvent, pour qu'ils puissent réfléchir sur toutes les menaces dirigées contre l'intégrité, l'indépendance et la prospérité de leur pays, de l'intérieur comme de l'extérieur, et de prendre rapidement des mesures et dispositions nécessaires, pour y résister ou les écarter définitivement, sinon les dissuader.

Pour ce faire, il importe que chaque congolais, quelle que soit sa tendance politique, prenne la mesure du sens profond de ses responsabilités quant à l'avenir de son pays.

Cette noble tâche s'impose à tous les citoyens congolais, hommes, femmes et enfants, jeunes et vieux, chacun devant agir dans le sens de l'intérêt supérieur de la nation. Personne ne peut prétendre de n'en être pas concernée ni qu'elle relève de tel ou tel autre individu, car tout le monde devra œuvrer pour la sauvegarde de l'intégrité territoriale et de la souveraineté de son pays. Cette lutte exige l'unité de tous, car c'est l'union qui donne la force nécessaire pour assurer le succès de n'importe quelle initiative.

Les Congolais ne peuvent pas se laisser distraire par des gens envieux des ressources naturelles de leur pays, qui font semblant de les aimer et d'être disposés de les aider à résoudre leurs problèmes, car ce qu'ils recherchent c'est la balkanisation de leur pays, en vue d'avoir la possibilité de mieux profiter de ses nombreuses richesses. Si, par malheur, leur objectif parvenait à être atteint, ils couperaient tout contact avec leurs amis de circonstance.

L'enlèvement de Moïse Tshiombe[44] au-dessus de l'Atlantique en 1967 peut nous aider à tirer des leçons de ce genre d'amitié. Le bonheur que l'on nous fait miroiter peut par contre nous conduire au grand malheur.

Avant de faire confiance à ceux qui viennent chez nous ou y envoient des émissaires, sous prétexte de nous apporter une assistance quelconque, nous devons d'abord chercher à comprendre leurs réelles intentions, car ce n'est pas par amour qu'ils viennent dans notre pays, ni pour nous aider à renforcer notre position sur le plan social ou politique, mais pour satisfaire leurs propres intérêts, en œuvrant d'abord pour l'affaiblissement du Congo, en vue d'y trouver facilement ce dont ils ont besoin.

Il y a lieu de reconnaître cependant que même s'il existe des gens qui cherchent à diviser la République Démocratique du Congo, les menaces qui pèsent sur ce pays sont avant tout le fruit de l'inconscience de ses fils et filles, qui ne songent qu'à leurs propres intérêts au lieu de se préoccuper de ce qui profite au peuple dans son ensemble.

C'est ce désir égoïste de se servir qui jette certains compatriotes dans les bras des ennemis de notre pays ou perturbe d'autres dans leur comportement quand ils sont appelés à agir au nom de l'Etat.

Pourquoi ne pas nous inspirer de l'exemple d'un peuple d'Extrême Orient qui, politiquement divisé entre deux groupes qui luttaient pour le contrôle des institutions nationales, s'est vite ressaisi pour former un front commun quand une puissance étrangère avait envahi le pays ?

L'histoire nous apprend que les deux groupes ennemis se sentirent interpellés devant la menace qui pesait sur leur pays. Ils s'entendirent de suspendre la guerre entre eux, en vue de bouter dehors l'envahisseur, leur ennemi commun. Ce qui fut fait. Leurs hostilités ont été reprises immédiatement après, jusqu'à la victoire totale d'un groupe sur l'autre.

---

[44] Voir la note n° 5 à la page 20.

Ce comportement est une manifestation éloquente de l'amour et de la conscience que les ressortissants de ce pays ont pour leur patrie. Personne d'entre eux n'a cherché à faire alliance avec l'envahisseur, pour bénéficier de son appui en vue de remporter la victoire sur l'autre groupe. Ils savaient bien que la puissance étrangère était à la recherche de ses intérêts et non de leur bonheur. Ils ne pouvaient pas l'aider à atteindre ses objectifs.

Cela démontre à suffisance que le but poursuivi dans ce pays par chacun de deux groupes hostiles était le même : « *promouvoir l'intérêt national* » ; mais leurs méthodes et idéologies étaient différentes.

L'attitude des politiciens de ce pays est très différente de celle de nos compatriotes. A l'Est du Congo par exemple, on dénombre plusieurs morts, de nombreux blessés, des milliers de personnes déplacées sans abri ou logées dans des huttes de fortune, bref, une exposition à ciel ouvert de la souffrance du peuple congolais. Mais quelles sont les réactions des politiciens congolais à ce sujet ?

Il est malheureux de les voir toujours divisés et incapables de former un front commun, pour faire face aux diverses tracasseries venues de l'extérieur. C'est encore beaucoup plus douloureux d'apercevoir que certains d'entre eux sont prêts à embrasser ceux qui matraquent leur pays, uniquement pour satisfaire leurs intérêts égoïstes.

Cette déplorable indifférence de nos compatriotes, remarquable dans diverses situations qui touchent à notre pays, nous amène à nous poser la question de savoir à quel moment ils se sentir interpellés, pour pouvoir s'exprimer à ce sujet et prendre la position idoine.

Ce qui nous pousse à nous demander comment d'autres peuples pourraient-ils être sensibles à nos malheurs quand, par notre comportement, nous ne manifestons aucun sentiment de détresse à l'égard de nos frères et sœurs atrocement persécutés ainsi qu'à d'autres problèmes qui menacent notre pays ?

Ces exécutions et tortures, qui ne s'expliquent que par l'unique volonté d'avoir la mainmise sur les richesses du Congo au profit des puissances étrangères, ne pourraient pas avoir lieu sans la contribution coupable de nos compatriotes. Ces derniers ont comme principale préoccupation la satisfaction personnelle et non l'intérêt de notre pays. Ce qui nous différencie profondément de ce peuple d'Extrême Orient cité ci-haut, dont l'action devrait pourtant nous inspirer dans notre apprentissage du patriotisme, pour placer l'intérêt national au-dessus de toute chose.

Nous devons également nous inspirer de la vie de nos héros nationaux. L'exemple de Patrice Lumumba devra nous édifier. Nous savons qu'il a été assassiné dans des conditions atroces ; nous savons aussi que son pays, son continent et d'autres peuples épris de justice et de paix se souviendront toujours de lui et que son nom circule aisément à travers le monde. Ce qui ne serait pas pareil s'il avait privilégié ses propres intérêts, pour sauver sa peau, au détriment de tout le peuple congolais.

Quelle que soit sa situation, chaque Congolais doit toujours aimer son pays, avec ses faiblesses et ses lacunes, comme le recommande un proverbe de nos Ancêtres qui dit : « *On aime son pays même s'il y a la famine* ».

Chaque compatriote devra œuvrer pour que l'avenir du Congo soit meilleur, et que ses ressources naturelles soient bien conservées et gérées correctement au profit de tout le peuple. Il ne devra, en aucun moment, être complice de la dilapidation des ressources de son pays, ni de sa balkanisation. Cette vision, qu'il doit intérioriser, devra être le moteur de son existence jusqu'à la fin de sa vie.

Si tout citoyen congolais pouvait prendre de pareilles dispositions à l'égard de son pays et de ce qu'il possède, ce serait un grand pas franchi par la République Démocratique du Congo dans sa lutte pour son développement, la protection de ses richesses et le respect de ses frontières héritées de la colonisation.

Les responsables congolais devront prendre des mesures adéquates, pour conscientiser ceux qui n'ont pas encore compris qu'ils ont le devoir de protéger leur pays et tout ce qu'il possède, et de mettre son territoire à l'abri de toutes les convoitises d'où qu'elles viennent.

Ils devront par ailleurs faire comprendre à tous les citoyens la nécessité d'avoir un esprit de tolérance envers d'autres compatriotes, de les aimer tous comme des frères ou sœurs, et de les considérer sur le même pied d'égalité, sans aucune discrimination ni manifestation d'exclusion, tout en veillant à ce qu'un esprit d'équité règne sur toute l'étendue du territoire national. Ceci pourrait également permettre la consolidation de la cohésion nationale dont nous avons besoin dans notre lutte contre les menaces qui guettent notre pays.

Pour parvenir au changement de mentalité de nombreux compatriotes et de leur manière de percevoir des problèmes nationaux, le cours de civisme nous parait indispensable. Celui-ci devrait être ardemment dispensé aux différents niveaux de la vie nationale. Les établissements scolaires et académiques du pays offrent des cadres appropriés pour le faire. La radio, la télévision et les organes de la presse écrite peuvent aussi servir dans ce programme de vulgarisation de cette importante matière qui touche à l'éducation morale et civique de futurs cadres du pays et de tous les citoyens dans leur ensemble.

Concernant le niveau de l'enseignement secondaire et supérieur, il serait souhaitable que le cours de civisme bénéficie d'une grande considération de la part des étudiants, cadres de demain, auxquels il est destiné, ainsi que d'une attention soutenue de la part des dirigeants des institutions d'enseignement. Le Ministère concerné devra lui accorder la même importance que d'autres cours de formation générale.

Pour être plus explicite, nous croyons que le cours de civisme, avec tous les objectifs poursuivis par le pays, devrait être confié à quelqu'un de compétent qui pourrait mieux le dispenser à travers les différents niveaux d'enseignement de chaque établissement scolaire ou universitaire, au lieu de le confier, comme une matière de complément, à n'importe quel enseignant, en vue de compléter son horaire. Ce qui ne parait pas mettre en évidence l'importance de ce cours dont l'objectif principal est la conscientisation de notre société.

La création en RDC du Ministère de l'Initiation à la Nouvelle Citoyenneté a été saluée. Nous espérons que cette nouvelle institution du pays contribuera profondément à faire changer le comportement de nos compatriotes, vis-à-vis d'eux-mêmes et à l'égard de leur pays, pour en faire des hommes nouveaux, capables de défendre les intérêts nationaux partout et en tout moment, quel qu'en soit le prix, et sans aucune forme de discrimination.

Cette importante œuvre ne manquera pas de susciter une réflexion approfondie de quelques compatriotes, recrutés en fonction de leur compétence, doublée d'une bonne expérience, pour déterminer les voies et moyens à suivre afin de conduire nos compatriotes à une réelle transformation, c'est-à-dire, pour en faire des citoyens :

- connaisseurs de leurs droits et de leurs devoirs ;
- connaisseurs de l'histoire et de la géographie de leur pays ;
- respectueux des lois de leur pays et des droits des autres ;
- protecteurs des biens communs, comme les leurs propres ;
- imbus de la dignité et de l'honneur de leur pays et qui sont prêts à se sacrifier pour lui.

On se rappellera toujours du travail louable de conscientisation du peuple congolais que M'Zee L.D. Kabila avait entrepris dès la chute du régime de la Deuxième République. Il enseignait au peuple congolais de se prendre en charge et de compter sur soi-même, c'est-à-dire, sur son propre travail et ses propres efforts. D'ailleurs, c'est le travail qui assure l'indépendance d'un individu et lui octroie une place dans la société.

Après son assassinat, on peut se demander si le peuple congolais a bien assimilé ses leçons car, tout en répétant ce qu'il donnait comme enseignements, nombreux sont des compatriotes qui continuer à criailler : « *L'Etat, talela biso likambo oyo* » (Que l'Etat nous aide à résoudre ce problème) et à croire que les bienfaiteurs viendront de l'extérieur pour nous aider à reconstruire notre pays.

C'est douloureux de constater que dans de différents domaines de la vie nationale, on rencontre des gens qui fondent leur espoir de réussite sur l'apport des autres. L'Etat est souvent culpabilisé : « *L'Etat ne fait rien pour nous* », disent certains. « *Il ne s'occupe pas de nous* », disent les autres, sans pour autant se donner la peine de chercher à faire quelque chose pour l'Etat, comme le Président Kennedy des Etats-Unis d'Amérique disait au peuple américain : « *Ne demandez pas ce que l'Etat fait pour vous, mais ce que vous faites pour l'Etat* ».

Les propos de nos compatriotes montrent bien qu'ils ne se sont pas approprié les enseignements de M'Zee L.D. Kabila qui leur demandait de se prendre en charge et de ne jamais compter sur les autres. On dirait qu'ils continuent à utiliser l'expression « *se prendre en charge* » comme un simple slogan, sans conviction sur le sens profond du message de l'ancien leader de notre pays. Ils ont pourtant la capacité de réaliser de bonnes choses. Leur problème demeure celui d'avoir confiance en eux-mêmes.

En effet, sans la volonté réelle de se prendre en charge et de ne compter que sur soi-même, sans être content et fier de ce que l'on possède, tous les efforts de l'Etat, pour améliorer la vie quotidienne des Congolais et assurer la reconstruction de notre pays, ne vont pas donner les résultats escomptés.

Les propos défaitistes que tiennent certains compatriotes ne font que surprendre ceux qui croient dans l'avenir de la RDC. On notera par exemple ce que nous avons un jour entendu à Kinshasa, à la place du 30 juin, d'un taximan qui, suite à des remarques d'un client, lui lança : « *Yo moto okobongisa mboka oyo* » ? (C'est toi qui redresseras ce pays) ? Ou ce que d'autres disent : « *Mboka oyo ekobonga lisusu te* » (Ce pays ne se redressera jamais).

Ces propos traduisent la répugnance de certains Congolais à l'égard du comportement de nos compatriotes qui, par leur égoïsme et leur manque d'objectivité, freinent tous les efforts de développement du pays. Ils démontrent par ailleurs la carence de confiance de nombreux Congolais en eux-mêmes et qui, au lieu de chercher à apporter leur contribution pour améliorer la situation de leur pays, espèrent toujours que des gens viendront d'ailleurs, pour développer le Congo et l'aider à rehausser son image dans le concert des nations.

Outre cette nécessité de mobilisation générale, marquée par la prise de conscience de tout un peuple de s'organiser, pour mieux défendre ses intérêts, le Congo a aussi besoin d'une armée forte, républicaine et disciplinée, capable d'assurer son indépendance, sa souveraineté, sa sécurité, son intégrité territoriale, et de protéger ses multiples ressources naturelles et sa population.

Cette armée devrait être constituée des éléments actuels doublés des unités nouvelles régulièrement recrutées à travers toutes les provinces du pays, en tenant compte du respect de l'équilibre régional. Nous croyons que c'est dans ce sens que le récent appel a été lancé en direction des jeunes congolais.

Par ailleurs, dans le cadre de la discipline au sein de cette institution chargée de la sécurisation du pays, il nous semble indispensable que tout membre du corps qui se serait trempé dans une révolte quelconque contre les FARDC (Forces Armées de la RDC), ou la République d'une manière générale, soit définitivement écarté, même si nous avons opté pour la révolution pardon. Nous restons persuadé que des mesures sévères, allant jusqu'à la révocation de l'armée des mutins et de leurs dirigeants, pourraient contribuer à faire réfléchir à l'avenir ceux qui seraient tentés par des aventures analogues.

Comme partout dans le monde, les forces armées congolaises ont besoin d'une attention soutenue de la part des dirigeants du pays, ainsi que de l'amour et du respect du peuple congolais dans son ensemble. Ce qui les rendrait fières et les motiverait davantage dans leur mission de protection du pays et de ses biens.

On se souviendra toujours de ce qu'on a remarqué dans le corps des FARDC lors de leur fulgurante progression contre le M23, et surtout au lendemain de leur brillante victoire sur ce groupe armé. Nos militaires ont senti derrière eux le soutien de l'Etat et du peuple congolais. Ce soutien est indispensable.

C'est un devoir pour tout Congolais de savoir adopter une attitude convenable à l'égard de ces dignes fils et filles du pays qui ont choisi de servir la nation en prenant le risque de braver les dangers du métier. C'est aussi un devoir pour les dirigeants congolais de veiller à ce que tout ce qui a été décidé en leur faveur leur soit accordé, sans aucune hésitation ni détournement.

Les efforts qui sont déjà faits par les responsables du pays en faveur des hommes de troupe sont louables. Il est nécessaire de les poursuivre et de les diversifier en direction de toutes les forces de l'ordre nationales, plus particulièrement en ce qui concerne l'amélioration de leurs conditions de travail et de survie, ainsi que de leur salaire. Ceci pourrait les écarter de toute tentative de se rabattre sur la population civile, en vue d'y trouver un supplément nécessaire à leur survie.

Toute pratique de la part des agents de l'ordre, militaires et policiers confondus, qui léserait la population risque de les faire apparaître aux yeux de celle-ci comme des ennemis qui chercheraient à lui faire du mal, au lieu d'être perçus comme des parents, prêts à la protéger et à lui apporter l'assistance nécessaire.

Ce que nous avons un jour suivi au cours d'une émission à la Télévision Nationale ne s'inscrit pas dans la logique de la fraternité entre les forces de l'ordre et les citoyens congolais. Il s'agit du cas d'un chauffeur d'un muni bus, communément appelé à Kinshasa « esprit de mort », qui avait écrasé la jambe d'un paisible citoyen, sans se donner la peine de s'arrêter pour l'amener à l'hôpital. Pourtant il y avait à bord un agent de la Police Nationale Congolaise. Ce dernier n'a pas bronché, se contentant de poursuivre d'autres objectifs, notamment ceux garantissant ses propres intérêts.

La fraternité entre les agents de l'ordre et la population n'est pas en concordance avec .leur présence dans des débits de boisson, quand ils sont encore en uniforme et en arme, en train d'ingurgiter de la bière en compagnie d'autres citoyens, comme ce que nous avons eu à observer avec regret dans quelques bars de la capitale de notre pays. Pourtant ils devaient d'abord rentrer chez eux, pour se débarrasser de leurs accoutrements de service, avant de revenir rencontrer les autres et boire avec eux, sans être autrement identifiés.

En cas de conflit armé, une attention toute particulière devra être faite par l'Etat congolais à l'égard de nos troupes au front, en veillant à ce qu'elles ne soufrent d'aucune injustice de la part de leurs supérieurs. Autrement dit, le Gouvernement devra veiller à ce que leurs soldes et primes leur soient accordés intégralement et en temps opportun, pour ne pas les décourager. Par ailleurs, tout détournement de leurs émoluments devra être considéré comme un crime de guerre et puni sévèrement.

Il serait souhaitable pour la RDC, pays qui fait face à de multiples convoitises étrangères à cause de ses nombreuses ressources naturelles, de songer à augmenter sensiblement le nombre de ses forces militaires et policières, sans pour autant communiquer leur composition à qui que ce soit. D'ailleurs celle-ci devrait être considérée comme relevant du domaine secret de l'Etat et portée à la connaissance d'un strict minimum de personnes autorisées par des dispositions pertinentes des lois y afférentes.

Les propos que tiennent certains compatriotes au sujet de la composition de nos forces de l'ordre sont non seulement surprenants, mais aussi choquants, surtout quand ils vont jusqu'à affirmer qu'un pays comme le nôtre n'a pas besoin d'une grande armée. On peut dès lors se poser la question de savoir sur quoi se basent-ils pour tenir ce genre de propos que l'on peut qualifier de naïfs pour un pays très convoité ? On dirait que les partisans de cette thèse seraient distraits par la situation apparemment calme qu'ils ont observée quelque temps dans le pays.

Ces compatriotes semblent ignorer que dans la vie, tout est évolutif et se détermine en fonction du temps et des changements liés aux phénomènes divers qui influent sur le comportement de l'homme, changements provoquant de nouveaux besoins, qui pourraient amener d'autres peuples à vouloir s'accaparer de ce qui nous appartient, sans pouvoir nous consulter au préalable, surtout si nous ne pouvons pas les inquiéter. La guerre déclenchée par le M23 en avril 2012 ne pourrait-elle pas les amener à changer d'opinion, même si celle-ci a pris fin en notre faveur ?

Le pays devra faire un effort pour la construction des casernes supplémentaires des militaires et des policiers à travers tout le pays. Ce qui pourrait avoir de multiples avantages : le logement des agents de l'ordre dans des lieux appropriés, à l'abri des regards mal intentionnés ; le renforcement de la capacité de leur contrôle ; l'assurance que leur présence à des différents coins du pays donnerait au peuple et aux visiteurs étrangers chez nous ; pour ne citer que cela.

Ces indispensables constructions devraient se faire grâce au travail des agents de l'ordre eux-mêmes. Il s'agit du travail consistant à produire des briques et des tuiles, grâce à la latérite toujours abondante sur le territoire congolais, à les cuire avec du bois ou d'autres combustibles tels que le pétrole et le gaz que l'on peut extraire localement, à recourir au génie militaire pour construire de nouveaux camps, nécessaires pour le pays, et réfectionner les anciens.

Le pays devra également faire de son mieux, pour que les FARDC deviennent productrices de ce qu'elles consomment. Dans ce cadre, chaque camp devra avoir des champs et fermes en vue de produire sa propre nourriture : farine de manioc et de maïs, viande, œufs, légumes.

Ces produits ne seront pas à distribuer entre les habitants du camp. Ils devront par contre être placés dans des cantines, pour être vendus à des prix très réduits, accessibles à tous. L'argent ainsi récolté pourrait aider à financer des œuvres sociales au profit du camp. Ceci est valable pour les militaires et pour les policiers.

Nous croyons aussi que notre armée devra produire une certaine catégorie d'armes et de munitions, qui pourrait contribuer non seulement à réduire les dépenses publiques, mais aussi à augmenter ses moyens nécessaires pour la formation des recrues et la remise à niveau de ses unités.

Une production de ce genre ne peut pas se faire au sein de chaque camp militaire. Elle devra se faire au niveau national, dans des sites appropriés, dont la création nécessitera des ententes avec un pays ami, disposant de la technologie y afférente, qui accepterait de nous vendre une usine de ce genre.

En cas d'un accord pour cette création, l'Etat devra prendre des dispositions pour installer l'usine vers le centre du pays, dans un coin bien protégé et à l'abri de toute curiosité, car il ne semble pas indiqué de placer des sites stratégiques à proximité des frontières du pays, à des endroits difficiles à défendre militairement. On doit être prévoyant et à même de faire face à toute éventualité.

Des dispositions analogues devront être prises en vue d'éviter l'installation des usines civiles non loin de nos frontières, à des endroits facilement accessibles à partir des pays voisins qui pourraient, en cas de conflit armé, les atteindre à tout moment, pour les détruire ou en soustraire des machines de production.

Certes la RDC a besoin d'une population consciente de ses devoirs et de ses responsabilités vis-à-vis d'elle-même et de son pays, et d'une armée bien formée et disciplinée, pour assurer la protection de son immense territoire et de ses fabuleuses ressources naturelles. Elle a aussi besoin des cadres compétents et d'excellence, pour son développement.

Le recrutement de ces cadres devra se faire suivant des critères sévères, respectueux des objectifs à atteindre, soumis à une compétition rigoureuse. La nécessité demeure pour le pays d'avoir des cadres compétents et expérimentés, capables de réaliser un travail de qualité, pouvant conduire aux bons résultats pour la nation et au bien-être pour tous. Des critères sentimentaux ne devront pas y jouer un rôle quelconque étant donné que leur finalité est de satisfaire les intérêts personnels et non à atteindre un objectif commun.

Il importe également que l'Etat congolais crée un grand centre d'observation et de recherche, chargé de suivre et d'examiner minutieusement toutes les calamités naturelles et celles provoquées par l'homme dans le monde, en vue d'en déterminer les causes réelles et de proposer des pistes de prévention pour le Congo.

Les différentes tares qui menacent l'avenir du Congo pourraient faire l'objet de ce genre d'études, pour trouver les voies et moyens d'atténuer leur ardeur. L'Etat devrait aussi multiplier des actes pouvant encourager la population à suivre son leitmotiv, à se servir des réalisations nationales dans la dignité et avec amour. Ce qui pourrait jouer dans le sens de leur visibilité.

Sans pouvoir se mettre ensemble avec leurs compatriotes et travailler avec amour pour leur pays, sans changement de mentalité marqué par le respect des lois et de l'ordre établis dans leur pays, avec la bonne volonté de respecter et de protéger les réalisations nationales, sans confiance en eux-mêmes avec l'énergique détermination de résoudre tous leurs problèmes avec les moyens dont ils disposent, les Congolais auront toujours les yeux, non pour voir mais pour pleurer, et les mains, non pour travailler mais pour s'essuyer les larmes.

BIBLIOGRAPHIE

OUVRAGES :

BOLYA BAENGA D., *La Profanation des vagins : Le viol, arme de destruction massive*, Le Serpent à Plumes, Paris, 2005.

BORRI Michel, *Nous ces affreux*, Galic, Paris, 1962.

BRAECKMAN C., *L'Enjeu congolais – L'Afrique Centrale après Mobutu*, Fayard, Paris, 1999.

BRAECKMAN C., *Les nouveaux prédateurs – Politique de Puissances en Afrique Centrale*, Fayard, Paris, 2003.

BRAILLARD Ph., *Théories de relations internationales*, PUF, Paris, 1977.

BRASSINNE Jacques et KESTERGAT Jean, *Qui a tué Patrice Lumumba ?* Duculot, Louvain-la-Neuve, 1991.

CHOME Jules, *Le drame de Luluabourg, Remarques congolaises*, Bruxelles, 1959.

Collection J. BREMOND, *Dictionnaire de la pensée politique*, Hatier, Paris, 1989.

DUMONT Georges H., *La Table ronde belgo-congolaise*, Ed. Universitaires, Paris, 1961.

FANON F., *Les damnés de la terre*, La Découverte, Paris, 1984.

FANON F., *Peau noire masques blancs*, Seuil, Paris, 1952.

GERARD-LIBOIS J., *Sécession au Katanga*, CRISP, Bruxelles, 1963.

GERARD-LIBOIS J. et VERHAEGEN B., *Congo 1960*, CRISP, Bruxelles, 1961.

GUILLAUME D., *Sociologie des Relations Internationales*, La Découverte, Paris, 2002.

HOCHSCHILD Adam, *Les Fantômes du Roi Léopold : La terreur coloniale dans l'Etat du Congo 1881-1908*, Tallandier, Paris, 2007.

JOUNG Crawford, *Introduction à la politique congolaise*, CRISP, Bruxelles, 1965 (traduit de l'anglais par Paul DUCHESNE).

LASSERE Frédéric, *Ecologie, irrigation, diplomatie, comment éviter les Guerres de l'eau*, Ed. Delavilla, Paris, 2009.

LUDO DE WITTE, *L'Assassinat de Lumumba*, Karthala, Paris, 1999.

LUMUMBA Patrice E., *Le Congo, terre d'avenir, est-il menacé ?,* Office de Publicité, Bruxelles, 1961.

MARTENS L., *Le Congo de Kabila : le combat* pour l'indépendance économique et la guerre de résistance nationale, EPO, Bruxelles, 1999.

MAYOYO BILUMBU T.T., *La Deuxième Guerre Occidentale contre le Congo – Offensive des médias et dessous des cartes*, L'Harmattan, Paris, 2006.

NDAYWEL NZIEM I., *Histoire générale du Congo*, Duculot, Bruxelles, 1998.

NGANDU MUALABA C., *République Démocratique du Congo – Tout est à refaire – A qui la faute*, Publibook, Paris, 2008.

NGBANDA H.K.A., *Ainsi sonne le glas – Les derniers jours du Maréchal Mobutu,* Gideppe, Paris, 1998.

NGODI Stanislas, *L'Afrique centrale face à la convoitise des puissances : de la conférence de Berlin à la crise de la région des Grands Lacs*, L'Harmattan, Paris, 2010.

NGUYEN Thien-Duc, *La guerre de l'eau aura-t-elle lieu ?,* Ed. Johanet, Paris, 2004.

PEANS P., *Affaires Africaines*, Fayard, Paris, 1963.

PEAN P., *Carnages : Les guerres des grandes puissances en Afrique*, Fayard, Paris, 2010.

SEILLER D.-L., *Les partis politiques*, Armand Colin, Paris, 1993.

SOLVIT Samuel, *RDC : rêve ou illusion – Conflits et ressources naturelles en République Démocratique du Congo*, L'Harmattan, Paris, 2009.

STIGLITZ J. E., *Le triomphe de la cupidité*, Ed. Les Liens qui libèrent, 2010.

TSHIBASU Mfuadi, *Coutumes et Traditions Baluba*, L'Harmattan, Paris, 2004.

TSHIBASU Mfuadi, *Le Calvaire d'un diplomate du Congo-Zaïre*, L'Harmattan, Paris, 2006.

VAN LANGENHOVE F., *Consciences tribales et nationales en Afrique noire*, IRRI, Bruxelles, 1960.

VAN LIERDE J., *La pensée politique de Patrice Lumumba*, Amis de Présence Africaine, Bruxelles, 1963.

VANSINA J., *Introduction à l'ethnographie du Congo*, Ed. Universitaires du Congo, Léopoldville (Kinshasa), 1965.

VERHAEGEN B., *Congo 1961*, CRISP, Bruxelles, 1962.

VERHAEGEN B., *Les rébellions populaires au Congo en 1964*, CRISP, Bruxelles, 1967.

VERHAEGEN B. – avec la collaboration de OMASOMBA Jean, EDWINE Simons et VERHAEGEN F., *Mulele et la Révolution populaire au Kwilu (RDC)*, L'Harmattan, Paris, 2007.

WILLAME J.C., *L'Epopée d'Inga – Chronique d'une prédation industrielle*, L'Harmattan, Paris, 1986.

ZIEGLER, *Main basse sur l'Afrique*, Le Seuil, Paris, 1978.

AUTRES DOCUMENTS :

CHARTE DES NATIONS UNIES ;

CODE FORESTIER de la RDC ;

CODE MINIER de la RDC ;

CONSTITUTION de la RDC ;

DERNIERE LETTRE DE P.E. LUMUMBA à son épouse ;

DISCOURS DE P.E. LUMUMBA LE 30 JUIN 1960, à l'occasion de l'indépendance du Congo ;

DISCOURS DU PRESIDENT JOSEPH KABILA KABANGE le 30 janvier 2013, à Lubumbashi, à l'ouverture de la Conférence sur la bonne gouvernance et la transparence dans le secteur minier de la République Démocratique du Congo ;

ETUDE SUR LES MIGRATIONS TRANSFRONTALIERES DES MBORORO au Nord-Est de la République Démocratique du Congo de l'ONG Programme Grands Lacs IKV – Pax Christi Pays-Bas ;

LOI SUR LA PROTECTION DE L'ENFANT en RDC ;

LOI SUR LES PARTIS POLITIQUES en RDC ;

PROTOCOLE DE KYOTO à la Convention cadre des Nations Unies sur les changements climatiques ;

RAPPORT DE LA MISSION D'INFORMATION DU CONSEIL de paix et de sécurité de l'Union Africaine sur les migrations des pasteurs nomades Mbororo en RDC, en RCA, au Soudan et au Cameroun ;

RAPPORT D'ETAPE DU GROUPE D'EXPERTS DES NATIONS UNIES sur la République Démocratique du Congo (Rapport n° S/2012/348 du 21/06/2012 ;

RAPPORT FINAL DES TRAVAUX de la Conférence sur la bonne gouvernance et la transparence dans le secteur minier de la République Démocratique du Congo, tenue à Lubumbashi, les 30 et 31 janvier 2013 ;

RAPPORT FINAL DU GROUPE D'EXPERTS DES NATIONS UNIES sur la République Démocratique du Congo (Rapport n° S/2012/843 du 15/11/2012) ;

RAPPORT FINAL DU GROUPE D'EXPERTS DES NATIONS UNIES sur l'exploitation illégale des ressources naturelles et autres formes de richesse de la RDC (Rapport n° S/2002/1146 du 24/10/2002) ;

RAPPORT MAPPING sur les violations des droits de l'homme en RDC de 1993-2003 ;

ANNEXE

LISTE DE PARTIS POLITIQUES DE LA RDC[45]

Partis et sigles

Action républicaine pour le progrès - ARP
Action démocrate nationale - ADENA
Alliance africaine pour la solidarité et la démocratie - ASOD
Alliance congolaise des démocrates chrétiens - ACDC
Alliance des bâtisseurs du Kongo - ABAKO
Alliance des compatriotes pour le salut public - ACSP
Alliance des démocrates congolais - ADECO
Alliance des démocrates libéraux radicaux - ADEL/RADICALE
Alliance des fédéralistes démocrates du Congo - AFDCO
Alliance pour l'Humanisme et la Démocratie - AHUDE
Alliance des libéraux progressistes - ALIPO
Alliance des nationalistes congolais - ANC
Alliance des nationalistes croyants congolais - ANCC
Alliance des paysans et écologistes - APE
Alliance des paysans et indépendants - API
Alliance des sages pour le développement - ASD
Alliance nationale des démocrates pour la reconstruction - ANADER
Alliance Nationale pour la République - ANR
Alliance pour la démocratie africaine - ADA
Alliance pour le renouveau au Congo - ARC
Alliance républicaine libérale - AREL
Assemblement des démocrates intégrés - ADI

[45] Pour des raisons indépendantes de notre volonté, la présente liste ne reprend que 291 partis politiques sur 455 légalement enregistrés en RDC. Le manque d'information sur d'autres partis ne nous a pas permis de les faire figurer sur la liste. Nos excuses les plus sincères à tous les partis politiques non repris ici.

Camp de la Patrie - Camp de la Patrie
Congrès des démocrates pour le progrès social - CDPS
Centre démocratique pour le progrès - CDP
Centre des Sociaux Démocrates - CSD
Chrétiens Démocrates - CD
Coalition des Démocrates Congolais - CODECO
Coalition politique des chrétiens - CPC
Confédération des peuples redoutables en action - CPRA
Congolais Unis pour le Progrès - CUP
Congrès africain des démocrates - CAD
Congrès des démocrates pour le progrès social -
Congrès Libéral - CL
Congrès Lokole - COLO
Conscience et Volonté du Peuple - CVP
Convention Chrétienne pour la Démocratie - CCD
Convention Démocrate pour le Développement - CDD
Convention Démocratique du Peuple - CODEP
Convention des Alliances Communautaires Africaines - COACA
Convention des Démocrates Chrétiens - CDC
Convention des Congolais Unis - CCU
Convention des Institutions Démocratiques et Sociales - CIDES
Convention du Peuple pour le Progrès et la Démocratie - CPPD
Convention nationale d'action politique - CNAP
Convention Nationale des Démocrates pour un Ordre Nouveau - CONDOR
Convention Nationale pour la République et le Progrès - CNRP
Convention pour la Démocratie et la République - CDR
Convention pour la Renaissance et le Progrès - CRP
Convention pour la République et la Démocratie - CRD
Convention pour la République, les Institutions et le Développement - CRID
Debout Chrétiens et Croyants - DCC
Debout l'Afrique - DAF
Démocratie Chrétienne - DC
Démocratie Chrétienne Fédéraliste/Nyamwisi - DCFM

Démocratie, Progrès, Renouveau - DPR
Démocratie Progressiste pour le Renouveau - DPRe
Démocratie Républicaine pour le Développement National - DRDN
Démocratie chrétienne fédéraliste - Convention des fédéralistes pour la démocratie chrétienne - DFC-COFEDEC
Droite Plurielle/RDC - DP/RDC
Dynamique des Patriotes Militants - DPM
Dynamique pour le Développement National - DDN
Entente Socialistes, Verts et Allies - ESVA
Forces de relève congolaise - FOR ou FRC
Forces du Futur - FF
Forces du renouveau -
Forces Novatrices pour l'Union et la Solidarité - FONUS
Forces politiques nouvelles - FPN
Forces Populaires pour la Démocratie au Congo - FPDC
Forum des Chrétiens pour la Reconstruction Nationale - FORENAC
Forum National pour la Démocratie - FND
Front Commun des Nationalistes/Me Kamanda - FCN/Me Kamanda
Front commun des nationalistes Mme Tumba - FCN/Mme Tumba
Front de libération nationale du Congo - FLNC
Front Démocratique pour le Progrès - FDP
Front des démocrates congolais - FRODECO
Front des nationalistes intégrationnistes - FNI
Front des Patriotes Congolais, Parti du Travail - FDP-PT
Front des Sociaux Démocrates pour le Développement - FSDD
Front national congolais - FNC
Front National pour la Démocratie et la Concorde - FNDC
Front National pour le Renouveau - FINIR
Front Patriotique pour le Renouveau et le Progrès - FP
Front pour l'intégration sociale - FIS
Front républicain - FR
Front social des indépendants républicains - FSIR
Gardien de la Nation pendant l'Oppression - GNPO
Générations républicaines - GR

Ligue des démocrates chrétiens - LDC
Ligue des Démocrates Congolais - LIDEC
Ligue pour la Qualité de la Vie - LV
Mobilisation du Peuple pour le Triomphe de la Démocratie - MPTDE
Mouvement Bleu - MB
Mouvement chrétien congolais - MCC
Mouvement Congolais pour la Renaissance - MCR
Mouvement d'Action pour la Résurrection du Congo, Parti du Travail et de la Fraternité - MARC-PTF
Mouvement d'Autodéfense pour l'intégrité et le Maintien de l'Autorité Indépendante - MAI-MAI
Mouvement de Libération du 17 Mai - ML17
Mouvement de Libération du 17 Mai/Kikukama - ML17/Kikukama
Mouvement de Libération du 17 Mai/Luanghy - ML17/Luanghy
Mouvement de libération du Congo - MLC
Mouvement Démocrate Chrétien - MDC
Mouvement Démocratique pour la Promotion Estudiantine et Enseignante - MDPEE
Mouvement d'engagement national - MEN
Mouvement des démocrates - MD
Mouvement des Nationalistes du Cartel des Progressistes Indépendants - MNCPI
Mouvement de Solidarité pour le Développement - MSD
Mouvement des Patriotes Congolais - MPC
Mouvement des Patriotes pour la Démocratie - MPD
Mouvement des Volontaires pour le Développement - MVD
Mouvement du 17 Mai - M17
Mouvement du Peuple Congolais pour la République - MPCR
Mouvement du Peuple pour la Démocratie Directe - MPDD
Mouvement indépendant pour le renouveau - MIRE
Mouvement lumumbiste - MLP
Mouvement Maï-Maï - MMM
Mouvement national congolais-Lumumba - MNCL
Mouvement nationaliste démocrate - MND
Mouvement National pour le Progrès Social - MNPS
Mouvement populaire africain - MPA

Mouvement populaire de la Révolution - MPR
Mouvement Populaire de la Révolution 'Fait Privé' - MPR Fait Privé
Mouvement pour la Défense de la Démocratie et la Souveraineté du Peuple - MDDSP
Mouvement pour la démocratie et le développement - MDD
Mouvement pour la libération des consciences - MLCO
Mouvement pour la Nouvelle République - MNR
Mouvement Social pour le Renouveau - MSR
Mouvement Solidarité pour la Démocratie et le Développement - MSDD
Mouvement de Solidarité pour le Progrès Social - MSPS
Nouveau Congo - NC
Organisation Autonome du Peuple pour le Renouveau - ODAPR
Organisation Politique des Kasavubistes et Alliés - OPEKA
Parti chrétien pour la solidarité africaine - PCSA
Parti chrétien républicain - PCR
Parti chrétien des démocrates libéraux - PCDL
Parti congolais pour la bonne gouvernance - PCBG
Parti Congolais pour l'Alliance Nationale - PCAN
Parti Congolais pour le Bien-être du Peuple - PCB
Parti Congolais pour le Progrès - PCP
Parti de l'Alliance Nationale pour l'Unité - PANU
Parti de la Protection d'Allah et son Prophète Mohamed Roi Souverain des Hommes - PAPRA HORODE
Parti de la Révolution du Peuple - PRP
Parti de l'Unité Nationale - PUNA
Parti Démocrate des Jeunes Chrétiens au Congo - PDJCC
Parti Démocrate et Social Chrétien - PDSC
Parti Démocrates Libéral - PADEL
Parti Démocrate Travailliste Africain - PDTA
Parti Démocratique au Congo - PD
Parti Démocrate Chrétien - PDC
Parti démocratique de réarmement moral - PDRM
Parti démocratique et du développement en Afrique - PDDA
Parti démocratique et social - PADES
Parti Démocratique et Socialiste Congolais - PDSCO
Parti Démocratique Fédéraliste - PDF

Parti Démocratique pour le Développement Communautaire - PADDECOM
Parti Démocratique Socialiste - PDS
Parti de Rassemblement des Démocrates pour le Développement Intégral - PARADDI
Parti de Rassemblement pour la République - PRPR
Parti des Conservateurs Congolais - PCC
Parti des Démocrates pour la Rénovation de la République - PADER
Parti des Nationalistes Fédéralistes - PNF
Parti des Nationalistes pour le Développement Intégral - PANADI
Parti des Prolétaires Congolais - PPC
Parti des Sociaux Démocrates - PSD
Parti des Vertus Républicaines - PVR
Parti du peuple - PDP
Parti du Peuple pour la Reconstruction et la Démocratie - PPRD
Parti du Peuple pour le Progrès du Congo - PPPC
Parti du Renouveau - PAR
Parti Libéral Congolais - PLC
Parti Libéral Démocrate Chrétien - PLDC
Parti Libéral pour le Développement - PLD
Parti lumumbiste unifié - PALU
Parti National du Peuple - PANAP
Parti National pour la Démocratie et le Développement - PND
Parti National pour la Réforme - PNR
Parti pour la Démocratie et la Liberté Totale - PDLT
Parti pour la Liberté et le Progrès - PLP
Parti pour la Liberté, la Démocratie et le Progrès - PLDP
Parti pour l'Amour du Prochain et de la Patrie - PAPP
Parti pour la Relance du Développement du Congo - PRDC
Parti pour la Renaissance du Congo - RECO
Parti pour le développement rural - PDR
Parti pour l'Unité et la Sauvegarde de l'Intégrité du Congo - PUSIC
Parti progressiste modéré - PPM
Parti Progressiste pour l'Intégration de la Jeunesse Montante - PuM

Parti Réformateur pour le Congo - PRPC
Parti socialiste - PS
Parti socialiste africain - PSA
Parti socialiste congolais - PSC
Parti socialiste progressiste - PSP
Parti Social Libéral - PSL
Parti Travailliste Libéral - PTL
Patriotes Kabilistes - PK
Patriotes Résistants Maï-Maï - PRM
Rassemblement national populaire - RNP
Rassemblement pour le développement intégral et fédéral - RADIF
Rassemblement congolais pour la démocratie - RCD
Rassemblement Congolais pour la Démocratie Kisangani-Mouvement de Libération - RCDIK-ML
Rassemblement Démocratique pour la République - RDR
Rassemblement Démocratique pour le Salut de la République - RDSR
Rassemblement des chrétiens démocrates pour le progrès - RCDP
Rassemblement des chrétiens pour le Congo - RCPC
Rassemblement des chrétiens républicains - RCR
Rassemblement des Congolais démocrates et nationalistes - RCDN
Rassemblement des Démocrates Chrétiens - RDC
Rassemblement des démocrates conciliants - RADECO
Rassemblement des démocrates fédéralistes - RADEF
Rassemblement des démocrates libéraux - RDL
Rassemblement des démocrates pour la République - RDPR
Rassemblement des Démocrates pour la Rupture et le Renouveau - RADER
Rassemblement des écologistes congolais, les verts - REC-LES VERTS
Rassemblement des forces sociales et fédéralistes - RSF
Rassemblement des patriotes pour la refondation du Congo - RPRC
Rassemblement des Peuples pour leur Promotion - RPP
Rassemblement du peuple congolais - RPC

Rassemblement du peuple pour la démocratie et le développement - RPD
Rassemblement du Peuple pour la Démocratie et le Renouveau - RPDR
Rassemblement pour la Démocratie et le Progrès Intégral - RADEPI
Rassemblement pour le développement économique et social - RADESO
Rassemblement pour une Nouvelle Société - RNS
Rassemblement des indépendants - RI
Regroupement des écologistes du Congo démocratique - RECOD
Renaissance Plate-forme électorale - RP
Renouveau pour le Développement et la Démocratie - R2D
Réveil Chrétien - RC
Solidarité Démocratique -
Solidarité Congolaise pour la Démocratie - SCODE
Solidarité pour la Démocratie et le Progrès - SODEPRO
Solidarité pour le Développement National - SODENA
Solidarité des Forces Politiques Démocratique - SFPD
Union Chrétienne pour la Libération des Opprimés - UCLO
Union Chrétienne pour le Renouveau et la Justice - UCRJ
Union Congolaise pour la Liberté - UCL
Union Congolaise pour le Changement - UCC
Union démocratique africaine - UDA
Union démocratique des jeunes nationalistes - UDJN
Union Démocratique du Peuple Libre - UDPL
Union démocratique travailliste - UDT
Union des chrétiens républicains - UCR
Union des Combattants pour le Bien-être Social - UCOBES
Union des démocrates chrétiens - UDC
Union des Démocrates et Sociaux Chrétiens - UDSC
Union des Démocrates Libéraux - UDL
Union des Démocrates pour la Reconstruction et le Développement - UDRD
Union des Démocrates Socialistes - UDS
Union des Démocrates et Humanistes Chrétiens - UDHC
Union des démocrates mobutistes - UDEMO

Union des Écologistes pour la Démocratie et le Développement - UED-VERCO
Union des Forces du Progrès - UFP
Union des Forces Populaires du Congo - UFPC
Union des Libéraux Acquis au Changement - UNILAC
Union des Libéraux Démocrates Chrétiens - ULDC
Union des Libéraux pour la Démocratie - ULD
Union des patriotes congolais - UPC
Union des Patriotes Démocrates Chrétiens - UPDC
Union des Patriotes Nationalistes Congolais - UPNAC
Union des patriotes républicains - UPR
Union des Républicains Chrétiens - URC
Union des Républicains et Libéraux - URL
Union du Peuple Congolais - UPCO
Union du Peuple pour la Paix et l'Agape - UPPA
Union du Peuple pour la République et le Développement Intégral - UPRDI
Union du Peuple pour le Développement - UPD
Union Fraternelle pour le Travail et le Progrès - UFTP
Union nationale des démocrates chrétiens - UNADEC
Union nationale des démocrates fédéralistes - UNADEF
Union nationale des fédéralistes du Congo - UNAFEC
Union nationale des nationalistes - UNANA
Union nationale pour les intérêts des chômeurs - UNADIC
Union Nationale Progressiste de la Jeunesse - UNPJ
Union pour la Cohabitation des Peuples - UCP
Union pour la défense de la République - UDR
Union pour la Démocratie et la Renaissance du Congo - UDRC
Union pour la Démocratie et le Progrès Social - UDPS / Kibassa
Union pour la Démocratie et le Progrès Social - UDPS / Mukendi
Union pour la Démocratie et le Progrès Social - UDPS /Tshisekedi
Union pour la Liberté et le Bien-être - ULBS
Union pour la Majorité Républicaine - UMR
Union pour la Nation Congolaise - UNC
Union pour la Nouvelle Démocratie Chrétienne - UNDC

Union pour la Reconstruction du Congo - UREC
Union pour la Renaissance du Peuple Congolais - URPC
Union pour la République - UNIR
Union pour la République -Mouvement National - UNIR-M.N
Union pour le Changement et le Développement Intégral - UDECI
Union pour le Renouveau Républicain - URR
Union pour un Mouvement Populaire (RDC) - UMP
Union socialiste congolaise - USC
Union socialiste libérale - USL
Union socialiste pour le développement intégral - USDI

TABLE DES MATIERES

République démocratique du Congo

aux éditions L'Harmattan

Dernières parutions

KINSHASA SOCIÉTÉ ET CULTURE
Muketa Jacques Fumunzanza
Ce livre donne les éléments de compréhension de l'ensemble des traits distinctifs, spirituels et matériels, intellectuels et affectifs, qui caractérisent Kinshasa. Il démontre que les anciens et les pionniers, indigènes et étrangers, ont façonné l'identité des Kinois, en exposant les productions socioculturelles des habitants de Kinshasa, au travers desquelles on découvre le savoir-faire et le savoir-vivre de la société kinoise.
(35.00 euros, 302 p.)
ISBN : 978-2-336-00254-5, ISBN EBOOK : 978-2-296-53827-6

HISTOIRE DU CONGO RDC DANS LA PRESSE
Des origines à l'indépendance
Ekambo Jean-Chrétien D - Préface d'Isidore Ndaywel à Nziem
Qui avait conscience que l'histoire de l'exploration du Congo avait commencé par celle d'un simple et banal reportage du journaliste Henri M. Stanley ? La presse, instrument de diffusion et de transmission de l'information, est aussi productrice de l'histoire. A sa manière, la presse a forgé le destin du Congo.
(Coll. Comptes Rendus, 44.00 euros, 438 p.)
ISBN : 978-2-343-01118-9, ISBN EBOOK : 978-2-296-53962-4

COURSE (LA) CONTRE LA PAIX EN R.D.CONGO
Sous la direction de Nashi Emmanuel M. A.
Les dirigeants congolais savent parfaitement que l'objectif final de Kigali demeure l'annexion du Kivu au Rwanda. La stratégie consiste à déclencher à intervalles réguliers des guerres qui chassent les autochtones de leurs terres et y installent de prétendus réfugiés venus du Rwanda. Chaque fois que le gouvernement congolais négocie avec le régime rwandais ou ses supplétifs (M23, CNDP, RCD-Goma), il contribue à la réalisation de cet objectif.
(Coll. Comptes Rendus, 21.00 euros, 206 p.)
ISBN : 978-2-343-01071-7, ISBN EBOOK : 978-2-296-53798-9

COMBAT POUR LA RÉSURRECTION DU MOUVEMENT NATIONAL CONGOLAIS
Mosamete Sekola
Pour reconstruire le Mouvement National Congolais (NMC), l'auteur pense qu'il faut repartir de zéro et bâtir une solution durable. Il a constitué le nouvel édifice du Mouvement de demain, doté de statuts solides et durables pour une institution de combat démocratique, et veut faire du MNC une force de première

grandeur qui arracherait le Congo à son triste sort. Ces stratégies vont entraîner un renversement complet de l'existence des Congolais.
(Coll. Points de vue, 16.50 euros, 156 p.)
ISBN : 978-2-336-29759-0, ISBN EBOOK : 978-2-296-53737-8

SOCIOLOGIE DE LA CHANSON CONGOLAISE
Cours expérimental sur la rumba congolaise
M'Bemba-Ndoumba Gaston
Dans les sociétés de tradition orale, rien de tel que les chansons pour comprendre l'évolution de la société. La rumba congolaise en est le meilleur exemple. Analyser les paroles de cette musique née dans les années trente sur les deux rives du fleuve Congo, à Brazzaville et Kinshasa, permet de mieux comprendre les transformations nées de la révolution urbaine : rapports hommes-femmes et Blancs-Noirs, où l'argent tient une place de plus en plus grande.
(Coll. Études africaines, 20.00 euros, 202 p.)
ISBN : 978-2-343-00424-2, ISBN EBOOK : 978-2-296-53942-6

CONGO-ZAÏRE LE DESTIN TRAGIQUE D'UNE NATION
Nouvelle édition, revue et corrigée
Kalumvueziko Ngimbi
Près d'un demi-siècle après son indépendance, la question de la survie du Congo et du statut de ses ressources naturelles est de plus en plus évoquée dans plusieurs cercles internationaux. À travers un aperçu de l'histoire, cet ouvrage décrit les enjeux et les évènements importants qui ont marqué l'histoire passée et récente du Congo. L'auteur apporte de nouveaux éléments de discussion pour leur compréhension, comme le tout premier témoignage public de Jonas Mukamba sur l'assassinat de Patrice Lumumba.
(Coll. Études africaines, 25.00 euros, 244 p.)
ISBN : 978-2-296-96425-9, ISBN EBOOK : 978-2-296-53621-0

CRIMES (LES) DE GUERRE DE L'ITURI
(République démocratique du Congo)
Kito Masimango André
La spécificité des guerres de l'Ituri, dans le nord-est de la République du Congo, est d'être causées à la fois par des conflits interétatiques et des guerres civiles. Dès lors, la gestion des réparations des crimes de guerre est délicate, car elle relève de plusieurs paramètres : le calcul du préjudice et la responsabilité des États et des miliciens chefs de guerre ; la juridiction devant dire le droit et réparer les torts. Mais si chacun continue de refuser réparation, il est à craindre que les cruautés ne reprennent.
(Coll. Géopolitique mondiale, 13.00 euros, 110 p.)
ISBN : 978-2-336-00720-5, ISBN EBOOK : 978-2-296-53661-6

SAGA (LA) D'INGA
L'histoire des barrages du fleuve Congo
Misser François
Le site majestueux d'Inga où toute la force du fleuve Congo vient s'engouffrer dans un étroit goulot offre le plus grand potentiel hydroélectrique au monde.

Voici l'aventure inachevée de la domestication de cette force sauvage, à peine entamée par la construction de deux barrages en 1972 et en 1982, Inga I et Inga II. Le développement de ce site d'une capacité équivalente à une quarantaine de centrales nucléaires peut apporter des services considérables à l'environnement, à condition que se restaure la confiance dans la capacité de l'État congolais à le gérer.
(Coll. Cahiers Africains, 24.00 euros, 228 p.)
ISBN : 978-2-343-00639-0, ISBN EBOOK : 978-2-296-53632-6

COMMUNICATION (LA) POLITIQUE ET LE NOUVEL ESPACE PUBLIC CONGOLAIS (RDC)
Dikanga Kazadi Jean-Marie
Le propos de ce livre se fonde sur une question fondamentale : comment, dans un contexte de la parole libérée - comme en République Démocratique du Congo (1990-1997) -, la communication politique s'est-elle déployée dans l'espace public, à travers notamment un média de masse comme la télévision ? La question conduit à l'examen des problèmes de communication politique provoqués par le nouveau contexte de processus de démocratisation.
(Coédition CELD Edition, 27.00 euros, 264 p.)
ISBN : 978-2-336-29760-6, ISBN EBOOK : 978-2-296-53605-0

RÉFORME (LA) DE LA FONCTION PUBLIQUE EN R. D. CONGO
Opportunités et contraintes
Upira Sunguma Kagimbi Dieudonné
L'administration publique en R D Congo peine à jouer le rôle d'impulsion du développement socioéconomique, tant au niveau central que provincial. Le renforcement des capacités de l'Administration publique constitue un préalable incontournable à la refondation de l'État. Une réforme en profondeur de la fonction publique s'avère indispensable.
(Coll. Comptes Rendus, 15.50 euros, 148 p.)
ISBN : 978-2-343-00288-0, ISBN EBOOK : 978-2-296-53568-8

QUELLE GOUVERNEMENTALITÉ DES FRONTIÈRES POUR LA RÉPUBLIQUE DÉMOCRATIQUE DU CONGO ?
Tambwe Eddie
S'appuyant sur le concept de «gouvernementalité» (Michel Foucault), l'auteur tente de «poser les jalons d'une réflexion stratégique» devant participer à «la construction d'une vision politique efficiente dans la gestion des frontières» pour la RDC. Le texte revisite la singularité géophysique et la complexité historique de la RDC.
(Coll. Comptes Rendus, 10.00 euros, 60 p.)
ISBN : 978-2-336-29762-0, ISBN EBOOK : 978-2-296-53614-2

DROIT (LE) CONGOLAIS À L'ÉPREUVE DE LA MOBILITÉ DU CAPITAL
Protection de l'État récepteur d'investissements
Ntungu Rodrigue - Préface de Grégoire Bakandeja wa Mpungu
Soit l'investissement étranger direct génère un ordre juridique autonome, la *lex contractus*, soit l'efficacité du champ de réglementation nationale est limitée par le

caractère de plus en plus mobile du capital. Le droit congolais irrigué par l'OHADA, se heurte par conséquent à une question de fond : comment garantir la sécurité juridique de l'État dans une convention d'investissement par nature déséquilibrée ?
(Coll. Harmattan RDC, 17.00 euros, 172 p.)
ISBN : 978-2-343-00195-1, ISBN EBOOK : 978-2-296-53553-4

FRONTIÈRES ET GOUVERNANCE SÉCURITAIRE
Pour le développement économique de la République démocratique du Congo
Sous la direction de Dikanga Kazadi Jean-Marie, Banywesize Emmanuel M.
Cet ouvrage pose les enjeux et les défis majeurs auxquels la République démocratique du Congo est confrontée. Les auteurs ont surtout dégagé des pistes de solutions pour la construction d'une paix durable, condition nécessaire à la préservation de la nouvelle culture démocratique, à la réalisation de la cohésion nationale et des projets de reconstruction des infrastructures pour le développement.
(Coédition CELD Edition, 24.00 euros, 232 p.)
ISBN : 978-2-336-29761-3, ISBN EBOOK : 978-2-296-53604-3

CONJONCTURES CONGOLAISES 2012
Politique, secteur minier et gestion des ressources naturelles en RD Congo
Cahiers Africains 82
Sous la direction de Stefaan Marysse et Jean Omasombo
La fragile situation politique et sécuritaire compromet l'évolution et le redressement de la RDC. Le secteur minier connaît un développement spectaculaire au Katanga. À l'Est prédomine une exploitation artisanale fortement perturbée par la situation sécuritaire. Le secteur des hydrocarbures est la principale source de recettes pour l'État. Et la gestion de la forêt tropicale produit le plus de dégâts. Le talon d'Achille de l'économie politique congolaise reste la qualité de gouvernance. Le Gouvernement sera-t-il capable de relever enfin ce défi ?
(Coll. Cahiers Africains, 33.50 euros, 326 p.)
ISBN : 978-2-343-00465-5, ISBN EBOOK : 978-2-296-53333-2

KASA-VUBU, LUMUMBA ET L'INDÉPENDANCE DU CONGO 1956-1960
Kimpianga Mahaniah
Cet essai jette un regard sur l'histoire politique de la République démocratique du Congo à Léopoldville entre 1956 et 1960. L'auteur y brosse le parcours del'Alliance des bakongo (ABAKO) et celui du Mouvement national congolais (MNC) dont les principaux acteurs, Joseph Kasa-Vubu et Patrice Lumumba, ont joué, chacun à sa manière, un rôle cardinal dans la lutte pour l'indépendance.
(Coll. Études africaines, 24.00 euros, 250 p.)
ISBN : 978-2-336-29887-0, ISBN EBOOK : 978-2-296-53485-8

L'Harmattan Italia
Via Degli Artisti 15; 10124 Torino

L'Harmattan Hongrie
Könyvesbolt ; Kossuth L. u. 14-16
1053 Budapest

L'Harmattan Kinshasa
185, avenue Nyangwe
Commune de Lingwala
Kinshasa, R.D. Congo
(00243) 998697603 ou (00243) 999229662

L'Harmattan Congo
67, av. E. P. Lumumba
Bât. – Congo Pharmacie (Bib. Nat.)
BP2874 Brazzaville
harmattan.congo@yahoo.fr

L'Harmattan Guinée
Almamya Rue KA 028, en face du restaurant Le Cèdre
OKB agency BP 3470 Conakry
(00224) 60 20 85 08
harmattanguinee@yahoo.fr

L'Harmattan Cameroun
BP 11486
Face à la SNI, immeuble Don Bosco
Yaoundé
(00237) 99 76 61 66
harmattancam@yahoo.fr

L'Harmattan Côte d'Ivoire
Résidence Karl / cité des arts
Abidjan-Cocody 03 BP 1588 Abidjan 03
(00225) 05 77 87 31
etien_nda@yahoo.fr

L'Harmattan Mauritanie
Espace El Kettab du livre francophone
N° 472 avenue du Palais des Congrès
BP 316 Nouakchott
(00222) 63 25 980

L'Harmattan Sénégal
10 VDN en face Mermoz, après le pont de Fann
BP 45034 Dakar Fann
33 825 98 58 / 33 860 9858
senharmattan@gmail.com / senlibraire@gmail.com
www.harmattansenegal.com

L'Harmattan Bénin
ISOR-BENIN
01 BP 359 COTONOU-RP
Quartier Gbèdjromèdé,
Rue Agbélenco, Lot 1247 I
Tél : 00 229 21 32 53 79
christian_dablaka123@yahoo.fr

Achevé d'imprimer par Corlet Numérique - 14110 Condé-sur-Noireau
N° d'Imprimeur : 112225 - Dépôt légal : octobre 2014 - *Imprimé en France*

www.ingramcontent.com/pod-product-compliance
Lightning Source LLC
LaVergne TN
LVHW011316061026
849535LV00005B/1579
* 9 7 8 2 3 4 3 0 3 4 5 2 2 *